Bibliografische Information Der Deutschen Bibliothek
Die Deutsche Bibliothek verzeichnet diese Publikation in der Deutschen
Nationalbibliografie; detaillierte bibliografische Daten sind im Internet
über http://dnb.ddb.de abrufbar

Die Autoren:
Beate Bambynek
Mona Kleine
mit Beiträgen von Kirsten Leuenroth
(Museen, Ausstellungen, Galerien)

3. überarbeitete Auflage August 2007

Copyright © Verlag Die Werkstatt GmbH,
Lotzestraße 24a, D-37083 Göttingen
Alle Rechte vorbehalten
Gesamtherstellung: Verlag Die Werkstatt

ISBN 978-3-89533-570-9

obvius - Stadtführer

Stadtführer Göttingen

Beate Bambynek · Mona Kleine

VERLAG DIE WERKSTATT

Inhalt

Bild Seite 4: Treppenaufgang im Accouchierhaus.

▷ Stadt- und Reiseführer
Göttingen und Umgebung

Göttingen ist zwar nicht der Mittelpunkt der Welt – aber doch zumindest Deutschlands. Denn macht man sich die Mühe, eine Landkarte unseres wiedervereinigten Staates auf eine Sperrholzplatte zu kleben, um diese dann ausgesägt auf einem Besenstiel auszubalancieren, bis ein Gleichgewicht erreicht ist, so erhält man als Punkt über dem Besenstiel: Göttingen. Keine Stadt der aufdringlichen Sehenswürdigkeiten und monumentalen Kulturdenkmäler, über die sich die Touristenströme ergießen, sondern ein Ort der versteckten Superlative mit gemütlicher Nähe zu allen wichtigen Schauplätzen. Ach ja, die Universität: Trotz sinkender Studenten-Zahlen seit Mitte der 90er Jahre haben immer noch mehr als ein Drittel der knapp 130.000 Einwohner irgendeine Bindung mit der ehrwürdigen Georgia Augusta. Sei es direkt als Studierende und Lehrende oder indirekt als Angestellte einer der vielen mit der Universität verbundenen Einrichtungen.

So hört man immer wieder, Göttingen sei keine Stadt mit Universität, sondern eine Universität mit Stadt. Was natürlich falsch ist, wie dieser Stadtführer in seinen verschiedenen Kapiteln beweisen wird.

Für Einheimische und die, die es vielleicht noch werden wollen, für Studierende, die nur einige Jahre in der Stadt verbringen, und nicht zuletzt für den interessierten Gast und Besucher wurde dieses Buch geschrieben. Es eröffnet den Blick auf Details, die selbst manchem Göttingen-Kenner bisher verborgen blieben, führt in die Stadtgeschichte ein, beschreibt die wichtigsten Sehenswürdigkeiten und die geographische Lage, lädt zu Rundgängen in der Stadt und zu Spritztouren in die Umgebung ein, gibt Hinweise auf die wichtigsten Veranstaltungen und wird abgerundet mit Geschichten und Anekdoten über Göttinger Persönlichkeiten.

Doch was wäre ein Stadtführer ohne echte Tipps für Übernachtung, Speis und Trank. In monatelanger mühe- aber auch genußvoller Recherche haben die Autoren alle beschriebenen Lokalitäten noch einem letzten Test unterzogen.

„obvius", der Name der Autorengemeinschaft, ist lateinisch und hat folgende Bedeutung: auf dem Wege liegend. Das trifft auf Göttingen zu, wenn man Deutschland durchquert. Niemand sollte auf die Idee kommen, diese Stadt unbesehen am Wegesrand liegen zu lassen.

Ihre obvius-Autoren wünschen Ihnen bei der Entdeckung Göttingens viel Spaß.

Beate Bambynek
Mona Kleine

Der Wilhelmsplatz:
Blick auf die Aula der
Universität.

▷ **Bevölkerung, Wirtschaft, Politik**

Göttingen ist mit rund 129.000 Einwohnern das Oberzentrum eines weitläufigen Gebietes, das sich vom Harz bis zum Weserbergland und von Nordhessen bis vor die Tore Hannovers erstreckt. Die Universitätsstadt liegt eingebettet in eine sanfte Berglandschaft im Leinetal, das bereits seit der Steinzeit bevölkert ist.

In unmittelbarer Nähe befindet sich der geographische Mittelpunkt der Bundesrepublik Deutschland. Die hervorragende Anbindung an das ICE-Netz unterstreicht die Zentralität: Nach Hannover fährt man 35 Minuten, bis Hamburg und Frankfurt sind es weniger als zwei, bis Berlin gut zwei Stunden. Der Autobahnanschluss an die große Nord-Süd-Route macht Göttingen zu einem beliebten Übernachtungsort für Geschäftsreisende und Touristen, die auf halber Strecke zwischen Flensburg und den Alpen eine Ruhepause in entspannter Atmosphäre einlegen möchten.

Aber auch als Tagungsort hat sich Göttingen einen Namen gemacht. Und zu Zeiten der großen Mes-

Der Göttinger
Bahnhof:
früher und heute.

sen in Hannover entbrennt ebenfalls der Kampf um
die 2.800 Göttinger Gästebetten. Die Zahl der Gäste-
meldungen und -übernachtungen hat sich seit 1960
mehr als verdoppelt. Die durchschnittliche Aufent-
haltsdauer von 1,7 Tagen ist typisch für Städte mit
Kurztourismus und vielen Tagungsgästen.

Im historischen Zentrum, der Altstadt innerhalb
des Walls, leben nur 8.000 Menschen, in der Kern-
stadt Göttingen 67.000. Der Rest entfällt auf die
dreizehn eingemeindeten, ehemals eigenständigen
Ortsteile, wovon
Weende mit rund
18.500, Geismar
mit über 17.500 und
Grone mit 12.000
Einwohnern die be-
deutendsten sind.
Vor allem die kleine-
ren, ebenfalls nicht
ohne Vorbehalte
der dortigen Bevöl-
kerung eingemein-
deten Orte haben
ihren dörflichen Cha-
rakter bis heute behalten: Herberhausen, Groß Ellershausen, Hetjershausen, Knutbühren, Nikolausberg, Elliehausen, Esebeck, Holtensen, Roringen
und, mit 18 Einwohnern, Deppoldshausen. Jeder dieser Ortsteile hat nicht nur ein historisches Zentrum,
sondern auch eine eigenständige Vereins- und Ver-
anstaltungskultur.

Alte Ansicht der
Weender Straße.

Das vielfältige Einkaufs- und Dienstleistungs-
angebot, das Menschen aus der ganzen Region an-
lockt, befindet sich innerhalb der früheren Stadtbefestigung und konzentriert sich vor allem in der
Weender- und Groner Straße sowie deren Neben-
straßen. Hier sind vor allem die Theater-, Barfüßer-,
Prinzen-, Nikolai-, Jüden-, Gotmar- und Kurze Geismarstraße zu nennen. Ob Zahnarzt, Rechtsanwalt,
Lebensmittelladen, Wochenmarkt oder Computer-
shop, Theater oder Kneipe, alles ist in wenigen Minuten zu Fuß zu erreichen. Vorausgesetzt, man hat
einen Parkplatz ergattert oder war so pfiffig, gleich
mit dem Fahrrad oder öffentlichen Verkehrsmitteln
in die Innenstadt zu kommen.

Etwa 30.000 Men-
schen aus der Region
machen sich morgens
auf den Weg zu ihrem
Arbeitsplatz in Göt-
tingen.

Nur wenige „richtig" große Unternehmen sind in Göttingen anzutreffen: Sartorius, Novelis-Aluminium und die Gothaer Versicherung zählen dazu.

Die Universität ist mit 8.000 Beschäftigten, darunter 600 Professoren, der mit Abstand größte Arbeitgeber.

Die Wirtschaft Göttingens wird von kleinen und mittelständischen Betrieben und natürlich der Universität bestimmt. Es sind vor allem der Handel, der Gesundheits- und der Dienstleistungssektor, aber auch die feinmechanische Industrie, die für Arbeitsplätze sorgen. Letztere ist als Zulieferer für die Universität groß geworden und genießt heute in vielen Bereichen Weltruf. Göttingen gilt zudem als eines der weltweit führenden Innovationszentren der Mess- und Regeltechnik: 1998 haben sich 16 Firmen sowie zwei öffentliche Institutionen der Göttinger Region zum Interessenverein **Measurement Valley** zusammengeschlossen. Hier sollen Synergieeffekte aus dem wirtschaftlichen Sektor – Sartorius und andere Firmen – sowie wissenschaftlichen Bereichen – Fachhochschule Hildesheim/Holzminden/Göttingen – geschaffen werden.

Das neue Rathaus am Hiroshimaplatz.

Seit Kriegsende war die Stadtregierung (Stadtrat) von der SPD geprägt. 1981 kam überraschend die CDU an die Macht. Nach den Kommunalwahlen 1986 wurde die Leinestadt durch eine rot-grüne Zusammenarbeit regiert. Zehn Jahre später erhielten die SPD und die CDU jeweils 34 Prozent der Göttinger Wahlstimmen. Bis Februar 2000 wurde der Oberbürgermeister der Stadt von der SPD gestellt. Im Sommer 1999 entschied sich die Mehrheit der Göttinger Bürger jedoch per Stichwahl für den CDU-Mann Jürgen Danielowski. Seit 2006 hat Göttingen wieder einen SPD-Oberbürgermeister: Wolfgang Meyer gewann die Stichwahl gegen den CDU-Kandidaten Daniel Helberg mit 68,9 Prozent. Bei der letzten Kommunalwahl 2006 erhielten die SPD 34,8 Prozent, die CDU 28,2 Prozent, Grüne 20,8 Prozent, FDP 8,8 Prozent und die Göttinger Linke 6,8 Prozent. Daraus ergibt sich folgende Sitzverteilung im Rat der Stadt: SPD 16, CDU 13, Grüne 10, FDP 4, Göttinger Linke 3.

Vom Zweiten Weltkrieg nahezu unversehrt, blieb auch Göttingen von typischen Bausünden der Nachkriegszeit nicht verschont. Die Zerstörung historischer Gebäude in der Innenstadt wurde durch die Politiker nachgeholt. So wurde auch das bedeutende Reitstallviertel abgerissen und für graue Ge-

schäftsbauten aufbereitet. Hausbesetzungen durch
die Wohnbevölkerung konnten daran nichts mehr
ändern. Heute möchten selbst Politiker von SPD und
CDU diese Bausünden am liebsten wieder rückgän-
gig machen.

Historisches Reit-
stalltor – neu auf-
gestellt auf dem
Uniparkplatz an der
Weender Landstraße.

Bisher hatte Göttingen das Glück, von einem mo-
notonen Zentrum mit Filialketten-Einheitsbrei, prä-
gend für das Bild vieler Großstädte in Deutschland,
noch weit entfernt zu sein. Ein Grund dafür ist der
hohe Anteil von Geschäftsleuten mit Immobilienbe-
sitz in der Innenstadt. Zum zweiten erhielt die Innenstadt durch die ausgedehnte Fußgängerzone ein
hohes Maß an Attraktivität fern von Autolärm und
-abgasen.

Die Eröffnung des Fachmarktzentrums **Kaufpark**
auf der Siekhöhe (Autobahnnähe) 1998 hat die Innenstadt Göttingens noch nicht veröden lassen, obwohl
sich in den letzten Jahren negative Trends bemerk-
bar machten. Neben dem
Verlust des Fachgeschäftes
Lünemann schlossen weitere
traditionsreiche Geschäfte.
In der Leinestadt haben die
„Wiederbelebung" des **Carré,**
ein kleineres Einkaufszent-
rum in der Weender Straße,
aber vor allem der Ausbau
der **Lokhalle** für größere Attraktivität des Citybereichs
gesorgt. Seit Dezember 1998
wird die Lokhalle für Veranstaltungen verschiedenster
Art, Tagungen, Messen und

Konzerte genutzt. Direkt neben dem Bahnhof ist ein
neuer Treffpunkt „mit Gleisanschluss" und Nähe zum
Stadtzentrum entstanden.

Göttingen bleibt trotz
gesunkener Studen-
tenzahlen eine junge
Stadt: rund 40.000
Schüler und Stu-
denten prägen das
Stadtbild.

Nach dem Höhepunkt der Studentenzahlen Anfang der 90er Jahre mit deutlich über 30.000 Studierenden ging die Zahl bis zur Jahrtausendwende
kontinuierlich zurück und stabilisierte sich in den
letzten Jahren bei rund 24.000 Studenten und Stu-
dentinnen. Die Auswirkungen der Studiengebühren
bleiben noch abzuwarten. Damit entspannte sich
zwar die Wohnraumsituation, negative wirtschaftliche Auswirkungen waren aber auch die Folge.

Messtechnik aus Göttingen.
Innovation und Vielfalt.

Joint Competence in Measurement Technology.

Kontakt Measurement Valley e.V.: Claudia Trepte · Hospitalstraße 7 · 37081 Göttingen
Tel.: 0551/999 99 99 · Fax: 0551/999 99 98 · E-Mail: ct@measurement-valley.de
www.measurement-valley.de

▷ Vor- und Frühgeschichte des Göttinger Raums

Die systematische Archäologie ist eine recht junge Wissenschaft. Auch in Göttingen betrachtete man um 1800 die oft zufälligen Funde und Ausgrabungen lediglich als bemerkenswerte Kuriositäten. Anfang des 20. Jahrhunderts hatte sich dies deutlich geändert. Schon durch den Gründer des Städtischen Museums, Moriz Heyne, sowie durch seine Nachfolger wurden archäologische Untersuchungen durchgeführt, doch erst seit Inkrafttreten des Niedersächsischen Denkmalschutzgesetzes 1979 wird in Göttingen eine systematische Stadtarchäologie betrieben. Dabei ist inzwischen ein umfangreiches Magazin mit überwiegend mittelalterlichem Fundmaterial entstanden.

Die erste Besiedlung des Göttinger Raumes erfolgte bereits während der ausgehenden Alt- bzw. Mittelsteinzeit (40.000 – 8.000 v. Chr. bzw. 8.000 – 5.000 v. Chr.), als hier Jäger- und Sammler-Kulturen lebten. Besonders beeindruckende Ausgrabungsergebnisse aus dieser Epoche stammen von den Felsdächern im Reinhäuser Wald. Die Periode der anschließenden Jungsteinzeit (Neolithikum) kann für Südniedersachsen mit 5.000–1.800 v. Chr. angegeben werden. Siedlungsreste der ersten sesshaften Ackerbauern und Viehzüchterkulturen, der sogenannten Bandkeramiker, finden sich zahlreich im gesamten heutigen Stadtgebiet, vor allem im westlichen Leinetalbereich. Ausgegraben sind bisher Stellen im Südosten der Stadt bei Diemarden und südwestlich bei Rosdorf. Ende der 1990er erbrachte die Ausgrabung einer bandkeramischen Siedlung in Grone auf dem Gelände des heutigen Kaufparks überregional beachtete Ergebnisse: Außer den Grundrissen von ca. 30 Langhäusern wurden insgesamt 18 Bestattungsplätze, die sich im Siedlungsareal erhalten hatten, freigelegt.

Der Bau des Stadtbads auf der Eiswiese war Anlass für archäologische Untersuchungen an der bronzezeitlichen Fundstelle „Walkemühle". Hier fand man Keramik sowie Gussformreste dieser Zeit, in der erstmals Metall verarbeitet wurde. Gräber, in

Die Arbeit der Göttinger Stadtarchäologie genießt überregionales Ansehen.

Ein sowohl landschaftlich als auch archäologisch hervorstechendes Charakteristikum des südniedersächsischen Berglandes sind die natürlich gebildeten Felsdächer (Abris). In diesen fanden in den vergangenen Jahrtausenden Tiere und Menschen Schutz. Heute werden die Abris wissenschaftlich kartiert und gezielt nach archäologischem Material untersucht.

Form von zeittypischen Grabhügeln, sind im Westen der Stadt bei Knutbühren noch heute zu sehen. Ein zufällig im Wald auf dem Göttinger Hainberg gefundener, bronzener, verzierter Halskragen („Lunula") ist im Städtischen Museum ausgestellt.

Während der Eisenzeit (800 v. Chr.-0), in der Werkzeuge und Waffen aus dem neuen Werkstoff Eisen gefertigt wurden, sind vor allem auf den fruchtbaren Lössböden der Göttinger Leineaue immer wieder Siedlungsplätze angelegt worden. In den umgebenden Wäldern wurden in diesem Zeitraum erstmals Fluchtburgen für umliegende Siedler und ihr Vieh angelegt.

Aus den ersten vier nachchristlichen Jahrhunderten wurden im Stadtgebiet bislang wenige Funde gemacht. Bei archäologischen Arbeiten im Zuge der Erweiterung des Groner Gewerbegebiets Ende der 1990er Jahre wurde erstmals ein Bestattungsplatz dieser Zeit belegt.

Da der norddeutsche Raum nicht unter römischer Herrschaft stand, wurden gelegentlich auftauchende Funde römischer Herkunft (z.B. Münzen auf frisch gepflügten Feldern) bisher vor allem als Handels- oder Beutegut eingeschätzt. Doch seit 2004 der Öffentlichkeit die Ausgrabung eines großen Römerlagers südlich von Göttingen (Hedemünden) präsentiert wurde, müssen die Münzfunde wohl eher durchziehenden römischen Soldaten zugeordnet werden als münzsammelnden Kaufleuten der Renaissance.

Typische „Hockerbestattung" der bandkeramischen Siedlung in Grone (ca. 7.000 Jahre alt). Dem etwa 50-jährigen Mann hatten seine Zeitgenossen ein Gefäß – vermutlich mit Nahrung – (hinter dem Kopf) und 10 Feuersteinklingen (am Kinn), sowie ein Steinbeil (nicht im Bild) mit auf den Weg ins Jenseits gegeben.

Eine Sensation ergaben 2002/03 die Ausgrabungen auf dem Gelände des ehemaligen Haushalts- und Eisenwarenhandels Lünemann an der Langen und Kurzen Geismarstraße. Durch die bisher größte Ausgrabung in der Göttinger Altstadt konnte belegt werden, dass die Ursprünge Göttingens, das alte Dorf Gutingi, bis ins 7. Jahrhundert zurückreichen. Funde wie Bernstein von der Ostsee, Speckstein aus Norwegen und eine Jakobsmuschel vom Pilgerziel Santiago de Compostela am Atlantik zeigen vor allem, dass die Anwohner der Siedlung bereits früh überregionale Handelsbeziehungen unterhielten. Insgesamt belegen die Funde ein über das rein dörfliche Wirtschaften weit gehobenes Niveau. Vielleicht war dies der Grund, dass neben dem Dorf im 12. Jahrhundert eine Stadt gegründet wurde, die schnell dessen Namen (Gutingi=Göttingen) übernahm.

Zentrum des
mittelalterlichen
Lebens –
das Alte Rathaus
Göttingens.

▷ Etwas Göttinger Geschichte

Ihre heutige Berühmtheit über Stadt- und Landesgrenzen hinaus verdankt die Stadt Göttingen ihrer
Universität. Doch wurde die Leinestadt erst Anfang
des 18. Jahrhunderts zum Sitz einer Hochschule auserkoren. In den Jahrhunderten zuvor hatte sich bereits einiges in der Kaufmanns- und Handelsstadt
ereignet.

Die ersten Jahrhunderte

Die Ursprünge der Stadt Göttingen, eine Siedlung
um die Albanikirche, gehen bis ins 7. Jahrhundert
zurück. Die genaue Ausdehnung des Dorfes Gutingi,
auch das „Alte Dorf" genannt, ist noch unbekannt.
Auf der anderen Seite des Leinetales entstand mit
der Königlichen Pfalz Grona ein bedeutendes Reise-
ziel. Zwischen 941 und 1025 beherbergte die Pfalz
deutsche Könige und Kaiser.

Für die ottonischen Herrscher war die Pfalzanlage auf dem Kleinen Hagen ein geschätzter Aufent-haltsort.

Eines der gekrönten Häupter, Kaiser Heinrich
II., ließ hier am 13. Juli 1024, nach der Glanzzeit der
Pfalz, sein Leben. Im Verlauf der Streitigkeiten zwi-
schen dem Welfenherzog Heinrich dem Löwen und
Kaiser Friedrich Barbarossa wurde die Anlage 1180

zerstört. Zunächst wieder errichtet, wurde sie im 14.
Jahrhundert von den Göttingern endgültig abgerissen. Bis zu diesem Zeitpunkt waren die Auseinandersetzungen zwischen den Groner Burgherren und
den Bewohnern der sich erweiternden Stadt stetig
gewachsen.

Die oft zitierte „erste urkundliche Erwähnung"
Göttingens aus dem Jahre 953 ist die Schenkungsurkunde von Kaiser Otto I., in der dieser mehrere
seiner Güter dem Magdeburger Kloster St. Moritz
und St. Innozenz übergibt. Auch Göttingen – oder
vielmehr Ländereien des „Alten Dorfes" Gutingi –
war unter den Zueignungen. Diese Siedlung befand
sich „an der Goten" (guta=kleiner Wasserlauf).
Die Stadt, deren Name sich vermutlich von eben
jenem „guta" herleitet, ist aus verschiedenen Sied-
lungskernen zusammengewachsen, von denen „Gutingi" der älteste war. Westlich dieses Dorfes, im
Bereich des heutigen Marktplatzes, entstand aus
einer Siedlung von Kaufleuten und Gewerbetrei-
benden die Stadt, die vermutlich um 1200 mit den
entsprechenden Privilegien versehen wurde. Die
Stadtrechte, die sowohl von geistlichen als auch
von weltlichen Fürsten vergeben werden konnten,
beinhalteten die bürgerliche Selbstverwaltung, das
Recht auf Grundbesitz sowie das Recht, Steuern
zu erheben. Eine eigene Gerichtsbarkeit gehörte
ebenso zu einer mittelalterlichen Stadt.

Der rasche wirtschaftliche Aufschwung lag in diesen Jahren vor allem im emsigen Treiben des Tuch-
macher- und Gewandschneidergewerbes begrün-
det. Eine Blütezeit erlebte Göttingen zwischen 1351
und 1572. Während dieser Zeit war die Leinestadt
Mitglied der Hanse. Ihr kam in diesem mittelalterlichen Handelsbund die Rolle einer einflussreichen
Binnenstadt zu.

Einer der beiden
steinernen Löwen,
die das Alte Rathaus
bewachen.

Die Verleihung der
städtischen Privile-
gien liegt zwar nicht
als Dokument vor, aus
Urkunden ab 1229
wird aber ersichtlich,
dass man nun mit
Recht von einer Stadt
Göttingen sprechen
konnte.

Das städtische Leben

Die älteste Urkunde, die das Stadtrecht für Göttingen dokumentiert, spricht von „consules et burgen-
ses" – Ratsherren und Bürgern. Bis 1514 kamen die
24 Mitglieder des Rates ausschließlich aus der reichen und mächtigen Kaufgilde.

Im April 1387 bewies die Leinestadt den Mut, ihre zunehmende Selbstständigkeit zu verteidigen. Während der großen Fehde mit Herzog Otto dem Quaden stürmten die Göttinger dessen städtische Burg („balrus") und besiegten das herzogliche Heer bei Rosdorf auf den „Streitäckern".

Die vornehmliche Aufgabe des Rates bestand darin, über die städtischen Rechte zu wachen. Das Leben der Stadt – vor allem den ökonomischen Bereich – bestimmten die Gilden und Innungen. In Göttingen ist von den Handwerkergilden die der Schuhmacher die erste urkundlich erwähnte (1251). Bis ins späte 18. Jahrhundert stand deren Gildehaus am Markt, südlich der heutigen Universitätsapotheke. Die älteste ratsfähige Gilde, die Kaufgilde, hatte bezeichnenderweise ihren Sitz im Rathaus, „Kophus" genannt. 1545 bezog Göttingens mächtigste Gilde ihr eigenes Gildehaus, ein prächtiges Fachwerkhaus gegenüber dem Rathaus (Ecke Rote Straße/Markt). Wie in anderen mittelalterlichen Städten bildeten das Rathaus und der umliegende Markt das Zentrum des städtischen Treibens. In der Nähe dieses Mittelpunktes bauten auch die übrigen Gilden ihre Häuser, ließen sich Kaufleute und Handwerker nieder.

Doch nicht allein Handel und Handwerk bestimmten das Leben der Göttinger. Die Verteidigung der Stadt war Sache aller Einwohner, zu denen nicht nur die Gildemitglieder zählten, sondern auch welche der Meinheit. Dies waren diejenigen Göttinger, die keiner Gilde oder Innung angehörten. Neben der Stadtmauer, die bald die stetig wachsende Stadt nicht mehr ausreichend schützen konnte, wurde in der zweiten Hälfte des 14. Jahrhunderts mit dem Bau einer Befestigung im Verlauf des heutigen Walles begonnen. Die Sicherung der Wallabschnitte wurde unter Leitung der Ratsherren auf die verschiedenen Gilden der Stadt verteilt. So mussten die Wollenweber neben den Bäckern, die Schuhmacher neben den Knochenhauern und die Schneider neben den Kaufleuten nicht nur Wache schieben, sondern auch für die bauliche Unterhaltung ihres Abschnittes Sorge tragen. Je nach Vermögen mussten sich die Göttinger auch Waffen und Ausrüstung beschaffen. Zunächst war es die Armbrust, welche die Feinde in die Flucht schlagen sollte, ab 1459 waren bereits Feuerwaffen vorgeschrieben.

Zur Sicherung der Stadt wurde in einem Umkreis von bis zu 11 km ein System von Warten und Landwehren errichtet, das von der Bevölkerung instand gehalten wurde.

Gegen Ende des 15. Jahrhunderts war Göttingen eine aufstrebende Stadt mit ungefähr 3.000 Einwohnern. Bündnisse mit Städten des Umlandes wie Einbeck, Northeim und Goslar gaben Sicherheit und stärkten die Stellung der Stadt.

Reformation in Göttingen

Nachdem Martin Luther am 31. Oktober 1517 seine 95 Thesen an die Tür der Schlosskirche zu Wittenberg geschlagen hatte, ließ man in Göttingen noch ein gutes Jahrzehnt verstreichen, bevor sich hier die religiösen und damit auch die politischen Verhältnisse veränderten. Die evangelische Predigt war in Göttingen bis 1529 vom Rat verboten. Zahlreiche Bürger der Stadt wanderten jeden Sonntag nach Grone, um dort den im lutherischen Sinne predigenden Pfarrer Johannes Bruns zu hören.

Die Wende brachte ein tragischer Anlass – im August 1529 fielen viele Göttinger einer gefährlichen Krankheit, der Schweißsucht, zum Opfer. Der daraufhin angeordneten Buß- und Bittprozession schlossen sich auch die evangelisch gesinnten Tuchmacher an, sie stimmten lutherische Lieder an und bekannten sich damit erstmals zu ihrem neuen Glauben.

Nach anfänglich heftigem Widerstand seitens der Kirche und des Rates setzten sich in den folgenden Monaten die evangelisch Gesinnten durch. Die Einführung der Reformation betraf nicht nur die kirchliche Neuordnung. Im „großen Rezess" vom 18. November 1529 – anknüpfend an die politische Bewegung von 1513-1515 – wurden auch die Forderungen nach politischen Veränderungen berücksichtigt. Ab 1543 waren die alten Ratsgeschlechter der Kaufgilde aus dem Göttinger Rat verdrängt. Die Wahl des neuen Rates, in welchem nun alle Gilden vertreten waren, erfolgte jetzt von Gilden, Bürgern und der Meinheit.

Evangelische Einflüsse kamen vor allem aus dem benachbarten Hessen, aber auch von wandernden Handwerkern. Wollenweber und Tuchmacher wurden vom Göttinger Rat nach Göttingen gerufen, um hier das aufstrebende Tuchmachergewerbe zu stärken.

Den ersten regulären evangelischen Gottesdienst in Göttingen hielt der ehemalige Dominikanermönch Friedrich Hüventhal am 24. Oktober 1529 in der Paulinerkirche.

Niedergang und neuer Aufschwung

In den folgenden Jahren zeigten sich die politisch nachteiligen Folgen der Reformation. Unter der Führung Hessens und Kursachsens schloss sich am 27. Februar 1531 die Mehrheit der protestantischen Fürsten und Städte zum Schmalkaldischen Bund zusammen. Auch Göttingen trat diesem Bündnis bei und stand während des Schmalkaldischen Krieges auf der „falschen Seite". Aus diesem religiösen Krieg zwischen dem protestantischen Bund und Kaiser Karl V. ging der Letztere als Sieger hervor. Die besiegten „Evangelischen" mussten sich dem kaiserlichen Urteil unterwerfen, Göttingen sollte zunächst eine „Capitulationssumme"

Göttingen im
17. Jahrhundert.

von 30.000 Gulden zahlen. Dies hätte den Ruin der wirtschaftlich geschwächten Stadt bedeutet. Der Fußfall eines Göttinger Gesandten vor dem Kaiser und die Zahlung von 10.000 Gulden war anschließend der Kompromiss, der die Stadt vor der Reichsacht bewahrte.

Der allgemeine wirtschaftliche Niedergang und vor allem der Dreißigjährige Krieg (1618–48) taten ein Übriges, die einstmals blühende Kaufmanns- und Handelsstadt zu schwächen. Nach Ende dieses langen Krieges, der Stadt und Land nicht nur mit Waffengewalt, sondern auch durch Pestepidemien verwüstet hatte, war Göttingens Bevölkerung um ein Drittel dezimiert. Bereits vor dieser dunklen Zeit hatte der Rezess von 1611 zwischen Landesherrn und Rat und Gilden der Stadt die Selbstständigkeit Göttingens empfindlich beschnitten. Dem städtischen Rat blieb nur noch ein gewisses Kontrollrecht in finanziellen Angelegenheiten. Statt eines frei gewählten Rates gab es nun einen vom Landesherrn bestimmten „senatus perpetuus". Der herzogliche Erlass von 1690 verschärfte diese Situation noch: Die mittelalterliche Selbstverwaltung stand nun vollkommen unter der Kontrolle der Landesregierung, deren Weisungen Göttingen zu gehorchen hatte.

Ein Tuchmacher, Johann Heinrich Grätzel, der zeitweilig 500 Arbeiter beschäftigte, zählte in der Mitte des 18. Jahrhunderts zu Göttingens ersten Besitzern von Tuchmanufakturen. Das Göttinger Tuch wurde nun zum zweiten Mal, nach den erfolgreichen Jahren der mittelalterlichen Hansestadt, über Stadt- und Landesgrenzen hinaus bekannt.

Gleichwohl wurde gegen Ende des 17. Jahrhunderts von landesherrschaftlicher Seite erkannt, dass die Stadt an der Leine dringend Unterstützung bedurfte. Wirtschaftliche Maßnahmen wie beispielsweise Heeresaufträge für die neu belebte Göttinger Tuchproduktion und Sanierungsarbeiten an den durch Krieg und Armut verfallenen Gebäuden sorgten dafür, dass Göttingen der neuen und bedeutenden Zeit in einigermaßen geordnetem Zustand entgegengehen konnte.

Diese Zeit begann 1733 mit dem von Kaiser Karl VI. an Georg August II., König von England und zugleich

Kurfürst von Hanno-
ver, erteilten Privileg,
eine Landesuniversi-
tät zu gründen. Georg
August II. bestimmte
die einst bedeutende
Stadt an der Leine
auch deshalb, um ihr
zu neuem wirtschaftli-
chen Aufschwung zu
verhelfen. Die vielen
leer stehenden Ge-
bäude der Stadt wur-
den nun eher als Vor-

teil bewertet, rasch konnte man diese zu Lehrräumen
der Universität umfunktionieren. Zudem wurde über
Göttingens Schulwesen auch recht Gutes berichtet:
Seit dem Mittelalter gab es eine Lateinschule und seit
1586 ein Pädagogium von hervorragendem Ruf. Nicht
zuletzt wollte der König wieder regelmäßige und größere Einnahmen aus Göttingen beziehen können.

Das innere Weender
Tor, ein Teil der
mittelalterlichen
Befestigungsanlagen
wurde 1767 abge-
brochen.

Universitätsstadt Göttingen

Dem Staatsminister Gerlach Adolf Freiherr von
Münchhausen wurde nun als Kurator die Planung
und Einrichtung der Universität übertragen. Und
dieser hatte bis zur feierlichen Inauguration am 17.
September 1737 noch einiges zu tun. Denn Rat und
Bürger waren von der Vorstellung, bald Sitz einer
Universität zu werden, zwar sehr angetan, von den
notwendigen Sanierungs- und Verschönerungsarbei-
ten hingegen weniger. So sollten Professoren und
Studenten weder auf Göttingens verschmutzten Straßen „in Koth und Grass" treten, noch sollten sie in
die ärmlichen Wirtshäuser einkehren müssen. Ange-
messene Wohn- und Lehrräume für die Lehrenden
und Lernenden mussten ebenso bereitgestellt werden wie Stätten des „öffentlichen Vergnügens". Obwohl sich wegen dieser und anderer Unzulänglich-
keiten die Berufungsverhandlungen des Kurators
Münchhausen als äußerst schwierig erwiesen, hatten sich bereits 1734 147 junge Herren in die Ma-
trikel eingetragen. Es waren zumeist wohlhabende,
adlige Studenten, die in dieser Zeit nach Göttingen
kamen. Spannungen zwischen Bürgern und den

Gerlach Adolf von
Münchhausen.

„Neubürgern" – Studenten und Professoren – ließen nicht lange auf sich warten.

Vor allem die Studenten waren sich bald ihrer einflussreichen Stellung bewusst. Um ihre Forderungen in Konflikten mit dem „Philister", wie der nichtakademische Teil der Stadtbevölkerung abschätzig genannt wurde, durchzusetzen, benutzten die Studenten häufig das Mittel des „Auszugs": In großer Zahl verließen die Studenten Göttingen, um in der Nähe abzuwarten, ob die städtischen Oberen ihrem Ansinnen nachgaben.

Gleichwohl begann Göttingens Wirtschaft bald von den neuen Mitbürgern zu profitieren. Für einen bescheidenen Wohlstand unter den Göttinger Bürgern sorgten die Ansiedlung neuer Betriebe und ein aus den Bedürfnissen einer Universitätsstadt entstehender Handel. Berufszweige, die durch die Gründung der Universität besonders begünstigt wurden, waren die Schneider und Perückenmacher sowie die Buchhändler.

Aber auch das Göttinger Druckerei- und Verlagswesen war aufs Engste mit der Universität verbunden. Minister von Münchhausen holte 1735 beispielsweise den holländischen Buchhändler Abraham van den Hoeck von Hamburg nach Göttingen, um ihm hier die Stellung des Universitätsbuchdruckers und -händlers einzuräumen. Diese Position gewährte van den Hoeck Steuerfreiheit und unterstellte ihn, wie auch die übrigen für die Universität tätigen Gewerbe, der Universitätsgerichtsbarkeit.

Die Mehrheit der Bürger konnte jedoch auf einen zusätzlichen Verdienst durch Ackerbau und Viehzucht nicht verzichten – und so blieb das Göttinger „Ackerbauernvolk" stets beliebte Zielscheibe des studentischen Spotts.

Im 19. Jahrhundert
Die Zugehörigkeit Göttingens zum Königreich Westphalen (1807-1813) brachte der Stadt einige Veränderungen. Göttingen war Sitz des Präfekten und Hauptstadt des Leine-Departments, folglich nach französischem Vorbild verwaltet und regiert. An die Stelle des Bürgermeisters trat nun der „Maire", der einem einundzwanzig Mitglieder zählenden Munizipalrat vorstand.

Die Herren Studenten legten besonderen Wert auf ihr Äußeres. Vor allem die wohlhabenden unter ihnen beeinflussten die Mode der Göttinger Bevölkerung. Mit Begeisterung nahmen sich auch die Einwohnerinnen die Kleidermode der zugezogenen Professorenfrauen und -töchter zum Vorbild.

Die Universität, ihre Mitglieder und insbesondere die Bibliothek der Georgia Augusta standen unter Napoleons „protection spéciale" und waren somit weniger von der politischen Neuordnung betroffen. Da die Leinestadt nie Kriegsschauplatz war, konnten sich die Göttinger aus den politischen Konflikten dieser Zeit weitgehend heraushalten.

Nach dem Ende des Westphälischen Staates (1807-1813) begann die wieder eingesetzte Hannoversche Regierung rasch mit restaurativen Maßnahmen. In Göttingen wollte man die längst überholte Stadtverfassung von 1690 wieder einführen. Erst ein Aufstand führte zur Aufhebung der alten und zur Einführung einer neuen Stadtverfassung. Diese achttägige „Göttinger Revolution" im Januar 1831 – von Regierungstruppen aus Hannover unblutig beendet – gilt als eine der vielen Nachwirkungen der französischen Julirevolution von 1830, die auch im übrigen Europa zu revolutionären Erhebungen und verfassungsstaatlichen Bestrebungen führte.

Während der Revolution von 1848 fand man sich in Göttingen anfänglich – trotz unterschiedlicher politischer Gruppierungen – einmütig zu den Bürgerversammlungen zusammen. Bald aber wuchsen die Spannungen zwischen den radikal-republikanisch eingestellten Studenten und den liberalen und den konservativen Bürgern der Stadt. Nach der Auflösung der Frankfurter Nationalversammlung 1849 war auch in Göttingen das Ende der Revolution gekommen. In dieser kurzen Zeit der demokratischen Bewegungen entstand eine Reihe von Zeitungen und Schriften, welche die liberal-demokratischen Gedanken der revolutionsfreudigen Göttinger verkündeten.

Die Stadt wächst

In der zweiten Hälfte des 19. Jahrhunderts wuchs nicht nur die Bevölkerung (von 10.000 um 1800 auf 30.000 am Ende des 19. Jahrhunderts), sondern auch die Stadt – über die Grenzen des Walles hinaus. Die seit 1866 preußische Leinestadt erlebte nach dem gewonnenen Krieg 1870/71, wie andere Städte auch, eine Gründerzeit.

Ein Name ist in Göttingen untrennbar mit dieser Periode verbunden: Julius Philipp Georg Merkel, ab 1871 Bürgermeister, später Oberbürgermeister der

Zeppelin „Hansa" über dem Botanischen Garten am 3. 8. 1912.

Weender Straße um 1900 und heute.

Stadt. Der Bau von Wasserleitungen und Kanalisationen, zahlreichen Schulen, eines Theaters und vielen anderen Gebäuden sowie die Aufforstung des Hainberges waren auf die Initiative Merkels zurückzuführen. Das geschlossene Stadtbild Göttingens brach in den folgenden Jahren auf—Straßendurchbrüche (Theaterstraße, Friedrichstraße und Am Ritterplan) erleichterten den Verkehr. Der Wall wurde an einigen Stellen eingeebnet und neue Wohngebiete außerhalb der historischen Stadtgrenzen wurden erschlossen. Diese rege Bautätigkeit endete mit Beginn des Ersten Weltkrieges. Die Wirtschaft der Stadt des späten 19. Jahrhunderts wurde nicht mehr von der Textil- und Tuchindustrie bestimmt. Die Universität, besonders die naturwissenschaftlichen Fakultäten, hatten jetzt großen Einfluss auf die Entwicklung der Göttinger Industrie, speziell auf dem Gebiet der Optik-, Mess- und Regeltechnik.

Anfang des 20. Jahrhunderts

1914 brachte die Kriegsbegeisterung den universitären Betrieb fast zum Erliegen, da sich ein Großteil der Göttinger Studenten freiwillig zum Heer meldete. Die Ernüchterung folgte und bald darauf die völlige Ratlosigkeit. Die Revolution von 1918 blieb kurz und folgenlos. Der nach dem verlorenen Krieg gegründete revolutionäre Göttinger Volks- und Soldatenrat löste sich bereits im März 1920 wieder auf. In der Leinestadt bestimmte bald ein ganz anderer Geist die Politik. Die Weimarer Zeit war nach dem plötzlichen Verschwinden der alten Ordnung geprägt von

wirtschaftlichen Schwierigkeiten und allgemeiner
Verunsicherung. In Göttingen waren es neben dem
frustrierten Kleinbürgertum vor allem aber akademische Kreise, deutschnational eingestellte Professoren und Studenten, die sich rechten Parteien und
Vereinigungen anschlossen.

Die Georgia Augusta erlebte zwar zwischen 1920
und 1930 eine Glanzzeit: „Mekka der Naturwissenschaften" und gleichzeitig „Pensionopolis" – Welt-
stadt und gemütliche Provinz zur gleichen Zeit. Doch
die Weltoffenheit in Wissenschaft und Forschung
stand im krassen Gegensatz zu den politischen Entwicklungen der Stadt.

Nationalsozialismus in Göttingen

Göttingen war eine Hochburg der faschistischen Bewegung Norddeutschlands – und das bereits lange
vor dem 30. Januar 1933. Schon im Februar 1922
wurde die erste Ortsgruppe der NSDAP gegründet.
Multiplikator nationalsozialistischer Ideologie war
neben den Parteiorganen zum Teil auch die bürgerliche Presse, die auf diese Weise als Bindeglied zwischen NSDAP und bürgerlichen nationalistischen
und völkischen Gruppen fungierte.

Am 4. Mai 1924 fanden Reichstags- und Gemein-
dewahlen statt. Das Ergebnis war für die NSDAP in
Göttingen so günstig, dass sie zum ersten Male einen Vertreter ins Rathaus entsenden konnte. Die
Ortsgruppe erreichte noch im selben Jahr eine Mit-
gliederzahl von 800.

Schon 1925 wurde in Göttingen mit der Erstel-
lung eines Registers begonnen, dem „Archiv für
berufsständische Rassenstatistik", mit dem Ziel,
alle nach den Kriterien der Nationalsozialisten als
jüdisch definierten Deutschen zu erfassen. Diese
Kategorisierung war eine Grundlage für den späteren „Arier-Paragraphen" zur Enteignung jüdischer
Gewerbetreibender in Göttingen, die in dem Buch
"Lohnende Geschäfte" von Alex Bruns-Wüstefeld
beschrieben wird. 1929 zogen acht nationalsozialistische Bürgervorsteher und zwei Senatoren – unter
ihnen der spätere Oberbürgermeister Gnade – in das
Rathaus ein und bildeten in Göttingen eine der stärk-
sten nationalsozialistischen Stadtparlamentsfraktio-
nen der Republik.

SS-Aufmarsch, in der „Straße der SA" (Weender Straße). Rechts im Bild: Totalausverkauf eines jüdischen Geschäftes.

Bei der Reichstagswahl am 14.9.1930 wurde die NSDAP mit 37,5 Prozent stärkste Partei in Göttingen. Im zweiten Wahlgang der Reichspräsidentenwahl am 10. April 1932 erhielt Hitler in Göttingen 51 Prozent der abgegebenen gültigen Stimmen. Eine ebenso mutige wie ohnmächtige Demonstration der KPD am 31. Januar 1933 mit etwa 70 Teilnehmern, die bald von Nationalsozialisten auseinander getrieben wurde, scheint der einzige größere öffentliche Protestversuch unmittelbar gegen die „Machtübernahme" in Göttingen gewesen zu sein. Nach dem Reichstagsbrand im Februar 1933 wurde die KPD in die Illegalität getrieben, auch viele Göttinger Mitglieder verschwanden in den Konzentrationslagern, nicht zuletzt in Moringen. Im „Volksheim", an der Stelle des heutigen DGB-Hauses, fand am 3. März 1933 die letzte größere öffentliche Veranstaltung der Göttinger SPD während des Dritten Reiches statt.

Bei den Wahlen am 12. März 1933 sprachen sich 51,4 Prozent der Göttinger Wahlberechtigten für die Regierung Hitlers aus. Das Ergebnis lag weit über dem Reichsdurchschnitt. Als am Abend des 28. März 1933 die Schaufenster des „Riesenbazar Blumenkrohn" in der Groner Straße/Ecke Nikolaistraße zerbarsten, war keine Polizei zu sehen. Niemand dachte daran, dem Ansturm der braunen Gewalttäter entgegenzutreten, die in dieser kühlen Frühlingsnacht noch zahlreiche andere jüdische Geschäfte attackierten. Im April waren auch schon die Gewerkschaften an der

Reihe. Das seinerzeit NSDAP-freundliche „Göttinger Tageblatt" jubelte am 27. April 1933: „Was sich ein Göttinger Marxist nie hat träumen lassen, ist gestern geschehen. Der Sturm 1/82 der SA zog in die Hochburg des sterbenden Marxismus ein".

1938: Regierungspräsident Lutze trägt sich in das Buch der Stadt ein.

Am 12. November 1933 unterstützten 31.800 Wählerinnen und Wähler in Göttingen die Einheitsliste der NSDAP für den Reichstag – von 34.500 Wahlberechtigten. Das „Göttinger Tageblatt" verkündete danach: „In der gestrigen Sitzung des kirchlichen Gesamtverbandes wurde beschlossen, anlässlich des überwältigenden Bekenntnisses der Nation zum Führer für die Gesamtbevölkerung des Stadtkreises Göttingen in der Johanniskirche einen Dankgottesdienst abzuhalten."

Die „Machtergreifung" wurde von Stadt und Universität festlich begangen. Gerade unter den Studenten und Professoren fand sich ein großes faschistisches Potenzial. Störungen der Vorlesungen von jüdischen Hochschullehrern hatten die rechtsradikalen Studenten, die seit März 1931 den Vorsitz in der Studentenschaft führten, schon vor der Machtergreifung begangen. Zahlreiche Professoren und Dozenten baten die Regierung um „beschleunigte Reinigungsmaßnahmen" – vielen von ihnen konnten die Entlassungen jüdischer Kollegen nicht schnell genug gehen. Als letztes großes Ereignis vor Kriegsbeginn wird die 200-Jahr-Feier der Universität 1937 als eine „Olympiade des Geistes" begangen.

In der „Reichskristallnacht" am 9./10. November 1938 wurde auch die Göttinger Synagoge zerstört. Bis Kriegsende hatten fast alle der 411 jüdischen Frauen, Männer und Kinder, die 1933 in Göttingen gelebt hatten,

Sonderdruck des „Göttinger Tageblatts:" Mit Begeisterung wurde der Einmarsch der Deutschen in Paris verkündet. Die Göttinger Bürger wurden aufgefordert die Hakenkreuzfahnen zu hissen.

die Stadt verlassen müssen. Einige entkamen durch Flucht der Deportation ins Konzentrationslager.

Äußerlich fast unbeschädigt überstand Göttingen die Kriegsjahre. Ohne Widerstand ergab sich die Stadt am 8. April 1945 den amerikanischen Truppen.

In dem Buch „Aus der Geschichte von Grone" des ehemaligen Konrektors in Grone, August Kage, ist folgendes zum Kriegsende in Göttingen zu lesen:

„Die Spannung stieg aufs Höchste, als am Sonntag, dem 8. April 1945, 11.30 Uhr, das Anrücken der Amerikaner durch Sirenengeheul in Richtung Ellershausen-Grone gemeldet wurde. Der Feind wusste wohl nicht, was er von dieser in sprießendem Grün liegenden Stadt Göttingen mit ihren Vororten halten sollte und schickte von der Bergeshöhe einige Artilleriesalven in das friedliche Bild. (...) Viele bange Fragen belasteten alle Einwohner vor dem Einrücken. Wie werden sich die fremden Soldaten verhalten? – Aber es kam nicht so schlimm, wie man es gedacht hatte. Sie waren im allgemeinen freundlich, auch die Neger unter ihnen halfen, wenn es nötig schien."

Göttingen – kleine Großstadt

Nach dem Krieg gehörte Göttingen zur englischen Besatzungszone, ab 1951 zum bereits 1946 gegründeten Bundesland Niedersachsen. 1951 wurde die vorläufige niedersächsische Verfassung verabschiedet. In diesen Jahren hatte die Stadt im Süden des neuen Bundeslandes mit erheblichen Problemen zu kämpfen, die mit den Flüchtlingsmassen zusammenhingen, die nach Kriegsende in die Stadt und in deren Umland strömten.

Die Stadtplanung der folgenden Jahrzehnte konzentrierte sich sowohl auf den Umbau der Innenstadt – die Abrisspolitik bereut heute so mancher der politisch Verantwortlichen, den Bau der Fußgängerzone die wenigsten als auch auf die Ausdehnung der äußeren Stadtgrenzen durch

Auditorium am Weender Tor.

Kurze Straße mit
Michaeliskirche.

die Eingemeindungen (1964 und 1972). Durch diese
Entwicklung wurde Göttingen zur Großstadt. Drei
der eingemeindeten Orte – Weende, Grone und Geismar – sind heute derart mit der Stadt verwachsen,
dass man erst auf den zweiten Blick die eigenständigen Kerne dieser ehemals selbstständigen Orte
wahrnimmt.

Bis 1964 war Göttingen eine kreisfreie Stadt. Danach billigte das „Göttingen-Gesetz" der Stadt einen
besonderen Status zu: In Niedersachsen einmalig,
gibt es zwar einen Landkreis Göttingen – zu dem beispielsweise Duderstadt gehört –, Göttingen selbst
jedoch ist keine Kreisstadt. 1978 ging Göttingen
eine Städtepartnerschaft mit dem polnischen Thorn
(Torun) ein – es war die erste zwischen einer polnischen und einer westdeutschen Stadt.

Nach dem Fall der Mauer 1989 lag die Stadt plötz-
lich nicht mehr im „Zonenrandgebiet" der Republik,
sondern in der Mitte Deutschlands. Das ist wohl
auch ein Grund, weshalb es vielen niemals langwei-
lig wird im „Oberzentrum Südniedersachsens" im
Länder-Eck Hessen, Niedersachsen und Thüringen
– in wenigen Stunden ist man in Berlin, Leipzig, Er-
furt, Hamburg, Frankfurt oder Köln.

Im Jahr 2003 feierte die Stadt ihr 1050sten Geburtstag, im selben Jahr wurde anhand von Ausgrabungen in der Innenstadt festgestellt, dass Göttingens Ursprünge viel weiter zurückreichen als bisher
angenommen – Geschichte ist eben nicht für die
Ewigkeit geschrieben ...

Göttingens Städte-
partnerschaften:
seit 1951 Cheltenham
(GB), die polnische
Stadt Torun/Thorn
(1978), Pau in
Frankreich (1982);
Wittenberg ist mit
Göttingen durch eine
Städtefreundschaft
verbunden, La Paz
Centro in Nicaragua
durch eine Solida-
ritätsvereinbarung
(1989).

Nähere Informationen
zu den Stadt- und
Ortsteilen finden
sich im Kapitel
**Orts- und Stadtteile
Göttingens**

▷ Stadtarchiv Göttingen

Stadtarchiv Göttingen, Reinhäuser Landstr. 1,
Tel. 400-31 22,
Öffnungszeiten:
Mo–Mi 8–15.30 Uhr,
Do 8–18 Uhr,
Fr 8–13 Uhr,
www.stadtarchiv.
goettingen.de
Email: stadtarchiv@
goettingen.de

Archive sind das Gedächtnis eines Landes oder eben einer Stadt wie Göttingen. So wie der einzelne Mensch nur leben, lernen und sich orientieren kann, weil sein Gedächtnis sich Wichtiges merkt, so können auch eine Stadt oder ein Land nur bestehen und sich entwickeln, wenn sie sich erinnern. Was im Gehirn des Menschen die „kleinen grauen Zellen" leisten, füllt im Archiv als Akten und Urkunden die Regale. Wie der Einzelne ständig dazulernt, sein Gedächtnis also immer neue Informationen aufnimmt und speichert, so werden auch die im Stadtarchiv lagernden Dokumente fortwährend durch neu hinzukommende Unterlagen ergänzt.

Das Stadtarchiv hat die Aufgabe, die alten Urkunden und Akten vergangener Jahrhunderte zu bewahren und von den Ämtern der Stadtverwaltung laufend dasjenige Schriftgut zu übernehmen, das Rechtsverbindlichkeit besitzt oder sonst von historischer Bedeutung ist. Der Großteil der im Archiv befindlichen Unterlagen ist also – entgegen der landläufigen Meinung – nicht alt, sondern entstammt der jüngeren und jüngsten Vergangenheit. Dabei handelt es sich um Unterlagen der verschiedensten Art: Urkunden, Amtsbücher, Akten, Zeitungen, Plakate sowie Karten und Pläne. Das Archiv ist aber das Gedächtnis der ganzen Stadt, nicht nur der Stadtverwaltung. Daher übernimmt es in vielfältiger Weise auch Schriftgut aus dem gesamten privaten Bereich, d.h. von Privatpersonen, Familien, Vereinen, Firmen oder Parteien.

Das Archiv der Stadt Göttingen zählt zu den ältesten Dienststellen der Stadtverwaltung. Seit dem 13. Jahrhundert – die älteste Urkunde wird in das Jahr 1230 datiert – wurden im Rathaus die Urkunden, Briefe, Amtsbücher und Akten zunächst zur Wah-

rung der Rechte von
Stadt und Bürgern,
später auch aus histo-
rischem Interesse in
Kisten und Schränken
gesammelt.

Heute ist das Stadt-
archiv ein modern
eingerichtetes Ver-
waltungsamt, das im
Nebengebäude des
Neuen Rathauses un-
tergebracht ist. Die
archivierten Unter-
lagen sind in einem
technisch vielseitig
ausgestatteten Maga-
zin untergebracht und werden durch Verfilmung,
Restaurierung und sachgerechte Lagerung vor Schäden und Zerfall bewahrt.

Die Benutzung des
Stadtarchivs ist
ohne Voranmeldung
möglich.

Neben der Bewahrung und Erhaltung ist es die
wichtigste Aufgabe des Archivs, seine Dokumente
den Bürgerinnen und Bürgern zur Verfügung zu stellen. Jeder kann das Stadtarchiv besuchen, wird dabei von den Archivmitarbeitern beraten und kann die
mehr als 25.000 Bände umfassende Handbibliothek
mit historischer Literatur über Göttingen und Südniedersachsen benutzen. Für Seminare und Gruppen
– etwa von Universität und Schulen – steht ein besonderer Arbeitsraum zur Verfügung.

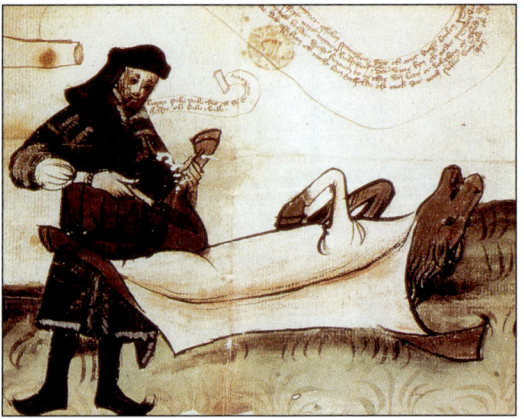

Zu den besonderen
Kostbarkeiten des
Stadtarchivs zählt
der in drastischer
Bildsprache erhaltene
Scheltbrief.

▷ Göttingen – ein Wissenschafts- und Forschungszentrum

Georg-August-
Universität Göttingen
Wilhelmsplatz 1
Tel.: 39-0
www.uni-goettingen.
de

www.pfh.de

Fachhochschule
Hildesheim/Holz-
minden/Göttingen,
www.fh-goettingen.de

Das Kompetenzzentrum der Forschung und Wissenschaft in Niedersachsen – als solches wird Göttingen nicht allein wegen der **Georg-August-Universität** bezeichnet, obwohl diese die bedeutendste wissenschaftliche Institution Göttingens ist. Vielfältigste Forschungseinrichtungen, die mehr oder weniger eng mit der Universität zusammenarbeiten, haben ebenfalls zu diesem Ruf beigetragen. Doch halt – mittlerweile muss ja von mehreren Göttinger Hochschulen gesprochen werden. Die **Private Fachhochschule (PFH Göttingen)** am Weender Tor bietet staatlich anerkannte Diplomabschlüsse in Betriebswirtschaftslehre und Wirtschaftsinformatik an. Die PFH wirbt mit einem kurzen, komprimierten Studium und intensivem Praxisbezug durch Praktika.

Eine staatliche Fachhochschule ist die **Fachhochschule Hildesheim/Holzminden/Göttingen,** die seit 2003 mit dem Namenszusatz **HAWK - Hochschule für angewandte Wissenschaft und Kunst** auftritt. In Göttingen sind die Fakultäten Naturwissenschaften und Technik (u. a. Präzisionsmaschinenbau und Elektrotechnik) sowie Ressourcenmanagement (z. B. Forstwirtschaft und Wirtschaftsingenieurwesen) angesiedelt. Die Fachhochschule zählt zu den größten in Niedersachsen.

Georg-August-Universität Göttingen

Warum wurde Göttingen, in der ersten Hälfte des 18. Jahrhunderts ein Ort mit knapp 5000 Einwohnern, zur Universitätsstadt auserkoren? Obwohl das Kurfürstentum Braunschweig-Lüneburg Anfang des 18. Jahrhunderts zu den größten deutschen Staaten zählte, besaß es doch als einziges keine Universität. In einem Gutachten aus dem Jahre 1732 heißt es, Göttingen sei als Standort bestens geeignet aufgrund seiner Größe, seiner Bebauung und seiner Lage „in einer gesunden und anmutigen Gegend". Provinzielle Ruhe sollte die Voraussetzung für intensive Forschung sein. Um diese Ruhe jedoch fürchtete die Göttinger Bürgerschaft zunächst. 1733 stimmte der Rat der Stadt dem Vorhaben dennoch zu.

Die Regierung in Hannover sandte nun Staatsminister Gerlach Adolph Freiherr von Münchhausen. Ihm oblagen das Kuratorium und die Einrichtung der neuen Lehrstätte. Münchhausen hatte konkrete Vorstellungen, wie die neue Hochschule beschaffen

Das historische Universitäts-Gefängnis – der Göttinger Karzer.

sein sollte. Göttingen sollte der Anziehungspunkt für die hochrangigsten Gelehrten in den vier klassischen Wissenschaftsbereichen Theologie, Jura, Medizin und Philosophie (Naturwissenschaften und Geisteswissenschaften) werden. Ein Vorhaben, welches ihm nach anfänglichen Schwierigkeiten auch gelang. Absolute Lehr- und Zensurfreiheit für Professoren sollte den „Geist von Göttingen" formen. Dies war bis dato an keiner Hochschule gegeben. Damit wurde die Georgia Augusta zur Reformuniversität des Aufklärungszeitalters.

Der „Historische Lesesaal" in der Paulinerkirche dient heute als Ausstellungs- und Veranstaltungsraum.

1734 begann man mit der Errichtung eines Kollegienhauses für Hörsäle und Bibliothek auf den Grundmauern des ehemaligen Paulinerklosters. Noch

heute dient das Gebäude im Papendiek als Bibliothek. Ein zweites Bauwerk, welches in dieser Zeit errichtet wurde, war ein Universitäts-Reithaus für die vornehmen Studenten. Der „Reitstall" war zugleich das erste Göttinger Universitätsinstitut und erstes Reitinstitut Deutschlands. Heute erinnert noch die gleichnamige Straße und das nach seinem Abbruch 1968 wieder aufgestellte Portal am Eingang des Geisteswissenschaftlichen Zentrums an dessen frühere Existenz.

Am 14. Oktober 1734 hielt der Philosoph und Physiker Samuel Christian Hollmann die erste Vorlesung in einem „ehedem vermuthlichen Frucht- und Getreyde-Saal", jetzt Johannisstraße 26. Das Dozieren in den Privatwohnungen der Professoren sollte bis weit in das 19. Jahrhundert Usus bleiben. Ihrer Berufung folgten neben anderen Johannes Matthias Gesner (Klassische Philologie) und das Universalgenie Albrecht von Haller (Anatomie, Chirurgie, Botanik).

Im ersten Semester 1734 waren 147 Studenten an der Georgia Augusta eingeschrieben.

Haller gab in den folgenden Jahren den Anstoß zum Bau des Botanischen Gartens und der evangelisch-reformierten Kirche in der Unteren Karspüle.

Die feierliche Einweihung der Universität wurde erst am 17. September 1737 in der Paulinerkirche abgehalten.

In den nun kommenden Jahren erlebte die Georgia Augusta ihre erste Blütezeit. Die Namenslisten der Professoren und Studenten lesen sich wie ein Who-Is-Who der Welt- und Wissenschaftsgeschichte: Johann David Michaelis, Johann Stephan Pütter, Abraham Gotthelf Kästner, Christian Gottlob Heyne, August Ludwig von Schlözer, Georg Christoph Lichtenberg, Gottfried August Bürger, Carl Friedrich Gauß, Johann Friedrich Blumenbach, Wilhelm und Alexander Freiherr von Humboldt, Clemens Wenzel Maria Brentano, Arthur Schopenhauer, Heinrich Heine und, und, und...

Alexander v. Humboldt
Naturforscher
1789 – 1790

1807, unter Napoleons Herrschaft, bangte man kurzzeitig um das Fortbestehen der Georgia Augusta. Napoleon selbst aber sah letztlich keine Veranlassung, sie in seine Schließungspläne einzubeziehen. Die Universität gehöre nicht allein ihrem König, sondern Europa.

Die Göttinger Sieben

1837 war nicht nur das Jahr des hundertjährigen
Jubiläums der Georgia Augusta, sondern auch das
Jahr eines herben Rückschlags, von dem sich die Universität erst ab 1870 wieder gänzlich erholt zeigen
sollte. König Ernst August ließ mittels eines Patents
vom 1. November das liberale Staatsgrundgesetz
aufheben. Dagegen protestierten sieben Göttinger
Professoren öffentlich in der berühmt gewordenen
„Vorstellung das königliche Patent betreffend". Zu
den Sieben zählen: Friedrich Christoph Dahlmann,
Eduard Albrecht, Jacob und Wilhelm Grimm, Georg
Gervinus, Heinrich Ewald und Wilhelm Weber. Grund
genug für den hannoverschen Welfenkönig, alle Sieben am 14. Dezember zu entlassen und einige von
ihnen des Landes zu verweisen.

Zu ihrer Würdigung
wurde der Platz am
Geisteswissenschaft-
lichen Zentrum nach
den Göttinger Sieben
benannt.

   Der Rest der Professorenschaft hatte sich aus
Überzeugung von dem Protest ferngehalten. Den
Göttinger Sieben blieb selbst der Vorwurf des
„Muttermordes" (der alma mater) nicht erspart.
Die Studentenzahlen schrumpften erheblich nach
diesem Vorfall. Eine Universität, die in Opposition
zur Regierung stand, bot den Studierenden keine
guten Voraussetzungen für eine spätere Anstel-
lung. Göttingen drohte eine zweitrangige Universität zu werden. Die Protestaktion der Göttinger
Sieben hatte jedoch langfristig positive Folgen: Sie
ebnete den Weg für ein politisches Engagement der
Hochschullehrer.

Aula am
Wilhelmsplatz.

1837 war zudem das Jahr, in dem die neue Aula am Wilhelmsplatz zum Mittelpunkt der Universität werden sollte. Gezielte Baumaßnahmen wie die Neuerrichtung des Auditoriengebäudes an der Weender Straße (1865), der Bibliothek (1878), der Kliniken und der physikalischen Institute brachten den akademischen Aufschwung in die Leinestadt zurück. Besondere Bedeutung hatten in den nun folgenden Jahren vor allem die Fächer Mathematik, Physik und Chemie.

Frauenstudium

Ende des 19. Jahrhunderts waren immer mehr Frauen zum Studieren entschlossen. Wie überall im Deutschen Reich verwehrte man ihnen auch an der Georg-August-Universität ein Studium. Erst im Wintersemester 1899 wurden in Göttingen in allen Fakultäten Frauen zumindest als Gasthörerinnen zugelassen. 39 nahmen dieses „Angebot" wahr. 1908 erließ Preußen die allgemeine Immatrikulations-

erlaubnis, diese galt nun auch für Göttingen. Schrieben sich im Wintersemester 1908 86 Frauen ein, so waren es im darauf folgenden Semester schon 128. Es dauerte aber noch zehn Jahre, bis in der Weimarer Republik die Erlaubnis zur Habilitation für Wis-

Ehemalige Klinikgebäude, heute Teil der Geisteswissenschaftlichen Institute.

senschaftlerinnen durchgesetzt wurde.

Zwei Ausnahmen hat es in Göttingen bereits gegeben: Zum einen Dorothea Schlözer, sie promovierte schon 1787 als erste deutsche Frau zum Dr. phil. Zum anderen die Mathematikerin Emmy Noether, sie wurde 1918 von den Professoren der Fakultät zur Habilitation vorgeschlagen und 1922 zur außerordentlichen Professorin ernannt.

Vor 1933 – eine ausgezeichnete Universität

Max Born, Richard Courant, James Franck, Werner Heisenberg, Friedrich Hundt – diese und viele andere Namen stehen für eine Zeit der Göttinger Universität, in der diese als „Mekka der Quantenphysik" internationales Ansehen erlangte. In den ersten beiden Jahrzehnten dieses Jahrhunderts ging der begehrte Nobelpreis zwanzigmal an Forscher, die entweder in Göttingen studiert hatten, wie der Mediziner Robert Koch, oder an hier lehrende Professoren wie die Chemiker Otto Wallach und Richard Zsigmondy. Dem weltweit anerkannten Renommee verdankte die Universität auch internationale finanzielle Unterstützung. So sorgten amerikanische Stiftungen wie die Rockefeller-Foundation dafür, dass vor allem den naturwissenschaftlichen Fakultäten in den wirtschaftlich schwierigen Zeiten nach dem Ersten Weltkrieg ausreichend Forschungs- und Lehrmittel zur Verfügung standen.

Auf dem früheren Klinikgelände befinden sich Universitätseinrichtungen, hier die „Mensa am Turm".

Auch wenn sich der gute Ruf der Georgia Augusta in diesen Jahren vornehmlich auf die Naturwissenschaften gründete, konnten sich einige Geisteswissenschaftler ebenfalls zu den angesehensten in Deutschland zählen.

Die nationalsozialistische Zeit

Die Machtübernahme der Nationalsozialisten 1933 hatte an der Göttinger Universität tiefgreifende und verheerende Folgen. Doch die Ereignisse dieses Jahres trafen die Georgia Augusta nicht unerwartet. Gerade an der Hochschule fiel die Ideologie der Nazis auf äußerst fruchtbaren Boden. Professoren wie Studenten waren gegen Ende der ungeliebten Weimarer Republik in extreme politische Lager gespalten. Rechte Parteien und Vereinigungen hatten rasch höhere Mitgliedszahlen zu verzeichnen. Die Mehrheit der Professoren- und Studentenschaft trauerte noch um den verlorenen Krieg und das vergangene Kaiserreich. Bald setzten sich unter den Studenten die An-

---

„Göttinger Tageblatt" — Donnerstag, den 9. Mai 1940

Der deutsche Student im Kampf der Nation
Fachgruppenversammlung der Kulturwissenschaftlichen Fachgruppe

Am Dienstag fand im Seminargebäude der Universität die erste Fachgruppenversammlung der Kulturwissenschaftlichen Fachgruppe statt. Studentenführer Waldhoff sprach zu Beginn über die Notwendigkeit des studentischen Kriegseinsatzes, der sich in praktischer Handarbeit wie in der Mithilfe an der Hauptwaffe und Großmacht der inneren Front, der Propaganda im Sinne der Aufklärung des ganzen Volkes über die Kriegsziele unserer Gegner und deren Methoden in Vergangenheit und Gegenwart vollzieht. Auch jener Trommlerdienst soll Aufgabe des werdenden Wissenschaftlers sein, der das Gewissen der Nation wachhalten soll neben seiner späteren rein fachlichen Leistung im Dienst der Volksgemeinschaft. Im Mittelpunkt der Versammlung stand eine Ansprache von Geheimrat Professor Dr. Brandi, der den Zuhörern aus einem lebenerfüllten Abriß des Zeitgeschehens eindringlich die Forderungen ihrer Arbeit und ihres Einsatzes vor Augen führte.

Kennzeichnend für den deutschen Akademiker ist die Spannung zwischen Freiheit und Gebundenheit: frei in der Forschung, frei im Wissenwollen, aber gebunden an die vitalen Lebensbedürfnisse des deutschen Volkes. Die mehr als je zuvor gewährleistete straffe Führung des deutschen Volkes als Ganzheit wird unseren Sieg gewährleisten, zu dem uns insbesondere die auf natürlichen Gegebenheiten beruhende Freundschaft mit Italien, die eine Freundschaft der Zuneigung wie eine solche der gemeinsamen Interessen und der gemeinsamen Gegner ist, in hohem Maße verhelfen wird. Der Kern dieses Kampfes ist das Sich-Durchsetzen der jungen Mächte gegen die alte Welt, der Durchbruch

einer neuen Ethik, der wir in der Erkenntnis unserer Sendung zum Siege verhelfen müssen, eine neue Ordnung der Menschen zueinander auf Grund unserer neuen ethischen Gesichtspunkte. Wir fühlen uns pflichtmäßig dazu gedrängt, die machtpolitischen Faktoren sprechen zu lassen aus unserer Verpflichtung gegenüber der Zukunft Europas, ja der Welt. Im Bild jener westlichen Demokratien, selbst in ihrer Wissenschaft kommt immer wieder die Saturiertheit, das Sich-selbst-genug-sein, ein müder, schleppender Gang der Ereignisse zum Ausdruck, dem auf der anderen Seite in Deutschland und Italien der pulsierende, schaffens- und aufbaufreudige Lebenswille gegenübersteht. Mit ihm gehört uns die Zukunft.

Vorbild aber in der praktischen Gestaltung ethischer Werte ist uns die deutsche Wehrmacht, in der alles der Gemeinschaft dient, einer straffen und bewußten Führung untergeordnet ist, aber nicht im sich selbst aufgebenden Kadavergehorsam, sondern im Sicheinordnen, weil man weiß, worum es geht. Und noch mehr: nirgends hat das Leistungsprinzip eine größere und klarere Rolle gespielt als im Heer, das die Bewährung vor den Erfolg setzt.

Das gleiche gilt jetzt für den deutschen Studenten. Die Leistung allein bewirkt das Werden des einzelnen, sein Verhältnis zur Gemeinschaft bestimmt seine spätere Stellung: Die Bildung soll wie das Können eines guten Arztes weiter nichts als ein Mittel sein, anderen wirklich dienen zu können. Die Studenten dieser Zeit sollen und werden sich durchringen zur Persönlichkeit als dem in sich beruhenden, gefestigten und geschlossenen Wesen, auf das sich die Gemeinschaft verlassen kann. d—r.

Angeführt von der „Deutschen Studentenschaft" versammelten sich am 10. Mai 1933 Studenten und Professoren – unter ihnen auch der amtierende Rektor Friedrich Neumann – auf dem Albaniplatz, wo die „undeutsche" Literatur nicht nur jüdischer Autoren verbrannt wurde.

hänger der Nationalsozialisten durch. Bereits 1919 – kurz nach Gründung der Deutschen Studentenschaft – stimmten Göttinger Studenten mit 1866 zu 291 Stimmen gegen die Aufnahme „nichtarischer" Mitglieder. 1931 stellte der nationalsozialistische Studentenbund die absolute Mehrheit im Göttinger Studentenparlament.

Wie an anderen deutschen Hochschulen begannen im April 1933 die Entlassungen – sowohl der Lehrkörper als auch die Studentenschaft sollten von „nichtarischen Elementen" und politisch Andersdenkenden „gesäubert" werden. Mit Hilfe des wiederhergestellten Berufsbeamtengesetzes wurde den unliebsamen Professoren unterstellt, sie seien in der Vergangenheit zu Unrecht in den Beamtenstatus gelangt.

Die ersten Entlassungsaktionen verschonten Teilnehmer des Ersten Weltkriegs. Ein solcher war auch James Franck, 1925 Nobelpreisträger in Physik, der als Frontkämpfer trotz seiner jüdischen Herkunft zunächst an der Universität hätte bleiben können. Am 18. April erklärte er in der „Göttinger Zeitung" seinen freiwilligen Rücktritt, was von einem Großteil der Göttinger Professoren als „Sabotageakt" gegen die neuen Machthaber kommentiert wurde.

Dass sich das verbliebene Kollegium der Hochschule derartigen Vorgängen nicht widersetzte, darf angesichts der Begeisterung, die die Göttinger den Nationalsozialisten entgegenbrachten, nicht überraschen. Die erste Ortsgruppe der NSDAP gründete sich unter der Führung des Medizinstudenten Ludolf Haase schon 1922, elf Jahre später stimmten 51,4% der Göttinger für die Nationalsozialisten.

Der Neuaufbau der Universität nach den ideologischen Vorstellungen der Nazis gestaltete sich hingegen schwieriger. Es musste auf zahlreiche weltberühmte Wissenschaftler verzichtet werden, die, wenn sie sich nicht zur Flucht entschließen konnten oder wollten, in Deutschland nun um ihr Leben fürchten mussten. Viele der neu berufenen Professoren schienen wenig geeignet, die „nationalsozialistische Wissenschaftsrevolution" voranzutreiben. Göttingen büßte in den folgenden Jahren den Ruf als internationales Zentrum der Naturwissenschaften ein.

Mit Beginn des Zweiten Weltkrieges standen auch die Institute der Georgia Augusta im Dienste „kriegswichtiger Forschung". Besondere Bedeutung maßen die Nazis der Göttinger Aerodynamischen Versuchsanstalt (AVA) bei, die als Institut der Kaiser-Wilhelm-Gesellschaft (der heutigen Max-

Während der zwölf Jahre des „tausendjährigen Reichs" war die Georgia Augusta nach 1837 bereits zum zweiten Mal auf den Rang einer durchschnittlichen Provinzuniversität zurückgefallen.

Die niedersächsische Staats- und Universitätsbibliothek.

Planck-Gesellschaft) eng mit der Universität verbunden war und bereits im Ersten Weltkrieg im Auftrag von Marine und Heer gearbeitet hatte. Mit der Entwicklung und Verbesserung der mitlitärischen Flugzeuge setzten sich diese Aktivitäten während des Zweiten Weltkrieges fort.

Im Gegensatz zu anderen deutschen Hochschulen konnte die Göttinger Universität das Wintersemester 1944/45 nahezu ungestört abschließen. Der Lehrbetrieb wurde schon im September 1945 wieder aufgenommen. Einen tiefen Einschnitt bedeuteten Kriegsende und Entnazifizierung ohnehin nicht: Nur wenige der Professoren wurden aufgrund einer belastenden Vergangenheit entlassen, noch weniger der emigrierten Wissenschaftler kehrten zurück – trotz aller Bemühungen der Universität.

Der „Skybiker" ziert den heutigen Campus.

Als emeritierter Professor kehrte jedoch der Physiker Max Born, der 1933 als einer der ersten Wissenschaftler Deutschland verlassen musste, Anfang der fünfziger Jahre nach Deutschland zurück. Aufsehen erregte der Nobelpreisträger von 1954 nicht mehr durch seine wissenschaftliche Tätigkeit, sondern durch sein politisches Engagement. Am 24. April 1957 gehörte er zu den Unterzeichnern des „Göttinger Manifestes". Die „Göttinger 18" – unter ihnen Otto Hahn, C.F. von Weizäcker und Werner Heisenberg – protestierten mit diesem Aufruf gegen das Vorhaben Adenauers, die Bundeswehr mit taktischen Atomwaffen auszurüsten.

Wandzeitungen im Zentralen Hörsaalgebäude, am Aufgang zur Mensa.

Universität mit Stadt

Die Dominanz der Universität in der Stadt zeigte sich in den folgenden Jahren immer deutlicher: Seit den 1960er Jahren begann man mit der baulichen Erweiterung der Hochschule. Im Norden Göttingens entstand ein ganzer universitärer Stadtteil, in dem das Universitäts-Klinikum und mehrere naturwissenschaftliche Institute

Nobelpreisträger

44 PreisträgerInnen der begehrtesten Wissenschaftsauszeichnung der Welt haben an der Göttinger Universität gelernt, geforscht und gelehrt. Hier sind diejenigen genannt, die den Preis erhielten, als sie in Göttingen arbeiteten:

▷ **Otto Wallach** (Chemie), 1910 für die Erforschung der ätherischen Öle ausgezeichnet;

▷ **Max von Laue** (Physik), 1914 für die Erforschung der Röntgenstrahlen beim Passieren von Kristallen;

▷ **Max Planck** (Physik), 1918 für die Verdienste in der Physik durch seine Quantenmechanik;

▷ **Walter Nernst** (Physik), 1920 für die Entwicklung seiner „Nernst-Lampe", die energiesparender und lichtintensiver war als damals übliche Lampen;

▷ **Richard Zsigmondy** (Chemie), 1925 für die „Aufklärung der heterogenen Natur kolloidaler Lösungen";

▷ **James Franck und Gustav Hertz** (Physik) 1925 für die Untersuchung des Verhaltens freier Elektronen in verschiedenen Gasen, welche letztendlich zum experimentellen Beweis für wesentliche Bestandteile des Bohrschen Atommodells diente;

▷ **Adolf Windaus** (Chemie), 1928 für die Erforschung der Zusammensetzung von Steriden und ihres Zusammenhangs mit Vitaminen;

▷ **Otto Hahn** (Physik), 1944 für die Spaltung des Urankerns durch Neutronenbeschuss;

▷ **Max Born** (Physik) teilte sich 1954 einen Preis für seine Grundlagenforschung in der Quantenmechanik;

▷ **Manfred Eigen** (Chemie), 1967 für die Untersuchung äußerst schneller chemischer Reaktionen;

▷ **Erwin Neher** (Medizin), 1991 für die Erforschung des Informationsaustausches zwischen menschlichen Zellen; zusammen mit Bert Sakmann, einem Zellphysiologen, erhielt Neher den Nobelpreis für Medizin.

Platz fanden. Einen Mittelpunkt bildete bald das Geisteswissenschaftliche Zentrum (GWZ) am Platz der Göttinger Sieben. Von vielen als große Bausünde der 60er und 70er Jahre bezeichnet, ist es mit Campus, Universitätsbibliothek (seit 1992) und Zentralmensa das Herz der Universität.

Der „Sturm im Elfenbeinturm" machte in den 1960er und 70er Jahren auch vor der Georgia Augusta nicht Halt. Göttingen wurde zu einer Hochburg der Studentenbewegung. Der „Sozialistische Deutsche Studentenbund" (SDS) und in seiner Nachfolge zahl-

Ausgabe der Speisen in einer der Göttinger Mensen.

reiche linke Studentengruppen prägten mit Reformideen, Streiks und Sit-ins nicht nur das politische Leben an der Universität. Die neue Protestkultur beeinflusste auch das gesellschaftliche Klima in der Stadt. Wohngemeinschaften, Hausbesetzungen, linke Gewerkschaftszirkel, alternative Zeitungen und typische „Szene"-Kneipen durchbrachen in der Leinestadt früher als in anderen Städten die provinzielle Enge.

Bis in die 1990er Jahre hielt sich der Ruf Göttingens als Hochburg linker Hochschulgruppen. An dem bundesweiten „Uni-Streik" 1997 beteiligten sich die Göttinger Studierenden besonders aktiv. In den folgenden Jahren formierte sich jedoch kein nennenswerter Protest gegen Kürzungen, Einsparungen und Studiengebühren an der Georgia Augusta (ab 2002 sind Gebühren für so genannte „Langzeitstudierende" fällig, seit Winter 2006 sind für Studienanfänger 500 Euro pro Semester zu zahlen). Dies änderte sich im Wintersemester 2003/04, nachdem massive Einschnitte an niedersächsischen Universitäten angekündigt wurden.

Der folgende Protest wurde auch von großen Teilen der Lehrenden und nicht-wissenschaftlichen Angestellten unterstützt, die nun auch auf den Streichungslisten standen. Zahlreiche phantasievolle Aktionen sollten auf die große Bedeutung der Georgia Augusta für Stadt, Region und Land aufmerksam machen. So wurden Seminare in Stadtbusse und in die Fußgängerzone verlegt, Vorlesungen im Theater und Einkaufspassagen gehalten.

Doch von Göttingen als Sitz einer Volluniversität, an der von Medizin über Forstwissenschaft bis zur Skandinavistik studiert werden konnte, hatte man

In Zeiten von Studiengebühren und Mittelkürzungen kein seltenes Bild mehr: ein halbleerer Vorlesungssaal.

Studentenwohnheim „Colloseum" am Kreuzbergring

sich in Politik und auch in Teilen der Hochschule selbst bereits verabschiedet.

2003 wurde die Universität aus der Trägerschaft des Landes Niedersachsen entlassen und in eine Stiftung öffentlichen Rechts umgewandelt. Befürworter sehen in der „Stiftungs-Uni" größere Unabhängigkeit von staatlicher Weisung und Chancen für effektivere und wettbewerbsfähigere Lehre, Forschung und Verwaltung. Kritische Stimmen bemängeln gerade diese Ausrichtung auf Wirtschaftlichkeit, Dienstleistungsdenken und zunehmende Abhängigkeit von privaten

Drittmitteln. Es wird befürchtet, dass sich eine Bildungsinstitution zu einer reinen Ausbildungsstätte entwickelt, wobei kleinere, „unwirtschaftlich" arbeitende Wissenschaftsbereiche auf der Strecke bleiben.

Begonnen hatte die Universität einst mit Theologie, Rechtswissenschaften, Medizin und Philosophie – heute verteilen sich die Studierenden auf 13 Fakultäten. Hielt man die Georgia Augusta bereits 1950 mit 5.000 Studierenden für überfüllt, lag der Höchststand bei über 30.000 im Wintersemester 1990/91. Zu Beginn des neuen Jahrtausends war ein gegenläufiger Trend zu beobachten – nur noch

▷ Ein zerstreuter Professor...

Der Jurist Professor Dr. Julius Ribbentrop zählte wohl zu den zerstreutesten Menschen unter der Sonne und das schlimmste war ... er merkte nichts davon. Wie viele Geistesarbeiter trank er gern einen guten Kaffee und gebrauchte auch Schnupftabak. Es soll aber des öfteren vorgekommen sein, dass er sich in den Abendstunden Schnupftabak aufbrühte und eine Prise Kaffee in das Nasenloch schob. Doch selbst diesen Beweis seiner Zerstreutheit sollte der Gelehrte noch weit übertreffen. Als er wieder einmal auf dem Katheder stand und sein Vorlesungsmanuskript hervorholen wollte, merkte er, dass er es vergessen hatte. Die Professoren lasen damals noch im langen schwarzen Gehrock und Ribbentrop hatte das Vorlesungsmanuskript in einer großen Innentasche stecken, die der Schneider besonders für diesen Zweck einnähte. Ribbentrop war es daher völlig unerklärlich, wo das Manuskript geblieben sein könnte. Er griff in alle Taschen, aber es war nicht zu finden. Da merkte er endlich, dass er in seiner Zerstreutheit gar nicht den guten Gehrock angezogen hatte, sondern einen alten trug, den er am häuslichen Schreibtisch als Überrock aufbrauchte. Flugs eilte er in seine Wohnung, die glücklicherweise im gleichen Hause war, und holte schleunigst das Manuskript aus dem guten Rock. An der Korridortür fiel ihm ein, dass er ja noch den Rock wechseln müsse, schnell war das getan und schon stand der Gelehrte wieder auf dem Katheder. So, jetzt konnte er ... immer noch nicht lesen, denn das Manuskript steckte ja jetzt in dem alten Rock, der in seiner Wohnung am Haken hing. Ribbentrop sauste wieder davon. Da war die Tür, hier der Haken, heraus mit dem Manuskript. Halt, du hattest ja den verkehrten Rock an. Schnell gewechselt und im Laufschritt aufs Katheder. Jetzt konnte er endlich ... immer noch nicht vorlesen, denn jetzt steckte das Manuskript im richtigen Gehrock, aber den hatte er ja gewechselt. So ging es nun weiter. Die Studenten zählten siebzehn vergebliche Versuche des Professors, in den Besitz des Vorlesungsmanuskriptes zu gelangen.

22.753 Studierende waren zum Wintersemester 2001/02 eingeschrieben. Im Jahr 2006 stiegen die Zahlen (24.400 Studenten) wieder leicht.

Die Göttinger Institute sind über die allgemeinen Seiten der MPG zu erreichen: www.mpg.de

Die Göttinger Institute der **Max-Planck-Gesellschaft** (MPI für Dynamik und Selbstorganisation, MPI für experimentelle Medizin, MPI für biophysikalische Chemie) sowie das MPI für Sonnensystemforschung in Katlenburg-Lindau bilden zusammen mit den Forschungseinrichtungen der Universität ein international anerkanntes Wissenschaftsforum.

Dazu zählt auch das **Deutsche Zentrum für Luft- und Raumfahrt** (DLR). Das DLR ist sowohl wissenschaftlich, wirtschaftlich als auch gesellschaftlich ausgerichtet: neben dem Expertenpublikum werden auch „interessierte Laien" zu Informationsveranstaltungen eingeladen.

DLR, Bunsenstr. 10, Tel. 709-0 www.dlr.de

Das **Deutsche Primatenzentrum** (DPZ, gegründet 1977) ist ein eigenständiges Forschungsinstitut mit Servicecharakter für die deutsche Wissenschaft und ist durch vielfältige Kooperationen eng in den Forschungsstandort Göttingen eingebunden.

Deutsches Primatenzentrum Tel.: 3851-0 www.dpz.eu

Die **IWF Wissen und Medien** wurde 1956 als „Institut für den Wissenschaftlichen Film" gegründet, um audiovisuelle Medien für Zwecke der Forschung und Lehre im Interesse der Allgemeinheit zu produzieren, zu dokumentieren und zu vertreiben.

IWF www.iwf.de Tel.: 5024-0

Ende der 90er Jahre erfolgte eine inhaltliche Schwerpunktverlagerung. Die Kernaufgabe besteht heute darin, audiovisuelle Wissensmedien aus der Wissenschaft zu akquirieren, zu optimieren und für Lehre und Forschung zur Verfügung zu stellen – auf einer inzwischen durchgehend digitalen Systemplattform.

Die **Akademie der Wissenschaften zu Göttingen** besteht seit 1751 und zählt damit zu den ältesten in Deutschland. Als Körperschaft des öffentlichen Rechts hat sie die Aufgabe „der Wissenschaft zu dienen". Die Akademie richtet sich mit mehreren öffentlichen Sitzungen an ein wissenschaftlich interessiertes Publikum und verleiht Akademiepreise für herausragende wissenschaftliche Leistungen.

Akademie der Wissenschaften zu Göttingen Theaterstr. 7 Tel. 39-5263

▷ Niedersächsische Staats- und Universitätsbibliothek – Die SUB Göttingen

SUB (Neubau)
Platz der Göttinger
Sieben 1
Tel. 39-52 31
(Zentrale Information)
www.sub.uni-
goettingen.de
Öffnungszeiten
(im Semester):
Mo–Fr 9–22 Uhr,
Sa 10–17 Uhr.
In den Semesterferien
eingeschränkte
Öffnungszeiten.

Wie in Anwesenheit eines großen Kapitals, das unberechenbare Zinsen spendet, fühlte sich Johann Wolfgang von Goethe bei seinem Besuch der Göttinger Bibliothek – und machte von ihr regen Gebrauch. Hatte er doch feststellen können, dass man ihm in dieser ersten Forschungsbibliothek Europas nicht nur all die Bücher zur Farbenlehre vorlegen konnte, die er anderswo nicht erhalten hatte, sondern darüber hinaus ihm unbekannte Titel. Die Bibliothek hatte sich einmal mehr als ideales Forschungsinstrument erwiesen, zu dem sie nach dem Willen des Administrators von Münchhausen als Grundlage des Ruhmes seiner Professoren im 18. Jahrhundert geworden war. Die dynastische Verbindung Hannovers mit der englischen Königswürde bot die Möglichkeit, weltweit wichtige Literatur zu erwerben. Das Göttinger Aufstellungs- und Katalogsystem sorgte dafür, dass die Literatur auch gut genutzt werden konnte.

Eine Bibliothek nach dem Herzen der Benutzer ist die SUB Göttingen geblieben. Seit 1993 steht ihr ein Neubau auf dem Campus zur Verfügung, der Ästhetik und Funktionalität in ungewöhnlicher Weise verbindet. Europaweit ist er als Vorbild postmoderner Bibliothekarchitektur anerkannt. In großen hellen Lesebereichen stehen fast eine halbe Million Bücher und fast 1.000 Arbeitsplätze zur Verfügung. Weitere

Lichte Lesebereiche bieten Arbeitsplätze ganz unterschiedlichen Charakters. Täglich kommen rund 4.000 Besucher in die SUB.

850.000 Bücher sind in einem der unterirdischen
Magazingeschosse frei zugänglich. Mit modernen
EDV-Systemen können nicht nur im Gebäude selbst,
sondern von Universitäten überall in der Welt Bücher und Aufsätze bestellt werden. Sie werden auf
Wunsch auch elektronisch geliefert, die Bibliothek
kommt sozusagen an jeden Arbeitsplatz – mit über
vier Millionen Büchern, Hunderttausenden von Mi-
kroformen und Zugangshilfen zur Welt des Internet.

Dabei werden Tradition und Moderne gleicher-
maßen gepflegt in einer Universitätsbibliothek, die
zugleich als Staatsbibliothek im Lande fungiert und
darüber hinaus wichtige spezielle Sammelgebiete
betreut (z.B. Reine Mathematik, Astronomie, Anglo-
amerikanischer Kulturraum, Nationalbibliothek für das
18. Jahrhundert) und Organisationsaufgaben (Bücher-
transportdienst, Sitz der Verbundzentrale) erfüllt.

Im historischen Gebäude am Papendiek werden
wertvolle Kulturgüter bewahrt, darunter ein auf Per-
gament gedrucktes Exemplar der Gutenberg-Bibel
(um 1454). Ebenfalls hier untergebracht: der Hand-
schriften- und Kartenlesesaal, verschiedene Spezi-
albestände (u. a. für Asien und Afrika) sowie das
Göttinger Digitalisierungszentrum (GDZ), das die
wertvollen und zum Teil einzigartigen Bestände der
Göttinger SUB über das Internet Nutzern auf der
ganzen Welt zur Verfügung stellt. Die aktuellen Projekte der Forschungsbibliothek SUB werden online
(www.sub.uni-goettingen.de) präsentiert.

Die SUB ist eine der
größten Bibliotheken
Deutschlands: ihr
Bestand umfasst
mehr als 5,8 Mio.
Medieneinheiten.

Sowohl die wunderschönen Räumlichkeiten der
Paulinerkirche (am historischen Gebäude im Papendiek gelegen) als auch das Foyer des Neubaus werden als Ausstellungsort gebraucht. Im Oktober 2002
wurde die SUB vom Deutschen Bibliotheksverband
und der ZEIT-Stiftung als „Bibliothek des Jahres"
ausgezeichnet. Besonders gelobt wurde als außer-
ordentliche Leistung, „das historische Erbe und die
moderne Technik so innovativ zu verknüpfen, dass
multimediale Dienstleistungen für den Nutzer geschaffen werden konnten".

▷ Sehenswürdigkeiten

Altes Rathaus

Die Baugeschichte des Alten Rathauses war langwierig und konnte bis heute nicht in allen Einzelheiten geklärt werden. Fest steht, dass der südliche Teil um 1270 erbaut wurde. Von 1369 bis 1444 wurde der nördliche Teil angebaut. Deutlich erkennbar handelt es sich um zwei verschiedene Bauabschnitte. 1402/03 wurde die Eingangslaube am älteren Teil ergänzt, die an den Stil der Prager Dombauhütte erinnert. Ebenfalls später hinzugefügt wurde die Redner- und Zuschauertribüne im nördlichen Bereich. Eindeutige Spuren belegen, dass am nördlichen Teil ehemals eine weitere Laube existiert haben muss, die jedoch offensichtlich wieder abgerissen wurde. In der heute noch vorhandenen Laube wurde Gericht abgehalten, davon zeugt das Christushaupt als Weltenrichter, das von der Mitte des zentralen Jochs herabschaut. Der bronzene Türzieher in Form eines Löwenkopfs an der Eingangstür ist von kunstgeschichtlicher Bedeutung, da er, um 1300 entstanden, den ältesten erhaltenen Türzieher dieser Art an einem Rathaus darstellt.

Die Nutzung des Alten Rathauses war vielfältig. Natürlich tagte hier der Rat und auch die Stadtverwaltung war hier beherbergt. Die Kaufmannsgilde hatte an diesem Ort ihren Sitz und es wurde gehandelt, da das Kornmagazin, das Archiv und der Weinkeller gleichfalls im Rathaus untergebracht waren. Genau wie heutzutage fanden im großen Saal Empfänge und Kunstdarbietungen statt. Die Nische an der Westseite des über und über bemalten festlichen Saales weist darauf hin, dass auch im Inneren des Stadthauses Gericht gehalten wurde. An der Stelle, an der früher die Gerichtsherren saßen, befindet sich seit 1929 ein Ehrenmal

für die im Ersten Weltkrieg gefallenen Angestellten der Stadt.

1883 wurde mit einer umfassenden Renovierung der Halle begonnen. Aus dieser Zeit stammen die romantisierenden Gemälde des Professors Hermann Schaper, die die Geschichte und Funktionen des Rathauses in Form eines Zyklus darstellen. Auf halbem Treppenabsatz führt eine Tür zu weiteren Räumen. Links befand sich die ehemalige Ratsküche und rechts kann man die alte Dorntze betreten. In diesem Ratssitzungssaal kann standesamtlich geheiratet werden. Dass dabei niemand kalte Füße bekommt, dafür könnte die mittelalterliche Fußbodenheizung sorgen. Es handelt sich um eine der wenigen erhaltenen Heizungen dieser Art. Durch die zwölf Deckel im Boden der Dorntze konnte die warme Luft aus dem befeuerten Heizraum entweichen und erfüllte so den Raum mit angenehmer Wärme. In den übrigen Räumen des Alten Rathauses befinden sich die Tourist-Information und deren Büroräume. Im Obergeschoss finden regelmäßig Ausstellungen des Kunstvereins und des Fachdienstes für Kultur statt. Der Keller, in dem seit 1345 Gastronomie betrieben wird, ist ebenfalls sehenswert. Hier kann man in Ruhe bei einem Gläschen den Hauch der Jahrhunderte spüren.

Türzieher am Alten Rathaus, entstanden um 1300.

Gänseliesel-Brunnen

Das unangefochtene Wahrzeichen der Stadt ziert seit November des Jahres 1901 den Marktplatz. Langwierige Debatten und Pannen waren der unspektakulären Einweihung, die ohne die Künstler und die Verantwortlichen stattfand, vorausgegangen. Die Marktfontäne, ein gänzlich schmuckloses Bassin, das von einem mannshohen Gitter umgeben war, sollte einem repräsentativeren, mit dem Rathaus in Einklang stehenden Brunnen weichen. Die Diskussion kam auf, den Löwenbrunnen, der nach 1568 lange Zeit Göttingens Fontäne war, nachzubilden. Doch dieser Vorschlag konnte dem Kunstanspruch der Entscheidungsträger nicht genügen. So beschloss man, einen öffentlichen Wettbewerb auszuschreiben. Von den 46 verschiedenen Vorschlägen, die bei den Preisrichtern eingingen, sollte der „Tugendbrunnen" von K. Mehs und H. Jehs den

Am Gänseliesel-
brunnen.

1. Preis erhalten. Den zweiten Platz belegte der Ent-
wurf „Gänsemädel", eine Zusammenarbeit des Ar-
chitekten Heinrich Stöckhardt und des Bildhauers
Paul Nisse. Man befand das Gänsemädel für wenig
passend als Wahrzeichen einer ehrwürdigen Universitätsstadt und außerdem gänzlich unoriginell. Um
dem Liesel dennoch auf den Sockel zu verhelfen,
bedurfte es der Intervention und Fürsprache des
Professors Hartzer und der Göttinger Bevölkerung,
die letztendlich die Jury überzeugen konnten, dass
gerade ein unprätentiöses Motiv Eindruck machen
würde. Hartzer sollte Recht behalten, denn die Göttinger hatten und haben ihr Gänseliesel zum Küssen gern. So sehr, dass die Obrigkeit daran Anstoß
nahm. Der Studentensitte, des Nachts den Brunnen
zu erklimmen und dem Liesel Liebesbezeugungen
darzubringen, sollte im berühmten „Göttinger Kuss-
prozess" Einhalt geboten werden. Trotz Freispruch
des studentischen Angeklagten kam es zu einer
Polizeiverordnung, die unsittliche Näherungen an
die Bronzeschönheit untersagte. Zehn Reichsmark
sollte eine Übertretung der Verordnung kosten. Wieviel „Kussgeld" die Stadt Göttingen von ihrem schönen Kinde kassiert hat, ist unbekannt. Trotz flam-
mender Proteste ist dieses Verbot bis heute nicht
aufgehoben worden. Generationen von Doktoren be-
gingen und begehen also als erste Amtshandlung
ihrer neugewonnenen Würde eine Gesetzesübertre-
tung – nur wenigen wird dies bewusst sein.

Aula

Bis zum 100-jährigen Jubiläum der Universität sollte   Wilhelmsplatz 1
der repräsentative Bau fertiggestellt werden. Allein
2 Jahre nahm die Diskussion um den Standort in
Anspruch, bis man sich entschieden hatte, die Fran-
ziskaner-Klosterkir-
che abzureißen, um
an dieser Stelle die
Aula der Georgia Au-
gusta zu errichten.
1833 wurden die Bau-
pläne von Otto Praël,
dem   Universitäts-
Baumeister, fertigge-
stellt. Leider konnte
der Stifter des Gebäu-
des, König Wilhelm IV.,
an den Einweihungs-

feierlichkeiten nicht teilnehmen, da er kurz zuvor
verstarb. Ihm zu Ehren schuf der Bildhauer Ernst von
Bandel ein Denkmal, das seither den Wilhelmsplatz
ziert. Ebenfalls von der Hand dieses Künstlers sind
die Skulpturen im Giebel des klassizistischen Aula-
gebäudes, die den Genius der Wissenschaft und die
vier Fakultäten darstellen. Auch das klassisch an-
mutende Innere des Bauwerks ist sehenswert, wo
Festakte der Universität und Konzerte stattfinden.
(Siehe auch **Rundgang 1**)

Karzer

Im Westteil der Universitäts-Aula befindet sich das
ehemalige Studentengefängnis, der Karzer. Vier der-
artige Verwahrungsräume hatte es vor Erbauung der
Aula im Konzilienhaus in der Prinzenstraße gegeben.
1836, nachdem Wilhelm IV. der Universität zum 100.
Geburtstag eine neue Aula schenkte, standen dem
Rektor gar zwölf neue Karzerzimmer zur Verfügung.
Diese Anzahl von Zellen würde vermutlich nicht aus-
reichen, wären die Verbote von damals heute noch
in Kraft. Demnach hatten die Studenten „keusch und
nüchtern" zu sein und nicht in der Öffentlichkeit zu
rauchen (eines der Bismarckschen Vergehen). Weiterhin war es verboten, unfleißig zu sein, des Nachts
Lärm zu machen, Böller zu werfen, außerhalb der Badeanstalten zu baden und gegenüber Wächtern und

Soldaten unbescheiden zu sein. Man stelle sich die heutige Überfüllung der Karzer vor, wenngleich es unter den Studenten aus der Mode gekommen ist, sich zu duellieren.

Dass die Verbote schon damals nicht allzu ernst genommen wurden, lässt sich unschwer an den zahlreichen humoristischen Verewigungen der Insassen an den Wänden des Karzers ablesen. Anstatt reuig über die begangenen Sünden nachzudenken, wurden die Ordnungswidrigkeiten – zur Freude der heutigen Besucher – persifliert auf die ursprünglich weißen Mauern gebracht. Bis 1933 konnte man als Student bei leichten Vergehen einen Tag, bei schwereren Delikten bis zu 14 Tagen das „Hotel zur akademischen Freiheit" belegen. Heute kann man den Karzer wieder besichtigen, allerdings nur im Rahmen einer Stadtführung. Die 10 €, die für die Besichtigung des Karzers hierbei zusätzlich anfallen, fließen in einen Topf für Renovierungen von Universitätsgebäuden.

Altes Auditorium

Weender Landstr. 2

Von 1862 bis 1865 wurde das Alte Auditorium errichtet, um die mittlerweile stattliche Studentenschaft angemessen unterzubringen. Die bis dahin zur Verfügung stehenden Lehrräume in der Goetheallee waren längst viel zu beengt, um sinnvollen Unterricht zu ermöglichen. Die Errichtung des Auditoriums außerhalb des Walls war der Anfang der Entwicklung, die Universität jenseits der Innenstadt anzusiedeln. (Siehe auch **Rundgang 1**)

Ehemaliges Kollegienhaus

Papendiek 14

In den Kindertagen der Georgia-Augusta-Universität griff man auf das ehemalige Dominikanerkloster zurück, um Räumlichkeiten für die Hochschule zu schaffen. Bei den Umbauten, die zu diesem Zwecke erfolgten, stürzte das Gebäude in sich zusammen und musste neu erbaut werden. (Siehe auch **Rundgang 1**)

Bismarckhäuschen

Am Wall
Bürgerstr. 27
Tel: 0551-485844

Zur 100-Jahrfeier (1932) der Immatrikulation des Studenten Otto von Bismarck an der Georgia Augusta wurde aus dem kleinen Turmhäuschen eine Gedenkstätte zu Ehren des ehemaligen Studenten. Immer wieder gern wird erzählt, dass der spätere Reichskanzler und Ehrenbürger der Stadt Göttingen auf Weisung der Stadtoberen sein Quartier außerhalb der Wallbefestigung suchen sollte und nur zum Studieren Einlass in die Stadt bekam. Dass Bismarck sich mehrmals duellierte und insgesamt 18 Tage im Karzer verbrachte, ist hingegen verbürgt. Nun – er wird nicht der einzige Student gewesen sein, der das Studentenleben auf seine Weise genossen hat. Anlässlich der Renovierung des Bismarckhäuschens im Jahre 1986 musste das Biedermeierinterieur einer wissenschaftlicheren Ausstellung über das Leben Bismarcks weichen. Die hübschen Möbelstücke waren zwar zeitgemäß, jedoch mit Sicherheit nicht diejenigen, mit denen Bismarck gelebt hatte. Für Erläuterungen und Führungen stehen die beiden studentischen Bewohner der oberen Etage zur Verfügung.

Der Alte Botanische Garten

In Göttingen gibt es zwei botanische und einen forstbotanischen Garten. Zentral gelegen und auch für Nicht-Botaniker ein lohnenswertes Ziel ist der alte Garten mit seinen Gewächshäusern, die ebenfalls für die Öffentlichkeit zugänglich sind.

Er wurde 1736 gegründet und ist damit so alt wie die Universität. Aus mehreren kleinen, sehr verschiedenartigen Stücken zusammengewachsen, umfasst das Kleinod auch heute nur knapp fünf Hektar Flä-

Eingänge:
Untere Karspüle und Wilhelm-Weber-Str.
Öffnungszeiten:
ganzjährig
Garten: 8–18^{30}
Gewächshäuser: 8–15
Tel 0551-395755
www.altgart.
uni-goettingen.de

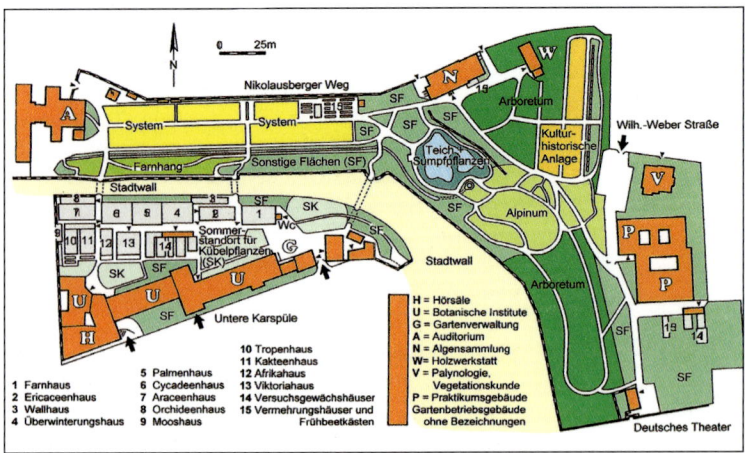

0   25m

Nikolausberger Weg

Arboretum

System System
SF SF
SF
Farnhang Sonstige Flächen (SF)
Stadtwall

Teich
Sumpfpflanzen
Kultur-historische Anlage
Wilh.-Weber Straße

7 8 2 4 3 1
SK
Sommer-standort für Kübelpflanzen (SK)
10 11 12 13
SK SF U U
Kakteenhaus
Wc
G
SF SF
Alpinum
Arboretum

U U
SF Untere Karspüle
H

Stadtwall
P P

V

10 Tropenhaus
11 Kakteenhaus
12 Afrikahaus
13 Viktoriahaus
14 Versuchsgewächshäuser
15 Vermehrungshäuser und Frühbeetkästen

1 Farnhaus
2 Ericaceenhaus
3 Wallhaus
4 Überwinterungshaus
5 Palmenhaus
6 Cycadeenhaus
7 Araceenhaus
8 Orchideenhaus
9 Mooshaus

H = Hörsäle
U = Botanische Institute
G = Gartenverwaltung
A = Auditorium
N = Algensammlung
W= Holzwerkstatt
V = Palynologie,
    Vegetationskunde
P = Praktikumsgebäude
Gartenbetriebsgebäude
ohne Bezeichnungen

Deutsches Theater

Die über 10.000 Pflanzenarten dienen vor allem Forschung und Lehre.

che und ist mittlerweile längst von der Innenstadt umgeben. Allerdings vergisst der Besucher beim Spaziergang unter den alten Bäumen oder beim Betrachten des „Bauerngartens", des Alpinums, der Bananenstauden im Regenwaldhaus oder der Wasserpflanzen im Victoria-Haus bald, dass ihn nur wenige Gehminuten vom geschäftigen Treiben in der Fußgängerzone trennen. Der Garten ist in zwei Bereiche geteilt, die durch den alten Stadtwall voneinander getrennt sind. Der Bereich innerhalb des Stadtwalls ist der älteste Teil. Hier stehen die Gewächshäuser und hier werden im Sommer die Kübelpflanzen nach geographischer Herkunft aufgestellt.

Getrocknete Kürbisse zieren den Eingang eines Gewächshauses im Alten Botanischen Garten.

Drei Tunnel ermöglichen den Zugang zum Außenbereich, wo sich das System, das Alpinum, der Teich, das Arboretum und die kulturhistorische Abteilung befinden.

Der Garten verfügt über neun Gewächshäuser, in denen mehrere tausend Pflanzenarten, darunter Kakteen, Riesenseerosen sowie fleischfressende Gewächse präsentiert werden. Eine Neuerung ist das Sukkulentenschauhaus, das im ehemaligen Afrikahaus den Besuchern zugänglich ist. In der Orangerie finden in regelmäßigen Abständen Konzerte statt.

Kunst- und Wissenschaftsausstellungen sowie die Präsentation der zur Flora gehörigen Fauna im Aquarium oder Terrarium haben hier ebenfalls Raum. Für die Öffentlichkeit wird viel getan. Teile der Freiflächen und deren Beschilderung wurden derart umgestaltet, dass der fachfremde Besucher noch besser an die Pflanzen herangeführt und informiert wird. Das Angebot an Themenführungen wurde zudem erweitert und richtet sich jetzt auch an Schulklassen und Kinder, die z.B. an einer Nachtführung teilnehmen können. Das aktuelle Programm kann man dem Göttinger Tageblatt oder der Homepage des botanischen Gartens entnehmen.

Junkernschänke

1452 wurde das unter dem Namen „Junkernschänke" bekannte gotische Fachwerkhaus erbaut. 1499 kaufte der Bildhauer Bartold Kastrop das Gebäude, ein angesehener Göttinger Künstler, der u.a. den Altar der Marienkirche gestaltet hat. Zehn Jahre nach seinem Tod verkaufte seine Witwe an den wohlhabenden und einflussreichen Bürgermeister Giselher Swanevogel, der das Haus umfangreich erweitern und durch Renaissance-Schnitzereien an der Fassade verschönern ließ. Abgebildet sind biblische sowie weltliche Szenen und Motive, Rund-

Barfüßerstraße 5

Die heutige „Junkernschänke" um die Jahrhundertwende.

medaillons und ein auf den Namen des Besitzers hinweisendes Wappen, ein weißer Flügel. An der Hausecke sind Hausherr und Hausherrin dargestellt. Seit 1896–2001 wurde in dem Gebäude Gastronomie betrieben. „Die alte Mütze" war bis 1930 ein beliebtes Lokal, in dem auch Studenten verkehrten, später ein Restaurant der gehobenen Kategorie – das weitere Schicksal ist ungewiss. (Siehe auch **Rundgang 1**)

Bornemannsches Haus

In unmittelbarer Nähe zur Junkernschänke ist dieses Fachwerkhaus im Stil der Frührenaissance mit dem Erbauungsjahr 1536 das ältere von beiden. Abel

Barfüßerstraße 12

Bornemann, ein Kämmerer und späterer Ratsherr, hatte es errichten lassen. Der Kaufmann gehörte zu den reichsten Männern der Stadt. Viel später, im 18. Jahrhundert, wohnte hier Johann Heinrich Voß, der dem Dichterbund „Göttinger Hain" angehörte. Im 19. Jahrhundert bezog Schlachtermeister Börner das Gebäude, wo nun Würste hergestellt wurden. (Siehe auch **Rundgang 1**)

Holbornsches Haus

Rote Straße 34

Das lange kaum beachtete Steinhaus in der Roten Straße ist mit dem Erbauungsjahr 1266 das älteste Gebäude und der einzige romanische Profanbau der Stadt. Seit der umfassenden Renovierung beherbergt es Institutionen wie die Stadtarchäologie und das Händelzentrum. Die Räumlichkeiten werden aber vor allem für vielfältige Veranstaltungen genutzt, wie Ausstellungen, Lesungen, Vorträge und Podiumsdiskussionen. Sehr sehenswert ist der Kreuzgrat-Gewölbekeller, der im Rahmen von Stadtführungen besichtigt werden kann.

Haus Rote Straße Nr. 25

„Man sieht nur, was man weiß" – dieser Ausspruch ist für die Nr. 25 der Roten Straße besonders zutreffend. Ganz unscheinbar, von Passanten gern übersehen, steht hier das älteste Fachwerkhaus Göttingens und zudem eines der ältesten in der ganzen Republik. Das ehemalige Wohnhaus einer Ratsherrenfamilie stammt – so haben dendrochronologische Untersuchungen ergeben – aus dem Jahr 1276. Unter dem gotischen Fachwerkhaus liegt ein kleiner Tonnengewölbekeller. Auffällig ist das hohe steile Dach.

Lichtenberghaus

Gotmarstraße 1

Der Verleger Johann Christian Dieterich bezog 1763 das Fachwerkhaus im Barockstil, das 1742 erbaut worden war. Benannt wurde das Haus nach seinem berühmtesten Bewohner Georg Christoph Lichtenberg, der ab 1770 die Wintermonate mit seinem Hausmädchen hier verbrachte. Im Obergeschoss hielt er seine Vorlesungen ab, hier besuchte ihn auch Johann Wolfgang von Goethe während seiner Aufenthalte in Göttingen. Ein weiterer Prominenter Göttingens zählte zu den Bewohnern dieses Hauses bzw.

Heute wird das Lichtenberghaus vom Kunstverein und vom Verein „Künstlerhaus" genutzt, die im Erdgeschoss und im ersten Obergeschoss regelmäßig Ausstellungen veranstalten.

des Gartenhauses: Gottfried August Bürger. 1837, zum hundertjährigen Jubiläum der Göttinger Universität, hielt Alexander von Humboldt eine Ansprache an die Studenten vom Balkon dieses Hauses.

Schrödersches Haus

Das nach einem der Besitzer benannte Renaissance-fachwerkhaus wurde 1549 vom wohlhabenden Tuchhändler Jürgen Hovet erbaut. Der Reichtum des Bauherrn manifestiert sich in den aufwändigen Schnitzereien an der Fassade, die sich an die damals moderne italienische Renaissance-Ornamentik anlehnten. Weberschiffchen und -kamm weisen auf den Beruf des Erbauers hin (oberhalb des Torbogens). Neben den Handwerkzeugen der Tuchmacher sind u.a. Porträtmedaillons, seltsame Fabelwesen, König David und Bathseba zu bewundern. Ein Putto trägt ein Schriftband mit dem Erbauungsdatum des Hauses. Am Erker sind ein Mann und drei Frauen dargestellt, möglicherweise handelt es sich um den Bauherrn und seine drei Ehefrauen oder aber um die Abbildung des Urteils des Paris.

Weender Straße 62

Lokhalle

Fast wäre dieses Industriedenkmal 1992 abgerissen worden. Heute ist es das Herz des Otto-Hahn-Zentrums (Lokhalle, Volkshochschule, Medienhaus, Pressezentrum, Gastronomie und ICE-Hotel). In der alten Lokhalle, 1917-1920 erbaut, wurden bis Ende der siebziger Jahre Lokomotiven restauriert und ausgebessert. 1981 unter Denkmalschutz gestellt, war das weitere Schicksal der Industrieanlage lange ungewiss und heftig diskutiert. Zahlreiche Pläne zur

Bahnhofsallee

Im Stehen: 10.000, im Sitzen: 3.800 Plätze – die Lokhalle hat ca. 8.400 qm Veranstaltungsfläche zu bieten, die für Konzerte, Messen, Partys und Kongresse genutzt werden können. (Foto oben: vor der Renovierung)

Weender Straße 30

Nutzung wurden geschmiedet und wieder aufgegeben. Möglicherweise war es letztendlich die einzigartige Atmosphäre mit dem hohen Lichteinfall, welche die Lokhalle vor der Abrissbirne bewahrte. Das Gebäude, das von der GWG (Gesellschaft für Wirtschaftsförderung und Stadtentwicklung Göttingen) betrieben wird, hat sich seit der Eröffnung 1998 – das Multiplexcinema im nördlichen Teil startete bereits 1996 – zu einem der attraktivsten Veranstaltungsorte Niedersachsens entwickelt. Konkurrenz zu Stadthalle und anderen Locations ist nicht entstanden. Durch die Lokhalle sollen nur diejenigen „Mega-Events" in Göttingen stattfinden, die ohne die Lokhalle gar nicht den Weg hierhin gefunden hätten. Wetten Dass..., Sting, Joe Cocker, Pop Meets Classic oder exklusive Firmenveranstaltungen – verschiedenste Veranstalter haben hier bereits einen bestens geeigneten Platz gefunden.

Ratsapotheke

Während der Apotheker im ausgehenden Mittelalter hier Konfekt und Branntwein verkaufen durfte, bekommt man in der heutigen Ratsapotheke im kulinarischen Sinne allenfalls Hustenbonbons und Melissengeist. Das schlichte Fachwerkhaus, in dem seit Mitte des 16. Jahrhunderts Arzneien hergestellt und verkauft werden, stammt wahrscheinlich aus dem Jahre 1480. 1874 ging die Ratsapotheke in Privatbesitz über und wurde grundlegend modernisiert. Große Teile der dabei überflüssig gewordenen Inneneinrichtung gelangten ins Städtische Museum und können dort heute besichtigt werden. Bis zur Einrichtung einer Universitätsapotheke gab es für die Ratsapotheke keinerlei Konkurrenz in Göttingen.

Bismarckturm

Der 31 Meter hohe Turm wurde 1892/96 auf dem Kep-
ler, dem höchsten Punkt des Hainbergs erbaut. Eigens
zur Errichtung hatte man den „Thurm-Bau-Verein" gegründet, der die Spenden für das Bauwerk eintreiben
sollte. Man konnte sich für 500 Mark auf einer Spen-
dentafel verewigen lassen; mit dieser Summe konnte
jeweils ein Meter des Turms finanziert werden. Da ließ
sich auch Kaiser Wilhelm II. nicht lumpen.

Die zum Ende des 19. Jahrhunderts sehr populäre
Bismarckverehrung kommt durch die vielen Ehrbe-
zeugungen, die auf Tafeln im 2. Obergeschoss zu bewundern sind, zum Ausdruck. Hier steht auch eine
Büste des Reichskanzlers, die während des 2. Weltkriegs leicht beschädigt wurde. Verantwortlich für
den Bau zeichnete Baurat Heinrich Gerber.

Der Bismarckturm
ist Sa., So. und an
Feiertagen von
11–18 Uhr in den
Monaten April bis
Ende September
geöffnet.

Vier Stockwerke, von denen drei für wechselnde
Ausstellungen genutzt werden, muss der Besucher
emporsteigen, um sich schließlich an einem weit rei-
chenden Blick über Göttingen und Umgebung zu erfreuen. Wer das Glück hat, bei Sonnenschein hier
oben zu stehen, kann den Solling, den Reinhardswald und sogar den Brocken erkennen.

Albanikirche

Der romanische Vorgänger dieser Kirche führt zu
den Ursprüngen der Leinestadt zurück. Sie war
Mittelpunkt des Dorfes Gutingi, das namentlich in
einer Urkunde König Ottos von 953 erwähnt wird.
Der heutige Bau stammt jedoch aus dem 15. Jahrhundert, was u.a. die Jahreszahl 1423 am südwestlichen Strebepfeiler belegt. Die zunächst außerhalb
der Stadtbefestigung liegende Kirche wurde nach
einer Erneuerung des Walls im 14. Jahrhundert in
das Stadtgebiet eingegliedert. Bis zur Mitte des 15.
Jahrhunderts wurde an der heute spätgotischen,
schlichten Kirche gebaut, 1447 wurde der Turm fertiggestellt. Die Barockhaube, die letzteren ziert,
stammt aus dem Jahr 1726.

Albanikirchhof 2

Im Inneren der Kirche kann man Reste der 1996
freigelegten Deckenmalerei aus dem 15. Jahrhundert sowie ein mittelalterliches Kruzifix aus dem
Jahre 1342 bewundern. Der Hochaltar von 1499 ist
leider nicht mehr vollständig erhalten, die Gemälde
jedoch sind noch zu betrachten.

Johanniskirche

Johanniskirchhof 4

Die Kirche mit den zwei unterschiedlichen Türmen wurde Anfang des 13. Jahrhunderts erbaut. Ihre heutige Form unterscheidet sich jedoch sehr von dem ersten Bau, von dem nur noch einige Grundmauern erhalten sind. Aus dem Jahr 1245 stammt das romanische Portal. Zu Anfang des 14. Jahrhunderts wurde dann im gotischen Baustil weitergebaut, Chor und Westteil entstanden. 1350 waren die Bauarbeiten bis auf die Errichtung der Türme abgeschlossen, deren Fertigstellung bis ins 15. Jahrhundert andauerte. Die Turmhauben, deren Bau Sache der Stadt war, entstanden 1661/62. Auf dem höheren Turm postierte sich fortan der städtische Türmer, der bei Bränden und anderen drohenden Gefahren Alarm zu blasen hatte.

Ein großangelegter Umbau im Jahre 1792 veränderte nochmals die Gestalt der Kirche. Etwa hundert Jahre später wurden im Laufe einer Restaurierung Chor und Innenaustattung wiederum umgestaltet. Die heutige Innengestaltung stammt aus den Jahren 1954-1960. Im Jahr 2000 wurden, nach langen Auseinandersetzungen über die Finanzierung, die Kirchentürme saniert. Die Kosten überstiegen sieben Millionen Euro. Kurz vor der Fertigstellung jedoch, im Januar 2005, fiel der Nordturm einem jugendlichen Brandstifter zum Opfer. Insbesondere die Spitze des Turms war stark in Mitleidenschaft gezogen worden. Es bedurfte weiterer drei Millionen Euro, um alle Schäden zu beheben und die Restaurierung abzuschließen. (Siehe auch **Rundgang 1**)

Jacobikirche

Jacobikirchhof 4

Die Jacobikirche prägt mit ihrem charakteristischen Turm das Bild der Göttinger Innenstadt. Neu restauriert zeigt sich der Innenraum des gotischen Baus seit dem Sommer 1999. Die Farbgebung der Renaissance wurde aufwändig wiederhergestellt. (Siehe **Rundgang 1** Seite 75)

St. Michael

Kurze Straße 12

Die Ursprünge dieser Kirche liegen – ganz biblisch – in einer Scheune in der Kurzen Straße. Erst seit 1746/47 war es gestattet, katholische Gottesdienste abzuhalten, dies allerdings nur in Privathäusern.

Die 1789 an der Stelle der zum Andachtsraum um-
gestalteten Scheune errichtete Kirche durfte sich
daher äußerlich nicht von einem Wohnhaus unter-
scheiden. Ihre Fassade war zunächst verputzt und
es schmückte sie auch kein Turm. 1815 wurde ein höl-
zerner Dachreiter erlaubt, in dem sich die Glocken
befanden. Im Jahre 1873 wurde ein Chor angebaut,
nach weiteren Baumaßnahmen 1893 bekam die Michaeliskirche letztendlich ihren neobarocken Turm,
der sie nun auch von außen deutlich als Gotteshaus
kennzeichnete.

Marienkirche

Das Gebiet rund um die Marienkirche wird nicht we-   Groner-Tor-Straße 30
gen der Neubauten „Neustadt" genannt, der Name
geht bis ins 13. Jahrhundert zurück, als Herzog Albrecht die „herzogliche Neustadt" anlegen ließ. Die
Pfarrkirche dieses Gebietes wurde 1290 zunächst als
einschiffiges Gotteshaus errichtet. Ab 1318 wurde in
unmittelbarer Nähe die „Kommende des Deutschen
Ordens" gebaut. Etwas später musste der Herzog
wegen finanzieller Schwierigkeiten die Neustadt an
den Rat der Stadt verkaufen, der daraufhin den Be-
zirk durch die Wallerweiterung gegen Mitte des 14.
Jahrhunderts in das Stadtgebiet miteinbezog und die
Kirche baulich erweitern ließ. Bei einer erneuten Ver-
änderung der Marienkirche 1888/89 musste der Chor
wegen Einsturzgefahr insgesamt ersetzt werden, außerdem wurde der Turm integriert, der ehemals zur
Befestigung der Neustadt gehörte. Von überregionaler Bedeutung ist die Orgel im Inneren des Bauwerks,
deren Umbau in den zwanziger Jahren dieses Jahrhunderts Maßstäbe in der Orgelbaukunst setzte.

Nikolaikirche

Vermutlich war es um 1180, als diese Kirche im ro-   Nikolaikirchhof
manischen Stil erbaut wurde. Zu Anfang des 14.
Jahrhunderts wurde an derselben Stelle eine neue
gotische Hallenkirche errichtet, deren Architektur
Gemeinsamkeiten mit der Johanniskirche aufweist.
Wie diese verfügte die Nikolaikirche bis 1777 über
zwei Türme, die jedoch wegen Baufälligkeit abgerissen wurden. Das Gotteshaus erhielt stattdessen einen neuen Vorbau – allerdings ohne Türme. 1802/03
wurde die Kirche zweckentfremdet und als Magazin

genutzt. Gepredigt wurde hier wieder ab 1822, nachdem die Nikolaikirche Universitätskirche geworden war. Eine umfassende Restaurierung des Gebäudes wurde 1983–88 durchgeführt.

Planetenweg

Goetheallee

Dem Künstler, Geologen und Spieleerfinder Reinhold Wittig und natürlich den vielen Sponsoren verdankt die Stadt Göttingen den Planetenweg. In maßstabsgetreuer Abbildung von 1:2 Milliarden sind die Sonne und die sie umkreisenden Planeten an Bronzestelen über die Stadt verteilt. Auf jeder dieser Stelen befinden sich Erläuterungen über die einzelnen Planeten und ihren Standort in der Galaxie. Der Planetenweg ist in mehrfacher Hinsicht ungewöhnlich. Zum einen wurde er nicht in der freien Landschaft angelegt, sondern führt durch die Göttinger Innenstadt bis zum Bismarckturm. Zum anderen wurden viele Details eingearbeitet, die die Planeten mit der Leinestadt, ihren Wissenschaftlern und Entdeckungen verbinden. Durch sogenannte „Neugier-Elemente" soll sich jeder Besucher aufgefordert fühlen, selbst zu assoziieren und zu forschen. Am besten mit dem Begleitheft bewaffnet, sollte man sich in der Goetheallee an der Sonnenstele auf den Planetenweg machen.

Albanifriedhof

Cheltenhampark

1783/84 legte die Albanigemeinde ihren Friedhof außerhalb der Wallbefestigung an. Heute ohne Umzäunung und vorwiegend mit Rasen bepflanzt präsentiert sich das Gelände in der Nähe des Schwänchenteichs wie ein Park, in dem sich Jogger, Kinder und Hunde tummeln. Die Grabstätten sind die bedeutender Wissenschaftler, denen Göttingen seine Berühmtheit verdankt. Es sind keine Geringeren als Carl Friedrich Gauß, Hermann Rudolph Lotze und Johann Friedrich Blumenbach, die hier ruhen.

Bartholomäusfriedhof

Weender Landstraße

Auf diesem Gelände befanden sich bis 1546 die Kapelle des heiligen Bartholomäus und ein Spital. Nachdem man aus hygienischen Gründen dazu übergegangen war, die Friedhöfe aus dem Stadtinneren an den Stadtrand zu verlegen, siedelten die Kirchen-

gemeinden St. Jacobi und St. Johannis nach dem Abriss des Spitals und der Kapelle ihren gemeinsamen
Friedhof an dieser Stelle an. Zwei berühmte Göttinger fanden hier ihre letzte Ruhe: Gottfried August
Bürger und Georg Christoph Lichtenberg.

Stadtfriedhof

Der parkähnliche Stadtfriedhof eignet sich hervorragend für einen Spaziergang. Verwittert-verwun-
schene Grabstätten zieren die Alleen, Bänke laden
zum Verweilen ein. Am hinteren Rand des Ende des
19. Jahrhunderts angelegten Friedhofs befindet sich
ein Teich, auf dem Seerosen treiben. Ganz in der
Nähe liegt das Grab Otto Hahns, des Entdeckers
der Kernspaltung. Auch andere Größen der Wissenschaft liegen hier begraben.

Kasseler Landstraße

▷ **Rundgang 1**

Wer sich schnell einen ersten Überblick verschaffen möchte, sollte diesen Rundgang wählen, um sich in zwei bis drei Stunden mit dem Stadtzentrum vertraut zu machen.

Der Ausgangspunkt ist das Wahrzeichen der Stadt, der **Gänseliesel-Brunnen,** mit seinem unschuldig scheu nach unten blickenden Gänseliesel. Dieser Eindruck jedoch täuscht, handelt es sich doch um das mutmaßlich meistgeküsste Mädchen der Welt. Anspruchslosigkeit kann dem hübschen Bauernkind dabei nicht vorgeworfen werden, denn nur Akademikerlippen dürfen seine kühlen Wangen erobern. Seit Anfang des Jahrhunderts ist es ein beliebter Brauch der Göttinger Studenten, nach Erlangen der Doktorwürde den Sprung über den Brunnenrand zu wagen, um das Gänseliesel zu erklimmen und zu küssen. Viele der frisch gebackenen Doctores fallen jedoch dem Gänseliesel nicht nur um den Hals, sondern auch – zur Freude aller Anwesenden – ins Brunnenwasser. Bei nicht wenigen wird von den lieben Kommilitonen kräftig nachgeholfen. All dies spielt sich mehrmals im Jahr vor der Kulisse des ehrwürdigen **Alten Rathauses** ab, der zweiten Station des Rundgangs.

Im Herzen Göttingens, am Markt, geht es los. Seit November 1901 verschönert das Gänseliesel den Marktplatz.

Wo feste Steinplatten dem heutigen Spaziergänger einen begehbaren Untergrund bieten, befand sich vor etwa tausend Jahren eine sumpfige Niederung des Leineufers. Mit der Zunahme der Handelsaktivitäten, die sich unweit von unserem Standort abspielten, wurde dieses Gebiet nach und nach trockengelegt und aufgeschüttet. Ca. 60 Jahre, nachdem Göttingen den Status einer Stadt erlangt hatte, wurde gegen 1270 mit dem Bau des Rathauses begonnen. Hier tagten fortan der Rat und die Kaufmannsgilde. Da außenpolitische Schwierigkeiten die Finanzen und Aktivitäten der Stadt diktierten, wurden die Erweiterungsbauten von 1369 bis 1444 niemals vollendet.

Unschwer erkennbar besteht das Bauwerk aus zwei Teilen. Den südlichen Teil (links) schmückt eine Laube, deren Aufgang von einem steinernen Löwen bewacht wird.

Der nördliche Teil des Rathauses bezieht seinen Charme aus dem Zinnenkranz und den Ecktürmchen, die dem Gebäude eine verspielte Nuance verleihen. Für diese Zierde haben möglicherweise die Tuchhallen in Brügge Pate gestanden, die auch in anderer Hinsicht Vorbild waren, da zu dieser Zeit der Tuchhandel der vorherrschende Wirtschaftsfaktor Göttingens war.

Im Inneren des Rathauses lässt die große Halle das Mittelalter wieder aufleben. Die Tatsache, dass fast die gesamte Innendekoration, inklusive der Malereien, einer großangelegten Restauration von 1884 bis 1886 zu verdanken ist, mindert die Faszination des Raumes nicht.

Weitere Einzelheiten zum Gänseliesel und zum Alten Rathaus finden sich im Kapitel **Sehenswürdigkeiten**.

Die hinter dem Alten Rathaus aufragende **Johanniskirche** soll das nächste Ziel sein. Wir verlassen den Marktplatz und gehen rechts am Rathaus an der weitgehend im gotischen Baustil gehaltenen Johanniskirche entlang. Vermutlich ist es gegen 1200 gewesen, als mit dem Bau dieser – zunächst noch romanischen Kirche – begonnen wurde. Viele Veränderungen und Ergänzungen folgten

in den kommenden Jahrhunderten und verliehen der Johanniskirche ihren deutlich gotischen Charakter. Nur noch das Nordportal zeugt vom romanischen Ursprung dieser Kirche. Nachdem in der Vergangenheit unzureichende Restaurierungsarbeiten an den beiden Türmen geleistet wurden, begann Ende der Neunziger eine aufgeregte Diskussion um die Zukunft der Kirchtürme. Zeitweilig wurde sogar über einen möglichen Abriss spekuliert – wahrscheinlich vor allem, um Druck auf diejenigen auszuüben, die die nötigen Mittel für die äußerst umfangreichen Restaurierungen bereitzustellen hatten. Letztlich

Hatten einen der schönsten Blicke über Göttingen: die Studenten in der ehemaligen Wohnung im Turm der Johanniskirche.

kamen die Mittel zustande, nicht zuletzt durch die Großzügigkeit engagierter Göttinger Bürger, die durch Spenden den stetigen Fortgang der Arbeiten an der Johanniskirche sicherten. Leider war es auch ein Göttinger, der kurz vor Ende der Restaurierung im Nordturm ein Feuer legte. Die Spitze des Turmes und auch die in luftiger Höhe befindliche Türmerwohnung, wurden fast gänzlich zerstört. Der Türmer hatte in vergangenen Zeiten – Ironie des Schicksals – Brände zu sichten und sofort zu melden. Die letzten Bewohner der Türmerwohnung hätten insbesondere frühmorgendliche Brände vermutlich nicht melden können. Die Theologische Fakultät der Georgia Augusta hatte zwei Studenten hier einquartiert. Die Vorteile – kostenloses Wohnen, keine störenden Nachbarn und steinharte Beinmuskulatur – wogen die Nachteile – kein fließendes Wasser, Glockenläuten und fehlende Toiletten –

Die Paulinerstraße: nach Sanierungsarbeiten eine der schönsten Fachwerkstraßen.

wohl meistens auf... Die „höchste Studentenbude der Welt" – mit diesem (ungeprüften) Superlativ kann Göttingen in Zukunft leider nicht mehr werben. Obwohl die Beschädigungen an der Johanniskirche mittlerweile behoben werden konnten, wird wegen mangelnder Brandsicherung (wen wundert's!) auf Verordnung der Stadt hier oben kein Wohnraum mehr entstehen. Entstanden ist hierfür ein luftiger Kappellenraum, in dem sich schwindelfreie Heiratswillige das Ja-Wort geben können. Der ungewöhnliche Raum fasst bis zu 25 Personen und wird auch für Lesungen genutzt. Es geht weiter in die **Paulinerstraße.** In dieser sanierten, gänzlich unverschandelten Straße befindet sich unter der Hausnummer 6 das älteste durch eine Inschrift datierte Haus in Göttingen. Auf der Saumschwelle liest man die Jahreszahl 1495. Rechter Hand ist nun die ehemalige **Paulinerkirche** zu sehen, deren Erbauung in das erste Drittel des 14. Jahrhunderts fällt. Vormals die Kirche des angrenzenden Dominikanerklosters, wurde die Paulinerkirche nach 1734 als Universitätskirche genutzt. 1812 wurde ein Zwischenboden eingezogen, um Platz für ein Auditorium und einen Lesesaal zu schaffen. Bis zum Bau der neuen Universitätsbibliothek am Platz der Göttinger Sieben beherbergte die Kirche das Magazin der Lehrbuchsammlung. Das ehemalige Kloster, dessen Innenhof durch den Papendiek zugänglich ist, war nach Gründung der Universität als das Kollegienhaus mit seinen Hörsälen, dem Karzer, dem Chemielabor, der Verwaltung und natürlich der Bibliothek der eigentliche Kern der frischgebackenen Hochschule. 1944 wurde das Gebäude bis auf die Grundmauern zerstört und 1955 wieder aufgebaut. Die ehemaligen Hörsäle sind nicht rekonstruiert worden. Heutzutage finden Ausstellungen im Inneren des Gebäudes statt. Den lauschigen Innenhof ziert seit 1992 eine Bronzestatue Georg Christoph Lichtenbergs, die im Schatten auf einer Bank sitzt. Anlässlich einer Ausstellung mit Werken von Günther Grass, leistet neuerdings eine bronzene „Butt"-Skulptur

Das Grätzelhaus
in der Goetheallee
– heute und gestern.

des Schriftstellers und Künstlers dem kleinwüchsigen Lichtenberg Gesellschaft.

Folgt man dem Papendiek weiter in Richtung Goetheallee, trifft man auf einen auffälligen, großen Barockbau, der gleich neben dem Leinekanal steht. Das fachgerecht renovierte **Grätzelhaus** wurde 1739 erbaut und gehörte dem wohlhabenden Tuchhändler Johann Heinrich Grätzel. Die Geschichte des Hauses war sehr wechselhaft. Neben Unterkunft kurhessischer Prinzen und Standort verschiedener Gastronomiebetriebe war

das Grätzelhaus auch Sitz des Städtischen Museums. Zudem beherbergte es einst ein Hotel und danach eine Klavierfabrik. Seit den zwanziger Jahren war das Grätzelhaus dann im Besitz der Stadt, die sich eine dringend notwendige Sanierung jedoch nicht leisten konnte. Deshalb wurde das ehemals so prunkvolle Haus 1996 für die symbolische Summe von einer Mark an zwei Privatinvestoren verkauft, mit der Auflage, eine denkmalgerechte Sanierung vorzunehmen, um die alte Pracht wiederherzustellen. Inzwischen befindet sich im Erdgeschoss auch wieder attraktive Gastronomie, u.a. das „Kartoffelhaus".

Rechts neben dem Grätzelhaus fließt der **Leinekanal,** dem wir nun folgen. Am Ende der Straße mit dem Namen „Am Leinekanal" steht die ehemalige große Mühle oder zumindest, was davon übriggeblieben ist. Mit dem Bau des Stadtbades hat dieses um 1492 erbaute Haus einige seiner Nebengebäude eingebüßt. Gemahlen wird in der ehemals größten, mit acht Mahlwerken ausgestatteten Mühle Göttingens schon seit 1882 nicht mehr, das Gebäude wurde

Am Leinekanal.

zwischenzeitlich als Lagerraum genutzt. 1924 wurden dann Wohnungen in das alte Haus eingebaut.
Nachdem das Hallenbad neben der Mühle abgerissen wurde, bewohnte niemand mehr das Gebäude.
Planungen für die Umgestaltung des ganzen Areals
liegen bereit, demnach sollen Wohnhäuser auf dem
südlichen Teil des Hallenbadgeländes und eine Anbindung zur Innenstadt entstehen. Die alte Mühle
soll in Zukunft einen gastronomischen Betrieb be-
herbergen, wobei die Nähe zum Leinekanal einen

Aus Stahl und Stein
erinnert das Mahnmal
am Waageplatz an
den Holocaust.

entscheidenden Faktor des Konzepts
darstellt. Über die hölzerne Brücke gelangen wir zum **Waageplatz** mit dem
ehemaligen Obergericht, ein Gebäude,
das gegen Mitte des letzten Jahrhunderts im Stil der florentinischen Frührenaissance erbaut wurde. Nun geht es
am ehemaligen Obergericht, der heutigen Staatsanwaltschaft, links vorbei.
Das sich unmittelbar anschließende
Gebäude ist der Göttinger „Knast". Die
Justizvollzugsanstalt, in freundlichem
Rosa gehalten, wird abends nicht wegen ihrer schönen klassizistischen Fassade beleuchtet, sondern um eventuel-
len Fassadenkletterern den Schutz der
Dunkelheit zu nehmen. In diesem 1836
erbauten Gefängnis saß in den zwanziger Jahren der berühmt-berüchtigte

In gut einer Stunde kann man die Stadt auf dem Wall zu Fuß umrunden.

Massenmörder Fritz Haarmann aus Hannover ein. Die Göttinger Verhöre des Massenmörders wurden in dem Film „Der Totmacher" – in der Hauptrolle Götz George – nachgestellt. In der Mitte des dreieckigen Platzes vor der Justizvollzugsanstalt stand bis 1938 die Synagoge Göttingens. Heute befindet sich an dieser Stelle ein **Mahnmal,** das an den Holocaust erinnern soll. Im Inneren des 1973 von dem italienischen Künstler Corrado Cagli gestalteten Kunstwerks sind die Namen aller deportierten Göttinger Juden zu lesen. Zudem bietet sich dem Betrachter im Inneren des Kunstwerks die interessanteste Perspektive auf das Mahnmal, denn die sich nach oben verjüngenden, versetzt übereinander geschichteten Davidsterne haben eine faszinierende optische Wirkung, die an einen Strudel erinnert.

Vom Mahnmal aus überqueren wir jetzt die Reitstallstraße und gelangen zum **Wall,** den wir nach rechts hin betreten. Der heute bei Spaziergängern sehr beliebte Wall diente ab dem 14. Jahrhundert der Abwehr von Invasoren. Er umschließt mit wenigen Unterbrechungen die gesamte Innenstadt, an einigen Stellen kann man sogar noch Reste der alten Stadtmauer sehen. Als sich der Wall im Siebenjährigen Krieg als kriegstechnisch ineffizient erwiesen hatte, wurde er 1762 umgebaut, so dass er fortan als Promenade nutzbar war. Vor allem an Sonntagen flanieren hier Familien und Studenten, die hin und wieder von Joggern überholt werden.

Wir bleiben auf dem Wall bis zu dessen Unterbrechung durch die Weender Straße. Gleich rechts,
genau auf der Ecke vom Wall zur Straße, steht das
1779 erbaute **Dürerhaus.** Der Name rührt nicht etwa
von den ehemaligen Bewohnern dieses Hauses her,
sondern von der früheren „Albrecht-Dürer-Kunst-
handlung", die sich in den achtziger Jahren im Erdgeschoss befand. Das von 1993 bis 1997 restaurierte
ehemalige Professorenwohnhaus war zeitweise –
von 1866 bis 1867 – die „Studentenbude" des späteren Königs Wilhelm II. von Württemberg. Auf der
gegenüberliegenden Straßenseite befindet sich das
Alte Auditorium. Aufgrund der schon damals überfüllten Hörsäle sah sich die Universität gezwungen,
weitere Räumlichkeiten zu schaffen, um die Attraktivität als Studienort nicht zu verlieren. Viele andere
Universitäten waren mittlerweile besser ausgestattet. 1862 wurde mit dem Bau des im Rundbogenstils
gehaltenen Gebäudes begonnen, in dem auch heute
noch Lehrveranstaltungen abgehalten werden. Vor
allem Sprachkurse, die von Hörern aller Fakultäten
besucht werden dürfen, finden hier statt. Außerdem
beherbergt das Auditorium das Sprachlabor. Im zweiten Stock ist die **Kunstsammlung der Universität.**
Unter den verschiedenen Kunstgegenständen befinden sich rund 200 Gemälde (siehe Seite 108). Die
vier Statuen, die die Fassade des Gebäudes zieren,
stellen Förderer der Universität und Wissenschaft
dar. Von links nach rechts: Gerlach Adolph Freiherr
von Münchhausen, der erste Kurator der Universität,
Kurfürst Georg-August von Hannover, der Gründer
und Namensgeber
der Georgia Augusta,
Herzog Julius von
Braunschweig, Grün-
der der Universität
Helmstedt, und Gott-
fried Wilhelm Leibniz,
der für die geistigen
Grundlagen der Uni-
versität mitbestim-
mend war.
Die große Kreu-
zung, an der wir ste-
hen, ist die belebteste

Gottfried Wilhelm
Leibniz: eine der
Statuen an der
Fassade des Alten
Auditoriums.

Ein Fahrradmeer
säumt den Eingang
zur Niedersächsi-
schen Staats- und
Universitätsbiblio-
thek.

Fachwerkbauten prägten das Stadtbild rund um das Reitstallviertel.

Kreuzung Göttingens, berühmt-berüchtigt wegen des großen Fahrradchaos, denn der Campus ist ganz in der Nähe. Würde man neben dem Auditorium diese Kreuzung überqueren, gelangte man zur neuen Universitätsbibliothek und dem dahintergelegenen „Blauen Turm", diversen anderen Universitätsgebäuden und der Zentralmensa. Uns genügt an dieser Stelle jedoch der Blick auf die hochmoderne, 1992 fertiggestellte **Staats- und Universitätsbibliothek,** die allein schon wegen ihrer Transparenz und interessanten architektonischen Form sehenswert ist. Im Inneren des Gebäudes befinden sich neben über 5,8 Millionen Medieneinheiten (davon 4 Millionen Bücher) in verschiedenen Lesesälen und Magazinen auch Lernbereiche, Katalogsäle, EDV-Einrichtungen, eine Cafeteria und ein Foyer, in dem wechselnde Ausstellungen stattfinden.

Auf der anderen Seite der Kreuzung ragt das Idunazentrum in den Himmel, eine der Göttinger Bausünden. Der Wunsch nach ähnlichen Gebäuden führte Ende der sechziger, Anfang der siebziger Jahre zum Abriss des Reitstallviertels. Eine rege Hausbesetzerszene versuchte damals, das eine oder andere historische Gebäude zu retten – leider erfolglos. Wir wenden uns nun von diesem unschönen Anblick ab und begeben uns wieder in Richtung Innenstadt, die Weender Straße hinunter. Auf der linken Seite treffen wir bald auf die Untere Karspüle, in die wir einbiegen. In dieser Seitenstraße befinden sich Teile der Biologischen Fakultät und – kurz vor der Rechtskurve – der Zugang zum **Alten Botanischen Garten.** Der hintere Teil des 1736 zu Forschungszwecken angelegten Gartens ist durch einen kleinen Tunnel rechts hinter dem Eingang zugänglich. Am kleinen Weiher kann man in dieser Oase der Ruhe auf einer Bank verweilen. Dieser Teil des Botanischen Gartens ist auf kleinen Hügeln nach Vegetationsgebieten aufgeteilt, die über niedliche, verschlungene Pfade zu erreichen sind. Durch den Tunnel zurückgekehrt, darf man dann auf keinen Fall versäumen, die Gewächshäuser zu besuchen. Im Palmen- und im Farnhaus verschlägt einem nicht nur der Anblick, sondern auch die hohe Luftfeuchtigkeit zunächst den Atem, was man aber für die Dschungelatmosphäre gern in Kauf nimmt. Mit ein wenig Glück sind im Victoriahaus blühende Exemplare der zahlreichen

In regelmäßigen Abständen finden im Alten Botanischen Garten Vernissagen statt.

Seerosen zu besichtigen. Im Kakteenhaus kommt jeder Kaktusfan voll auf seine Kosten. Manch gebürtiger Göttinger hat den Botanischen Garten, der ein richtiges Kleinod darstellt, noch nicht entdeckt.

Nachdem wir uns wieder in der Unteren Karspüle befinden, folgen wir der Straße bis zur Biegung (Ecke Obere Karspüle). Im Eckhaus befinden sich der Hauptsitz und die Kellerei der Weinhandlung Bremer und darunter der alte Fasskeller, in dem regelmäßig Weinproben abgehalten werden. Über 200 Jahre ist die Familienfirma Bremer in Sachen Wein in Göttingen tätig. Das schummrig-schöne Kellergewölbe diente im Krieg zeitweise als Luftschutzraum. Kurz vor dem Gebäude führt ein kleiner Fußweg auf den Wall, den wir nun erklimmen. Dieses Stück Wall ist nach dem Bäckermeister Ernst Honig benannt, dessen lustige Geschichten in und um Göttingen bekannt sind. Wir nähern uns der Rückfront des **Deutschen Theaters.** Mehrfach wurde das 1889/90 erbaute Schauspielhaus umgebaut und erweitert, wovon vor allem die Rückfront Zeugnis ablegt. Der Blick auf die vordere Fassade ist da schon weit lohnender und offenbart

Kellergewölbe der Weinhandlung Bremer in der Oberen Karspüle.

die Baukunst des Hofbaumeisters Schnitger, der ebenfalls das Hoftheater in Oldenburg erbaute. Die Ähnlichkeit mit Letzterem wird durch die Fassadengestaltung deutlich. Ein Name, der immer wieder

Das Rondell am Theaterplatz.

Öffnungszeiten
Museum:
Di–Fr 10–17 Uhr,
Sa–So 11–17 Uhr.

in Verbindung mit dem Theater genannt wird, ist der Heinz Hilperts. Zu Zeiten seiner Intendanz (1949-66) wurde das Deutsche Theater zum überregional bekannten und besuchten Aufführungsort. Ein weiterer bekannter Name, der in Verbindung mit dem Theater steht, ist Götz George alias „Schimanski". Der mittlerweile sehr populäre Film- und Fernsehstar gehörte zeitweise zum Ensemble des Deutschen Theaters.

Ebenfalls am Theaterplatz, etwas höher gelegen, befindet sich das **Völkerkunde-Museum.** Dieser im Dezember 1936 erstellte Bau beherbergt die ethnologische Sammlung, die zur Georgia Augusta gehört. Der Teilnahme eines Göttinger Professors an der Expedition von James Cook in die Südsee verdankt dieses Museum einen Großteil seiner Exponate.

Wir biegen nun vor dem Museum nach rechts in die Theaterstraße ein. Dieser folgen wir, bis wir die Burgstraße erreichen. Hier geht es wieder nach rechts. An der alten Feuerwache mit dem Schlauchturm vorbei bewegen wir uns auf das **Städtische Museum** zu. Die Sammlungen zur Ur-, Früh-, Kunst- und Kulturgeschichte Südniedersachsens sowie die Ausstellung von Exponaten der Universitäts- und Stadtgeschichte wurden 1889 von dem Germanistikprofessor

Ausführliche Informationen zum Städtischen Museum Im Kapitel **Museen**.

Moriz Heyne initiiert. Sollte man das Pech haben, das Museum geschlossen vorzufinden, bleibt das auch von außen wunderschöne Gebäude, der ehemalige Hardenberger Hof, ein kleiner Trost. Das frühere Adelspalais ist ein schönes Beispiel für den Renaissancefachwerkbau des ausgehenden 16. Jahrhunderts.

Wir wenden uns nach rechts und gelangen in die Jüdenstraße. Hier geht es nach links, bis zur **Jacobikir-**

che und dann wieder nach rechts, bis wir vor der Kirche stehen. Bis ins 18. Jahrhundert befand sich hier ein Friedhof, in dessen Mitte die gotische Jacobikirche stand. Der Friedhof ist weg, die Kirche blieb. Der Turm des früheren Wahrzeichens Göttingens ragt 72 Meter in den Himmel. Um 1361 wurde mit dem Bau dieses Gotteshauses begonnen, an gleicher Stelle hatte zuvor ebenfalls eine Kirche gestanden, die vermutlich Heinrich der Löwe erbauen ließ. Der Flügelaltar aus dem Jahre 1402 ist ein besonderes Glanzstück der Kirchenkunst. Nur an hohen Kirchenfesten wird der Flügelaltar geöffnet. Eigens zu diesem Zwecke muss dann ein Spezialist anreisen, der die Aufgabe des Umklappens übernimmt.

In regelmäßigen Abständen finden in der Jacobikirche Konzerte statt.

Doch auch das Äußere des Hochaltars, mit den Szenen aus dem Leben des heiligen Jacobus, ist sehenswert. Die Kirchenfenster des Künstlers Johannes Schreiter links vom Altar wurden 1997/98 eingebaut. Beim Verlassen der Kirche sollte man einen Blick auf die Orgel werfen, die mit 58 Stimmen ein eindrucksvolles Werk des Göttinger Orgelbauers Ott darstellt.

Wieder im Tageslicht, auf der Weender Straße, gehen wir ein kleines Stückchen nach rechts, denn das **Schrödersche Haus,** gleich auf der rechten Seite, ist diesen Schlenker wert. Der reich durch Schnitzereien verzierte Renaissancebau besticht vor allem durch die Details seiner Fassade. Da der Besitzer des 1549 erbauten Hauses Tuchhändler war, ließ er typische Werkzeuge seines Berufs in die Hausfront einschnitzen. Wer genau hinsieht, erkennt ein Weberschiffchen und einen Wollkratzer über dem Torbogen.

Der Nabel – ein bekannter Innenstadttreffpunkt.

Doch nun zurück in die andere Richtung, an der Jacobikirche vorbei mit Kurs auf den Stadtkern. Auf der Höhe der Theaterstraße steht im Zentrum der Fußgängerzone eine Bronzeplastik, die ein tanzendes Paar mit Kind darstellt. Hier, am sogenannten „Nabel", verabredet man sich, z.B. auf dem Weg in die Mensa. Auf der rechten Seite taucht nun bald Cron & Lanz

„Fein ziseliertes Backwerk" und Pralinenspezialitäten gibt's im traditionsreichen Kaffeehaus „Cron & Lanz".

Durchgang zwischen Rote Straße und Barfüßer Straße – das restaurierte Börnerviertel.

auf, ein traditionsreiches Café, in dem der Baumkuchen legendär gut ist. Ungefähr auf der Hälfte unseres Rundgangs angelangt, könnte man sich hier schon mal eine kleine Erholungspause gönnen. Ob gestärkt oder nicht, es geht weiter bis zur Barfüßerstraße. In dem Eckhaus, in dem sich die Ratsapotheke befindet, wurden schon 1558 pharmazeutische Mittel verkauft. Ein Stückchen weiter in der Barfüßerstraße führt neben dem Bornemannschen Haus rechts ein Tor in das **Börnerviertel,** einem 1998 sanierten, mit Gastronomiebetrieben versehenen Innenhof, der auch zur Roten Straße hin geöffnet wurde. In diesem Innenhof befanden sich einst die Geschäftsräume des Wurstwarenhändlers Christian Börner, in denen die schon von Heine vielgepriesenen Göttinger Würste hergestellt wurden. Wir jedoch bleiben in der Barfüßerstraße und gehen in Richtung Wilhelmsplatz. An der Ecke zur Jüdenstraße fällt die bunt bemalte **Junkernschänke** sofort ins Auge. 1992 restauriert, erstrahlt die Fassade des 1451 errichteten Fachwerkhauses, das 1547-49 im Stil der Renaissance umgebaut wurde, in den origi-

nalen Farbtönen. Es lohnt sich genauer hinzusehen um Motive des Alten und Neuen Testaments zu entdecken. Auf dem Eckpfosten haben sich die ehemaligen Besitzer verewigt, die Hausherrin reicht dem Ratsherrn Swanenflogel einen Becher Wein.

Weiter geht's über die Jüdenstraße zum **Wilhelmsplatz**. Vor dem 30-jährigen Krieg standen zwei Klöster an diesem Platz. Eins davon war ein Franziskanerkloster, mit meist barfüßigen Bettelmönchen (daher der Name der Barfüßerstraße), das andere das Nonnenkloster St. Annen. Nachdem der Platz zwischenzeitlich als Marktplatz diente, veränderte das Aufblühen der Universität die Stadt und damit auch den Wilhelmsplatz. Ab 1820, mit dem Abriss des Franziskanerklosters, wurde unter der Leitung von Christian Friedrich Andreas Rohns kräftig gebaut. Zunächst entstand die Justizkanzlei, in der heute verschiedene Fakultätsdekanate und Teile der Universitätsverwaltung untergebracht sind. Es folgte die heutige **„Alte Mensa"**, die anfangs als Konzertsaal vorgesehen war und dann zum Theater umgebaut wurde. 1835/37 entstand dann die im klassizistischen Baustil errichtete **Aula**, ein Geschenk Wilhelms IV. (der übrigens von seinem Sockel gerade auf uns hinabblickt) zum 100. Geburtstag der Georgia Augusta. In der Aula werden heute die Doktortitel verliehen. Von hier aus werden die Ex-Doktoranden in überwiegend fantasievoll dekorierten Handwagen von ihren Kommilitonen zum Gänseliesel gefahren. Ein besonderer Leckerbissen dieses Rundgangs kann im Inneren der Aula

Junkernschänke: ob die auf dem Giebel abgebildete Hausherrin ihrem Gatten einen Becher Wein reicht oder wegnimmt, ist umstritten, da der Hausherr für seine Genusssucht bekannt war.

Aula am Wilhelmsplatz: hier finden Empfänge, Konzerte und Feierlichkeiten verschiedenster Art ein beeindruckendes Ambiente.

Die Besichtigung des **Karzers** ist nur im Rahmen von Führungen möglich.

besichtigt werden: der **Karzer**. Nicht einmal im Film „Die Feuerzangenbowle" war ein dermaßen pittoreskes Studentengefängnis zu sehen, dessen Wände über und über mit Portraits und Sprüchen besät sind. Gegenüber der Aula, im ehemaligen Gymnasium, befindet sich u.a. das Studentensekretariat und das Foyer Internationaler Begegnungen.

Wir verlassen den Wilhelmsplatz, indem wir in Richtung Studentensekretariat nach rechts die Burgstraße betreten. Nach kurzer Strecke biegen wir nach links in die Wendenstraße, die zur **Albanikirche** führt. Zwar ist die Albanikirche in ihrer heutigen Form das jüngste mittelalterliche Gotteshaus der Stadt, doch weisen archäologische Funde darauf hin, dass an derselben Stelle im frühen 13. Jahrhundert die Kirche des Dorfes „Gutingi" stand. Diese Siedlung taucht namentlich in einer Urkunde von 953 auf.

Wir gehen die Straße weiter in Richtung Stadthalle hinauf. In diesem Bau, der ein schönes Beispiel für die Baukunst der sechziger Jahre darstellt, finden kulturelle Veranstaltungen im weitesten Sinne statt. Kurz vor der Stadthalle, am Albani-Platz, der auch schon den Namen „Adolf-Hitler-Platz" trug, geht es nach rechts zum **Cheltenhampark**. Der Name des Parks geht auf die Städtepartnerschaft Göttingens mit der englischen Stadt Cheltenham zurück. Das runde Gebäude rechter Hand, das Rohns'sche Badehaus, war ein Vorgänger des Stadtbads. Seit 1820 planschten hier die Bürger (nur Männer) in der ersten Warmbadeanstalt. Wir folgen dem Weg nach rechts zum Schwänchenteich, dem letzten Rest des Stadtgrabens, der einst als Feuerlöschteich diente. Häufig sitzen hier junge Mütter und/oder Väter auf den Bänken und schauen ihren Kleinen beim Füttern der Schwäne zu. Der Albani-Friedhof schließt sich an. Wer die Inschriften der bemoosten Grabsteine entziffern kann, wird auf berühmte Namen wie Gauß, Lotze, Blumenbach und den allgegenwärtigen Baumeister Rohns stoßen.

Quer über den Friedhof geht es jetzt wieder auf den Wall. Nach rechts sieht man über die Hinterhöfe und Dächer der Altstadt hinweg. Dieses Wallstück endet an einer betonierten Plattform. Das moderne neue Rathaus grüßt herüber, rechts davor ist die ehemalige Kaserne, auch „Amtshaus" genannt, gut zu erkennen. Hier war wieder – wie kann es anders sein – Baumeister Rohns am Werk. Eine Treppe führt zurück zu ebener Erde. Wir gehen über den Parkplatz, überqueren die Kurze-Geismar-Straße und kommen nun zum sogenannten **Accouchierhaus,** der ersten Universitäts-Entbindungsklinik. Vor allem ledige Mütter konnten hier ohne große Kosten ihre Kinder gebären und dienten dabei gleichzeitig der Wissenschaft als „Versuchskaninchen". In die

Tochter des hier wirkenden Gynäkologen Eduard von Siebold verliebte sich kein Geringerer als Johannes Brahms. Doch blieb diese Liebe unerfüllt. Fräulein von Siebold heiratete einen anderen. Im Accouchierhaus ist derzeitig das Musikwissenschaftliche Seminar sowie eine Sammlung alter Musikinstrumente untergebracht. Nicht versäumen sollte man einen kurzen Blick ins Innere: das barocke Treppenhaus gilt als besonders sehenswert.

Der Vorgänger der **Stadthalle** war die „Stadtparkhalle", die abgerissen wurde.

Nach ein paar Schritten in Richtung Innenstadt geht es nach links in die Hospitalstraße. Im **Otfried-Müller-Haus,** einer ehemaligen Professorenvilla, befanden sich vormals ein Museum, dann die Jugendherberge, später zwei Kinos, ein Veranstaltungssaal und die Volkshochschule.

Treppenaufgang im **Accouchierhaus.**

Im Sommer ist die Blumenpracht auf dem Wochenmarkt ein Augenschmaus.

Seit 1976 sind hier das KAZ (Kommunikations- und Aktionszentrum) und das Junge Theater ansässig. Auf dem großen Platz vor dem Haus findet Samstag-, Dienstag- und Donnerstagvormittag der Wochenmarkt mit Erzeugnissen aus der Region statt. An lauen Sommerabenden ist der Platz voller Menschen. Halb Göttingen strömt hierher, um sich an den Tischen und Bänken der Gastronomen zu treffen, zu trinken und zu essen.

Etwa 200 Meter weiter kreuzt die Hospitalstraße die Nikolaistraße. Nach rechts ginge es in „Göttingens Imbissmeile", deren Lokale zum Teil bis spät in die Nacht geöffnet haben. Wir gehen jedoch nach links und betreten erneut den Wall auf der rechten Seite. Links neben uns erkennt man das JUZI (Jugendzentrum Innenstadt) mit seinen Transparenten zu politischen Themen an den Hauswänden. Das **Bismarckhäuschen**, das bald zur Linken auftaucht, gehörte im 15. Jahrhundert zur Stadtbefestigung. Es gab mehrere Türmchen dieser Art, die jedoch alle mit dem Umbau des Walls zur Promenade verschwanden. Als Bismarck in Göttingen studierte, wurde ihm aufgrund einiger Vorkommnisse nahegelegt, sich doch bitte ein Quartier außerhalb der Stadtmauern zu suchen. So bezog der spätere Ehrenbürger der Stadt sein kleines Exil am Wall. Seit 1931 kann die Bismarck-Erinnerungsstätte besichtigt werden. Die Ausstellung dokumentiert seine Studienzeit in Göttingen.

Zum Bismarckhäuschen finden sich weitere Informationen im Kapitel **Sehenswürdigkeiten.**

Schräg gegenüber führt uns ein kleiner Pfad vom Wall herunter und um die ehemalige **Lohmühle** herum. Das Mühlengebäude, das aus dem 18. Jahrhundert stammt, gehört dem Studentenwerk und wird folglich von Studenten bewohnt. Ein paar Schritte weiter begegnen wir der ehemaligen Kleinen Mühle, die auch **Odilienmühle** genannt wird. Bis 1945 wurde hier noch gemahlen. Heutzutage wird hier gezapft und gebrutzelt, im Tex-Mex-Restaurant „Sausalitos". Der angrenzende gemütliche Platz ist

Die Odilienmühle.

im Sommer ein beliebter Ort, wenn die Kneipe „déjà vu" ihre Tische und Stühle aufstellt. Weiter geht es durch die Düstere Straße und dann nach rechts in den Nikolaikirchhof. Rund um die **Nikolaikirche**, die

Trödel, Kunsthandwerk und Antikes findet man jeden Samstagvormittag rund um die Nikolaikirche.

zwischen 1290 und 1340 erbaut wurde, findet am Samstagvormittag ein kleiner Flohmarkt statt. Der Nikolaistraße, die die andere Seite des Kirchhofs begrenzt, folgen wir ein kurzes Stück nach rechts.

In der **Turmstraße**, die nach rechts und links abzweigt, steht der letzte von 15 Türmen der Stadtbefestigung. Die Aufgabe der hier postierten Wächter war es, besonders auf Brände zu achten und diese sofort zu melden. Der Turmstraße hing schon von jeher nicht das beste Image an, wurde sie doch im

Der letzte erhaltene Turm der Stadtbefestigung in der Turmstraße.

16. Jahrhundert „Stinkende Gasse" genannt. 200 Jahre später trug sie dann den Namen „Klein-Paris", wegen der armseligen Buden der Prostituierten, die am Straßenrand standen. Wir gehen nach links, die Turmstraße entlang. In der Kurzen Straße angelangt, wenden wir uns wieder nach links. Es geht an der katholischen **Michaeliskirche** vorbei, die 1789 eingeweiht wurde. Etwas weiter, in einem schönen Fachwerkhaus der Frührenaissance, befindet sich der **„Schwarze Bär"**. Der traditionsreiche Gastronomiebetrieb existiert seit beinahe 200 Jahren. Wir gehen weiter quer über die Groner Straße und gelangen zu unserem Ausgangspunkt, dem Marktplatz.

Noch eine Kuriosität: An der links liegenden Ecke zum Markt ist im Boden eine Metallplatte eingelassen. Genau von diesem Punkt aus hat man den „Vierkirchenblick". Gen Süden die Michaeliskirche, im Norden der Turm der Jacobikirche, die Johanniskirche westlich und zwischen den Häusern in Richtung Osten die Albanikirche.

Blick ins Innere des „Schwarzen Bären" in der Kurzen Straße.

▷ Stadtführungen

Wer einen Stadtrundgang mit Führung bevorzugt,
sollte sich freitags bis sonntags und an Feiertagen
um 11.30 Uhr im Saal des Alten Rathauses, Am Markt
9, einfinden. Von dort startet von April bis Oktober
eine etwa eineinhalbstündige Stadtführung durch
die historische Innenstadt. Voraussetzung: die Führung kostet pro Person 5,50 Euro (Kinder bis 12 Jahre
frei). Führungen in englischer Sprache finden jeden
1. und 3. Samstag um 11 Uhr statt.
Besondere Führungen gibt es nach Anmeldung für
Gruppen (bis 25 Personen):

►   Innenstadtführung (46,– Euro)

►   Schulklassen (42,– Euro)

►   Fremdsprachliche Führung
    (jeweils 7,– Euro Zuschlag)

►   Kinderführung (42,– Euro)

►   Stadtrundfahrt im eigenen Bus
    mit Begleitung (75,– Euro)

►   Stadtführungen mit dem Fahrrad oder dem
    roten Londonbus gibt es auf Anfrage

►   Führungen zu Spezialthemen (75,– Euro)
    (Fremdsprachenzuschlag 10,– Euro)

Weitere Anfragen:
Tourist-Information,
Altes Rathaus,
Am Markt 9,
37073 Göttingen,
Tel. 49980-0,
Fax 49980-10,
www.goettingen-
tourismus.de

Mögliche Themen der 2,5-stündigen Spezialführungen sind:

- **Herausragende Fachwerkhäuser** – ihre Architektur und ihre Erbauer
- Blick in ein trauriges Kapitel: **Göttingen im Nationalsozialismus**
- Historisches aus der Kneipen-Kultur: **Ein Rundgang für Nachtschwärmer**
- Im Blickpunkt des Interesses: **Der Lebensweg bedeutender Frauen**
- Gelehrte, Originale, Kaufleute: **Persönlichkeiten einer kleinen Stadt**
- Berühmte Namen, schöne Gräber – **Ein Rundgang über den Stadtfriedhof**
- **Grünanlagen in der Innenstadt:** Friedhöfe, Wall und Botanischer Garten
- **Bäder, Ärzte, Hospitäler** – ein medizinhistorischer Stadtrundgang
- **Gauß in Göttingen**, Orte seines Schaffens
- **Ein musikalischer Streifzug:** Von der Choralpflege zum Instrumentenbau
- **Auf den Spuren von Lichtenberg** – Orte seines Forschens und Lehrens
- **Traditionsreiche Universität** – alte Stätten, bedeutende Köpfe
- **Kirchen aus dem Mittelalter** und ihre verborgenen Schätze
- **Ein literarischer Rundgang** zu Dichtern und Denkern
- Rundgang durch die Innenstadt mit **Besuch des Alten Botanischen Gartens**
- **Vom Galgen zum Grundgesetz**
- **Entlang des Planetenwegs**
- **Göttinger Messtechnik-Meile:** Personen, Orte und Objekte
- **Von der Bastion zur Promenade** – Zeitreise auf dem Göttinger Stadtwall
- Besuch des **Alten Botanischen Gartens**
- Ein Gang durch **Göttingens Unterwelt** (max. 15 Personen)
- Sole, Salz und Siedepfannen: Die **Saline Luisenhall** (52,– €, max. 20 Personen)
- **Göttingen ganz oben** (52,– €)
- Kirchen und Krippen zur **Weihnachtszeit** (Dezember und Januar)
- Juden in Göttingen: **Jüdisches Leben** in Göttingen bis in die Gegenwart
- **Orte des Weines:** Historische Orte, Göttinger und ihre Beziehung zum Rebensaft
- Wanderung durch den **Hainberg** (90,– €)

▷ Rundgang 2 in Richtung Osten zum Bismarckturm

Den zweiten Rundgang kann man innerhalb von drei Stunden unabhängig oder als Zwischenteil des ersten Rundganges durchführen. Er führt uns aus dem Herzen der Stadt Göttingen hinaus durch das von schönsten Villen geprägte Ostviertel zu erholsamen Park- und Waldlandschaften. Ziel ist der zum Gedächtnis an Bismarck benannte Aussichtsturm, der einen hervorragenden Blick über Göttingen und die Umgebung gewährt.

Der Bismarckturm ist allerdings nur von April bis September an Samstagen, Sonntagen und Feiertagen zwischen 11 und 18 Uhr zu besteigen. Der Rundweg ist aber auch ohne Turmzugang lohnend.

Besonders im Ostviertel kann man an den Gebäuden schöne Details entdecken.

Wir beginnen unseren Weg an der Albanikirche, wohin wir auch wieder zurückkehren werden.

Durchschreiten wir zunächst den nördlichen Teil des Cheltenhamparks und gehen dann weiter durch den Hainholzweg entlang des Reinsgrabens. Hier gewinnen wir einen Eindruck von der Vielfalt der Baustile, in denen die Villen gehalten sind. Gerade in dieser Straße befinden sich Häuser aus allen Jahrzehnten. Bei einem kurzen Abstecher in die Wagnerstraße 1 kann man die Villa Voigt entdecken, eine gründerzeitliche Professorenvilla aus Tuffstein. Als stilistisches Vorbild der Villa dienten die italie-

Das heutige Goethe-Institut (Merkelstr. 4) wurde 1900 vom Tuchfabrikanten Levin als repräsentatives Wohnhaus errichtet.

nischen Villen der Renaissance. Wir biegen links vom Hainholzweg ab. Auf der linken Seite sehen wir das Goethe-Institut im burgähnlichen Fridtjof-Nansen-Haus.

Wir nehmen den linken Weg an den **Schillerwiesen** vorbei, die seit 1905 als Parkanlage dienen, nachdem die Universität damals eine Sport- und Spielflä-

Was das Innere des
Scharnhorsttempels
birgt, bleibt
rätselhaft ...

che für die Studenten beantragt hatte. Im Sommer
werden sie bis heute zu diesem Zwecke genutzt –
allerdings nicht nur von Studenten. In der warmen
Jahreszeit hat auch die Minigolf-Anlage auf der anderen Seite der Wiese geöffnet. Kinder können sich
auf dem schönen Spielplatz vergnügen. Der Scharn-
horsttempel, ein Geschenk der Pfarrersfrau Jakobi,
steht seit 1935 am jetzigen Standort.

Hinter den Schillerwiesen an der Bismarckstraße
angekommen, biegen wir nach links.

In der Biegung der Herzberger Landstraße finden
wir das **Hainbund-Denkmal**, welches 1872 zum Gedenken an den 100 Jahre früher gegründeten Dich-

terbund errichtet wurde. Die Dichter
hatten nach einem Gedicht Klop-
stocks den Namen „Hain" als Sinn-
bild deutscher Lyrik im Gegensatz
zum griechischen Parnass gewählt.
Gegenüber befindet sich der Reins-
brunnen. Oberhalb der Biegung
zweigt die Borheckstraße direkt in
den Wald ab. Dieser für den Kraft-
fahrzeugverkehr gesperrte Weg, der
auch bei schlechtem Wetter zu begehen ist, führt quer durch den **Göttinger Forst**. Natürlich können auch alle
kleineren, parallel laufenden Wege
zum Bismarckturm genutzt werden.
Wir befinden uns jetzt auf dem Hainberg. Der Wald existiert hier erst
wieder seit rund 100 Jahren. Davor
diente das abgeholzte Gebiet den

Göttinger Ackerbürgern als extensives Weidegebiet
für 200 Ziegen, 400 Schweine und 1.500 Schafe. Erst
nach Beendigung der Weideberechtigung wurde im
Herbst 1875 mit der Aufforstung begonnen. Zunächst
wurden hier anspruchslose Pionierhölzer wie Robi-
nie, Birke, Lärche und Kiefer gepflanzt. Heute ist ein
artenreicher Laubwald zu bewundern, in dem fast
alle einheimischen Laubgehölze wie Ahorn, Linde,
Esche, Kirsche, Hainbuche, Bergulme, Birke und Bu-
che zu finden sind. Der heutige Wald verdankt seine
Entstehung vorwiegend dem Lebenswerk des Göttinger Oberbürgermeisters Merkel, der konsequent
die Idee der Neuschaffung eines stadtnahen Erho-
lungswaldes verfolgte. Die heute recht natürlich an-
mutende Vegetation stellt eine bewundernswerte
Kulturleistung dar.

Im Sommer ein
beliebtes Ausflugsziel
– der Göttinger Bis-
marckturm.
Weitere Informa-
tionen im Kapitel
Sehenswürdigkeiten.

Bleibt man auf der Borheckstraße, so trifft man
rechts des Weges auf die Vier Linden. In der Mitte
steht ein Tisch, der zum Picknick einlädt. Früher wurden auf der Steinplatte die Speisen für die Hexen
angerichtet, um diese freundlich zu stimmen. Nach
etwa 10 Minuten erblicken wir rechts den **Bismarckturm** und nehmen die Abzweigung direkt darauf zu.

Der Aussichtsturm (erbaut 1896), der auf den Zwi-
schengeschossen eine Ausstellung beherbergt, ist
immer noch etwas höher als die Baumwipfel und
bietet daher einen schönen Rundblick. Auf gleicher
Höhe gehen wir weiter Richtung Hainholzhof und
passieren die neuen Observatorien, die alternativ
zur alten Sternwarte (s.u.) errichtet wurden (seit
1985 ist die Universität Göttingen zudem am internationalen Observatorium auf La Palma beteiligt).

Ehemaliges Ausflugs-
lokal im Kaiser-
Wilhelm-Park.

Der **Hainholzhof** am sogenannten „Kehr" wurde bereits 1765 erbaut und erlebte durch die Eröffnung des Bismarckturms einen großen Aufschwung. Im Jägerhaus am Kehr, etwas unterhalb gelegen, kann der ermüdete Spaziergänger den Rundgang jedoch unterbrechen und einkehren. Neben dem Hainholzkehr befindet sich ein Gehege mit Dam- und Schwarzwild.

Der Weg zurück zur Stadt führt uns am **Kaiser-Wilhelm-Park** vorbei. Wir bewegen uns oberhalb der von Autos befahrenen Straße. Hier wurde ebenfalls im Jahre 1896 ein Ausflugslokal mit Bier- und Kaffeegarten eröffnet. 1927 wurde eine Freilichtbühne erbaut, auf der festliche Konzerte gespielt wurden. Heute finden hier immer noch Freiluftkonzerte statt, allerdings wird jetzt Rock und Jazz gespielt oder es findet eine 70er-Jahre-Schlagerparty statt. Das Bier ist geblieben, die historische Gaststätte wurde 1970 abgerissen.

Wir überqueren die Bismarckstraße und gehen die Rodelbahn hinunter zum Reinkeweg, in den wir rechts einbiegen. So gelangen wir zur Calsowstraße, in die wir links einbiegen und hinunter zur Stadt gehen. Im Schildweg 1 (Haus der Kranich-Apotheke) finden wir eines der ältesten Gebäude außerhalb des Walls. Jetzt gehen wir links am neuen Rathaus vorbei in die Geismar Landstraße. Links steht die alte **Sternwarte**.

Dies soll der letzte bedeutende Punkt auf unserem Rundweg sein. Bereits 1751 gab es eine Sternwarte auf der Stadtmauer zwischen Kurzer Straße und Nikolaistraße. Diese wurde aber 1821/22 abgebrochen. Die sogenannte Gauß-Sternwarte, die wir jetzt in Innenstadtnähe finden, wurde im Jahre 1816 nach den Entwürfen des Universitätsbaumeisters Georg-Heinrich Borheck fertiggestellt. Seitdem ist sie eng mit dem Leben und Wirken von Carl Friedrich

Unter der Kuppel der Sternwarte.

Alte Sternwarte in der
Geismar Landstraße.

Gauß verbunden, der hier bis zu seinem Tod 1855 tätig war. Wichtige naturwissenschaftliche Entwicklungen sind mit dem Bau verknüpft: z.B. die Anlage des
ersten elektromechanischen Telegraphen, den Gauß
zusammen mit seinem Kollegen, dem Physiker Wilhelm Weber, installierte. Eine Leitung verband über
das Dach des Accouchierhauses und den nördlichen
Turm von St. Johannis hinweg die Sternwarte mit
dem Arbeitskabinett Webers im „Academischen Museum" am Papendiek. Gauß empfing als erste Nach-
richt die Ankündigung der bevorstehenden Ankunft
des Bibliotheksdieners: „Michelmann kömmt". An

dieser Stelle nahm
unser heutiges elek-
tronisches Medien-
wesen seinen Anfang.
Die Sternwarte beher-
bergt bis heute wich-
tige Utensilien der
Gaußschen Arbeiten.
Bereits vor der Erbau-

Jeder Zehnmarkschein
zeugte von der Ver-
bindung Gauß' zu
Göttingen. Zu sehen
war die berühmte
Gaußsche Normalver-
teilungskurve und im
Hintergrund die Silhou-
ette der wichtigsten
Göttinger Gebäude

ung war der Mathematiker und Astronom nach Göttingen berufen worden, um die Errichtung voranzutreiben. Von hier aus entwickelte er seine Theorie,
die bis zum 31.12.01 – zusammen mit Göttinger Gebäuden – auf dem 10-DM-Schein zu sehen war.
  Zurück ins Stadtzentrum empfiehlt sich der Weg
über den Wall oder über die Kurze-Geismar-Straße.
Dort befindet sich in zwei sorgfältig restaurierten
Fachwerkhäusern (Nr. 31/33) die Galerie Nottbohm,
gegründet 1878, und damit die älteste Göttingens.

▷ Who was who – Berühmte Persönlichkeiten in Göttingen

Mit leichtem Spott wird oft bemerkt, dass in Göttingen jedes Haus mit einer Gedenktafel an eine mehr oder weniger bedeutende Persönlichkeit erinnert. Es mag eine Eigenart der kleinen Großstädte sein, sich mit den Namen von Berühmtheiten zu schmücken, doch in der Leinestadt treffen wir auf eine Besonderheit: Annähernd 300 Marmortafeln sind an den Göttinger Wohnstätten berühmter Persönlichkeiten angebracht. Die Präsentation dieser Gedenktafeln, die sich auf eine Initiative des damaligen Oberbürgermeisters Georg Merkel vor über 100 Jahren gründet, ist in Deutschland einmalig. Nicht die Lebensdaten der Person sind auf der Tafel zu lesen, sondern die „Wohndaten" sowie eine Berufsbezeichnung.

Trotz einiger Ausnahmen – wie der amerikanische Erfinder und Staatsmann Benjamin Franklin, der nur wenige Tage auf einem Göttinger Kongress weilte – müssen die Personen eine maßgebliche Verbindung zu Göttingen vorweisen, bevor sie hier verewigt werden. Doch selbst Franklins Erwähnung entbehrt nicht einer gewissen Berechtigung, hat er doch in seinen Briefen dem Aufenthalt in dieser Stadt mit wohlwollenden Worten gedacht.

Zu einem großen Teil spiegelt die hier aufgeführte Auswahl die bedeutsame Göttinger Universitäts- und Wissenschaftsgeschichte wider. Es sollen aber auch Persönlichkeiten vorgestellt werden, die nicht (nur) mit der Georg-August-Universität in Verbindung standen.

James Cook

* Yorkshire 27.10.1728
† Hawaii 14.2.1779
Zwar ist dieser durch seine Weltumsegelungen berühmt gewordene englische Pionier nie persönlich in Göttingen gewesen, doch verdankt Göttingen ihm interessante Ausstellungsstücke aus dem Südseeraum, die im Völkerkundemuse-

um als die bedeutende Cook- und Forstersammlung zu besichtigen sind. Zu dieser Ehre kam es durch die Teilnahme zweier Göttinger, Georg und Reinhold Forster, an der zweiten Cook'schen Expedition. Von seiner letzten Reise kehrte Cook nicht zurück, er wurde 1779 auf Hawaii erschlagen.

Georg Christoph Lichtenberg

* Oberramstadt 1.7.1742
† Göttingen 24.2.1799
Göttingen war zweifelsohne seine Wirkungs- und Schaffensstätte. Er studierte ab 1763 Mathematik und Physik an der Georgia Augusta, wurde 1770 an derselben zum außerordentlichen und 1775 zum ordentlichen Professor für Mathematik und Experimentalphysik ernannt. Verdient machte er sich unter anderem durch seine Entdeckungen auf dem Ge-

biet der Elektrizität – die „Lichtenbergschen Figuren" tragen seinen Namen – und durch seine Veröffentlichungen zur Experimentalphysik. Berühmtheit erlangte er auch durch seine Aphorismen. Ihm haben wir gedankliche Anregungen zu verdanken wie: „Wenn ein Buch und ein Kopf zusammenstoßen und es klingt hohl, ist das allemal im Buch?"

In Göttingen war Lichtenberg der Erste, der einen Blitzableiter an seinem Gartenhaus, in der Weender Landstraße 3, gegenüber dem Bartholomäus-Friedhof, anbrachte. Lichtenberg schrieb unter anderem den „Göttinger Taschen-Calender" und brachte mit dem Natur- und Völker-kundler Georg Forster das „Göttingische Magazin der Wissenschaften und Literatur" heraus. Das „Universalgenie des 18. Jahrhunderts" wurde auf dem Bartholomäus-Friedhof an der Weender Landstraße bestattet. Sowohl im Akademiehof am Papendiek, als auch auf dem Marktplatz vor dem Alten Rathaus kann jeder Passant seine originalgetreue Statur in Bronze betrachten. In Marmor erinnert seine Gedenktafel an dem nach ihm benannten „Lichtenberg-Haus" in der Gotmarstraße 1. Die integrierte Gesamtschule (IGS) trägt inwischen seinen Namen.

Gottfried August Bürger

* 31.12.1747 Molmerswende
† 8.6.1794 Göttingen

Der zu Lebzeiten wenig erfolgreiche Dichter des „Göttinger Hain" ist durch seine Ballade „Lenore" und die Übersetzung und Veröffentlichung der Abenteuer des Barons von Münchhausen bekannt geworden. Weder seine Tätigkeit

Die Stadt Göttingen dem Dichter Gottfried August Bürger

als Landwirt, noch seine Dozententätigkeit an der Universität, die unbesoldet war, brachten ihm einen ausreichenden Lebensunterhalt ein. Sein Begräbnis auf dem Bartholomäus-Friedhof ist von Professor Lichtenberg als eine äußerst traurige und einsame Armenbestattung dokumentiert worden, die Lichtenberg von weitem durch ein Fernrohr beobachtete. Just hier steht heute ein Denkmal zu Bürgers Ehren, das jedoch erst 150 Jahre nach seinem Tod errichtet wurde. In der Roten Straße am Haus Nr. 28 befindet sich zudem eine Gedenktafel.

Johann Wolfgang von Goethe

* Frankfurt a. M. 28.8.1749
† Weimar 22.3.1832

Goethe wird nachgesagt, er hätte sehr gerne in dieser Stadt studiert. Doch seine Göttinger Aufenthalte waren von kurzer Dauer. Im Jahre 1783 nahm er an einem physikalischen Kolleg von Georg Christoph Lichtenberg teil. 1801 besuchte er die Stadt nochmals für mehrere Wochen, um „die Lücken des historischen Teils der Farbenlehre, … abschließlich auszufüllen", wie er berichtet. Eine Gedenktafel darf für den großen Dichter natürlich nicht fehlen. Sie befindet sich in der nach ihm benannten Straße, der Goethe-Allee 12, an dem Haus, in jenem er während seiner Besuche in Göttingen wohnte.

> „Ich müsste das ganze damals lebende Göttingen nennen, wenn ich alles, was mir an freundlichen Gesellschaften, Mittags- und Abendtafeln, Spaziergängen und Landfahrten zuteil ward, einzeln aufführen wollte. Ich gedenke nur einer angenehmen nach Weende mit Professor Bouterwerk zu Oberamtmann Westfeld und einer andern von Hofrat Meiners veranstalteten, wo ein ganz heiterer Tag zuerst auf der Papiermühle, dann in Deppoldshausen, ferner auf der Plesse, wo eine stattliche Restauration bereit war, in Gesellschaft Professor Fiorillos zugebracht und am Abend auf Mariaspring traulich beschlossen wurde."

Benjamin Constant

* Lausanne 23.10.1767
† Paris 8.12.1830

Der aus der Schweiz stammende französische Schriftsteller hatte wie seine berühmte Geliebte Mme de Stael eine Schwäche für Deutschland. Von 1811 bis 1813 hielt er sich in Göttingen auf, kurz nachdem er sich von ihr getrennt hatte. Der Protagonist seines bekanntesten Romans „Adolphe" hat seine Studienzeit in Göttingen verbracht. 1983 wurde eine Gedenktafel für Benjamin Constant in der Jüdenstraße 12 angebracht, am heutigen Central-Hotel.

Göttinger Hain

1772 – 1774

Nach der Ode „Der Hügel und der Hain" von Friedrich Gottlieb Klopstock benannten sich 1772 die Gründer (J.H. Voß, L.C.H. Hölty und J.M. Miller) des studentischen Dichterbundes, der sich als Gegenbewegung zum kühlen Rationalismus der Aufklärung verstand. Der Höhepunkt des Göttinger Hains war der Besuch des verehrten Dichters Klopstock, der 1774/75 seine Winterreise nach Karlsruhe unterbrach, um mit den Göttinger Hain-Genossen ein deftiges Mittagsmahl in einem Bovender Gasthaus einzunehmen. Dem Hainbund nahe stand auch Gottfried August Bürger. Georg Christoph Lichtenberg hatte hingegen wenig für das „Odengeschnaufe" der Hain-Genossen übrig.

Nach dem Weggang vieler Mitglieder aus Göttingen löste sich der Dichterbund bereits 1774 wieder auf.

Elise Bürger

* 17.11.1769
Frankfurt/M. † 24.11.1833

Mit 20 Jahren kam Elise Bürger als Frau von Gottfried August Bürger nach Göttingen. Das Eheglück dauerte nur kurze Zeit. Nur 18 Monate später wurde die Ehe wieder geschieden und Elise Bürger verließ Göttingen. Trotz der kurzen Zeitspanne, die sie in der Universitätsstadt verbrachte, ist Elise Bürger unvergessen geblieben, da der Skandal um die gescheiterte Ehe sowohl die Zeitgenossen als

auch die Nachwelt kontrovers beschäftigt hat. Zu Unrecht spielt ihre außergewöhnliche Persönlichkeit, ihr Talent als Deklamatorin und Dichterin in der öffentlichen Wahrnehmung eine untergeordnete Rolle. Nach einer zeitweise glänzenden Karriere als Wanderschauspielerin und Deklamatorin starb Elise Bürger 1833 einsam in Frankfurt am Main. Ihr schriftstellerisches Werk umfasst mehrere Theaterstücke, Gedichte und autobiografische Fragmente.

Dorothea Schlözer

* Göttingen 10.8.1770
† Avignon 12.7.1825

Im Jahre 1787 wurde Dorothea Schlözer als erster Frau in Deutschland die Doktorwürde verliehen. Die Doktorprüfung spielte sich, wie damals üblich, im Rahmen einer Teestunde ab, sogar Wein wurde serviert, der der Kandidatin jedoch nicht angeboten wurde. Zweieinhalb Stunden lang wurde geprüft, aus Bereichen der Geologie und der höheren Mathematik. Nach der bestandenen Prüfung durfte sich dann auch die frisch gebackene Frau Doktor ein Gläschen gönnen. Eine Gedenktafel befindet sich in der Lange-Geismar-Str. 49.

Carl Friedrich Gauß

* Braunschweig 30. 4. 1777
† Göttingen 23.2.1855

Der Mathematiker, Astronom und Physiker war von 1795 bis 1798 Student in

Sternwarte:
Hier saß Gauß
und schaute ins All
hinaus...

Ein Rohns'sches Gebäude – die „Alte Mensa" am Wilhelmsplatz.

Göttingen und von 1807 bis zu seinem Tod 1855 Professor für Astronomie an der Georgia Augusta und Direktor der Sternwarte. Mit dem Physiker Wilhelm Weber konstruierte er den ersten elektromagnetischen Telegrafen. An diese Zusammenarbeit erinnert das Gauß-Weber-Denkmal am Wall zwischen Nikolai- und Kurze-Geismar-Straße. Der „Fürst der Mathematik" begründete mit anderen bedeutenden Wissenschaftlern und Gelehrten den Ruf der Georgia Augusta als „Mekka der Naturwissenschaften". Auf jedem Zehnmarkschein konnte bis zum 31.12.2001 die Verbindung von Gauß zu Göttingen bewundert werden (siehe dazu Seite 91) .

Clemens Wenzel Maria Brentano

* Ehrenbreitstein 8.9.1778
† Aschaffenburg 28.7.1842

Der bekannte Dichter der Hochromantik lernte während seiner Göttinger Studentenzeit 1801 den Lyriker Achim von Arnim kennen, mit dem er zwischen 1806-08 die dreibändige Volksliedersammlung „Des Knaben Wunderhorn" herausgab. Das Treffen mit von Arnim war wohl das einzig Erfreuliche an Brentanos Göttinger Zeit. Wenig begeistert von Universität und Stadt verließ er nach einem knappen Vierteljahr die Leinestadt auf Nimmerwiedersehen. Eine Querstraße der Brüder-Grimm-Allee im Ostviertel der Stadt wurde 1955 nach Brentano benannt und an der alten Ratsapotheke, Weender Straße 30, erinnert eine Gedenktafel an den deutschen Dichter.

Christian Friedrich Andreas Rohns

* Lodersleben 28.1.1787
† 25.2.1853 Göttingen

Die zum größten Teil klassizistischen Bauwerke des seit 1811 in Göttingen wirkenden Baumeisters haben das Stadtbild erheblich mitbestimmt. Insbesondere legt der Wilhelmsplatz Zeugnis der Rohns'schen Baukunst ab, durch die alte Mensa, ehemals Konzertsaal, und die Aula, die Wilhelm IV. der Stadt zum 100. Geburtstag der Universität zum Geschenk machte. Das alte Amtsgericht gehört zu den von Rohns erbauten Gebäuden, ebenso wie die 1945 zerstörte Anatomie. In der Hospitalstraße erbaute Rohns das Ernst-August-Hospital und das „Otfried-Müller-Haus", in dem heute das Junge Theater untergebracht ist. In der Geiststraße befindet sich ebenfalls ein Rohns'sches Bauwerk, das heutige Theologische Stift. Ein architektonisches

Kleinod stellt das Rohns'sche Badehaus – ein Nachbau aus den 70er Jahren nach Originalplänen – in der Nähe des Cheltenhamparks dar, dessen Räumlichkeiten ein Göttinger Antiquitätenhändler zur Ausstellung seiner Ware nutzt.

Arthur Schopenhauer

* Danzig 22.2.1788
† Frankfurt a. M. 21.9.1860

Von 1809 bis 1810 studierte der „Philosoph des Pessimismus" an der Göttinger Universität Naturgeschichte, Mineralogie und Mathematik. Ein Dozent der Philosophie an der Georgia Augusta – Gottlob Ernst Schulze – gab Schopenhauer den Anstoß, sich ausschließlich der Philosophie zu widmen. Über die Göttinger Zeit Schopenhauers, der bereits 1819 im Titel seines Hauptwerks „Die Welt als Wille und Vorstellung" seine Philosophie formulierte, ist nur sehr wenig bekannt. Dass er die Universität und eigens deren Bibliothek für die „vielleicht erste der Welt" hielt, ist hingegen überliefert.

Neben einem „Marmor" am Haus Lange Geismarstraße 64 trägt eine Straße in der Südstadt seinen Namen.

Marmor findet sich am Haus in der Weender Straße 50.

Heinrich Heine

* Düsseldorf 13.12.1797
† Paris 17.2.1856

Auch wenn er in seinen Reisebildern die Stadt Göttingen schnell hinter sich lässt und gen Harz entschwindet, so lebte der Dichter und wohl bekannteste deutsche Spötter mit einigen Unterbrechungen zwischen 1820 und 1825 in Göttingen. Wie so viele zog es ihn damals an die Georgia Augusta, an der er an der Rechtswissenschaftlichen Fakultät promovierte. Beinahe hätte der junge Heine in dieser Stadt sein Leben aufs Spiel gesetzt, wäre da nicht ein aufmerksamer Universitätskanzler gewesen. Dem war Heines Duell-Forderung an einen Mitstudenten zu Ohren gekommen. Daraufhin lud er die ehrverletzten Streithähne vor und exmatrikulierte Heine auf Zeit. In die Geschichte ging dieser Vorfall als die „Göttinger Duellaffäre" ein. Heines

„Die Stadt Göttingen, berühmt durch ihre Würste und Universität, gehört dem Könige von Hannover und enthält 999 Feuerstellen, diverse Kirchen, eine Entbindungsanstalt, eine Sternwarte, einen Karzer, eine Bibliothek und einen Ratskeller, wo das Bier sehr gut ist...
Die Stadt selbst ist schön und gefällt einem am besten, wenn man sie mit dem Rücken ansieht...
Vor dem Weender Tore begegneten mir zwei eingeborene Schulknaben, wovon der eine zum andern sagte: 'Mit dem Theodor will ich gar nicht mehr umgehen, er ist ein Lumpenkerl, denn gestern wusste er nicht mal, wie der Genitiv von Mensa heißt.' So unbedeutend diese Worte klingen, so muss ich sie doch wieder erzählen, ja, ich möchte sie als Stadtmotto gleich auf das Tor schreiben lassen; denn die Jungen piepsen, wie die Alten pfeifen..."
aus: „Die Harzreise", 1824

Otto von Bismarck, Fürst von Bismarck-Schönhausen

* Schönhausen 1.4.1815
† Friedrichsruh 30.7.1898

Der Gründer des Deutschen Reiches von 1871 war von 1832 bis 1833 Student der Rechtswissenschaften an der Georgia Augusta. Der spätere Reichskanzler scheint seine Göttinger Studentenzeit in vollen Zügen genossen zu haben: Wegen Verstößen gegen die öffentliche Ordnung war er des öfteren „Gast" im Karzer, dem historischen Universitätsgefängnis. Während des Bismarckkultes um die Jahrhundertwende wurde dem deutschen Staatsmann auch in Göttingen auf vielfältige Weise gedacht. Mehrere Gedenktafeln, ein Turm auf dem Hainberg und sein Wohnsitz im kleinen Häuschen am Wall wurden mit seinem Namen versehen. Das kleine Häuschen bezog Bismarck – so heißt es – nicht ganz freiwillig. Als bester Fechter des studentischen Corps Hannovera zu Göttingen bekannt, sorgte er in der Innenstadt derart häufig für öffentliches Ärgernis, dass es sehr begrüßt wurde, Bismarck zumindest nächtens außerhalb der Stadtmauern zu wissen.

Mit Schulden und einigen Karzertagen, die er in Berlin absitzen sollte, verließ Bismarck im September 1833 Göttingen, um sein Studium in der preußischen Hauptstadt zu beenden.

Hermann Rudolph Lotze

* Bautzen 21.5.1817
† Berlin 1.7.1881

Nahezu die Hälfte seines Lebens verbrachte der Philosoph und Mediziner in Göttingen. In den Jahren von 1844 bis 1880 lehrte er Philosophie an der Georg-August-Universität. Während dieser Zeit entstand auch sein Werk „Mikrokosmos, Ideen zur Naturgeschichte und Geschichte der Menschheit". Ihm lag vor allem daran, das philosophische System des Idealismus mit den strengen Naturwissenschaften zu vereinbaren. Obwohl der Philosoph Lotze kurz vor seinem Tod noch einem Ruf an die Berliner Universität folgte und dort starb, wurde er 1881 in Göttingen beigesetzt. Seine Gedenktafel ist am Haus Walkemühlenweg 30/21 – unweit der Lotzestraße – angebracht.

Johannes Brahms

* Hamburg 7.5.1833
† Wien 3.4.1897

Es waren zarte Liebesbande, die den Komponisten des „Deutschen Requiems" an Göttingen knüpften. Mit seinem Freund, dem Violinvirtuosen Joseph Joachim, verbrachte Brahms während seiner Besuche in Göttingen (1853 und 1858) des öfteren Zeit im Hause der von Siebolds. Der Wohnsitz des berühmten Frauenarztes Eberhard Karl Kaspar Jakob von Siebold im Accouchierhaus, der städtischen Entbindungsanstalt, war eines der Zentren geistigen und musikalischen Lebens der Stadt. Auch Brahms und Joachim gingen hier ein und aus. Bei einem dieser Besuche verliebte sich Brahms in die Tochter des Hauses, Agathe von Siebold, die letztlich aber einen anderen erwählte. Die Deutsche Brahms-Gesellschaft ließ 1935 eine Tafel am Accouchierhaus anbringen, die an Brahms Göttinger Jugendliebe erinnert.

Robert Koch

* Clausthal 11.12.1843
† Baden-Baden 27.5.1910

Der Entdecker des Tuberkulosebakteriums und des Choleraerregers verbrachte seine Studienzeit in Göttingen, wo er 1866 promovierte. Seine Forschungen in der Medizin waren bahnbrechend und begründeten die moderne Bakteriologie. 1905 wurde Robert Koch für seine Verdienste mit dem Nobelpreis der Medi-

zin ausgezeichnet. Gleich zwei Gedenktafeln erinnern an seine Göttinger Studienjahre, in der Burgstraße 22/23 und in der
Goethe-Allee 4. Die am Universitätsklinikum vorbeiführende Straße wurde nach
ihm benannt sowie das dortige Studentenwohnheim, das sogenannte „RoKo".

Charlotte Müller

* Göttingen 18.10.1840
† Göttingen 8.4.1935

Diese Frau gilt nicht nur den älteren
Göttinger Bürgern immer noch als ein
echtes Original der Leinestadt. Als älteste Straßenhändlerin der Welt wurde
die „alte Müllerin" ins Guiness-Buch
der Rekorde eingetragen. Bis kurz vor
ihrem Tod saß die Marktfrau bei Wind
und Wetter an ihrem Stand, bestehend
aus einem Tisch, einem alten Kinder-
wagen und vielen Regenschirmen, vor

dem Göttinger Bahnhof und verkaufte
frisches Obst und Süßigkeiten. Bereits
1937 wurde eine Plastik der Künstlerin
Katherine Thayer Hobson-Kraus auf
dem Bahnhofsvorplatz errichtet, welche
die „Müllerin" darstellt.

Max Planck

* Kiel 23.4.1858
† Göttingen 4.10.1947

Der mit dem Nobelpreis für Physik
1918 ausgezeichnete Wissenschaftler
hatte sich vor allem durch seine Quan-
tentheorie einen Namen gemacht. Seit
1930 war er Präsident der „Kaiser-Wilhelm-Gesellschaft zur Förderung der
Wissenschaften" gewesen, deren Nach-
folgegesellschaft nach seinem Tod ihm
zu Ehren „Max-Planck-Gesellschaft" benannt wurde. Nur drei Jahre verbrachte
Max Planck in Göttingen, bevor er 1947
starb. Göttingen ehrte ihn mit einer Gedenktafel an seinem Wohnhaus in der
Merkelstraße 12 und mit der Benennung
des „Max-Planck-Gymnasiums" am Theaterplatz.

Lou Andreas-Salomé

* St. Petersburg 1861
† Göttingen 5.2.1937

Die aus Russland stammende Schriftstel-
lerin und Psychoanalytikerin war ihrem
Mann 1903 nach Göttingen gefolgt, der
hier eine Professur erhalten hatte. Lou
Andreas Salomé war eine unkonventio-
nelle Frau, die dem gängigen Bild einer
Professorengattin nicht entsprach. Ihre
geistige und gesellschaftliche Freiheit,
die sie für sich in Anspruch nahm, tru-
gen ihr in Göttingen den Beinamen „Die
Hexe vom Hainberg" ein. Zu ihren engen
Freunden zählten u.a. Rainer Maria Ril-
ke, Sigmund Freud und Friedrich Nietz-
sche. Letzterer machte ihr sogar einen
Heiratsantrag, woran die Freundschaft
allerdings zerbrach. Ihr Haus am Hainberg, das sie mit ihrem Mann bewohnte,
wurde 1972 abgerissen. Zwei Gedenktafeln erinnern jedoch an seine ehemaligen Bewohner.

Otto Hahn

* Frankfurt a.M. 8.3.1879
† Göttingen 28.7.1968

Erst nachdem Otto Hahn ein gefeierter
und mit dem Nobelpreis ausgezeich-
neter Wissenschaftler geworden war,
kam er 1946 nach Göttingen. Zwei Jahre war Otto Hahn Präsident der Kaiser-
Wilhelm-Gesellschaft, aus der 1948 die
Max-Planck-Gesellschaft hervorging.
Seinem Göttinger Aufenthalt vorausgegangen waren Studienjahre in Marburg,

Im Andenken an Nobelpreisträger, die in Göttingen wirkten (Alte SUB).
Installation im Rahmen einer Ausstellung.

Forschungsjahre in England, New York und Montreal und die Leitung des Kaiser-Wilhelm-Instituts in Berlin. Kurz vor Kriegsende wurde er von den Amerikanern festgenommen und zusammen mit weiteren führenden Wissenschaftlern nach England gebracht. Hier erfuhr er aus der Zeitung, dass ihm 1944 für seine Entdeckung der Kernspaltung der Atome der Nobelpreis für Chemie verliehen worden war. Erst nach dem Zweiten Weltkrieg konnte er diesen Preis in Empfang nehmen. Seit 1959 ist Otto Hahn Ehrenbürger der Stadt Göttingen. Ein Jahr nach seinem Tod wurde an seinem Wohnhaus in der Gervinusstraße 5 eine Gedenktafel angebracht, zudem wurden eine Straße in der Nähe des Klinikums sowie ein Gymnasium nach ihm benannt.

Emmy Noether

* Erlangen 23.3.1882
† Bryn Mawr 14.4.1935
Jüdischer Abstammung ist die Wissenschaftlerin Emmy Noether gewesen, die sehr lange um ihre Habilitation kämpfen musste. Die bedeutende Mathematikerin und Begründerin der modernen axiomatischen Algebra genoss fachlich die volle Anerkennung ihrer Kollegen, insbesondere Albert Einstein setzte sich für sie ein. Die damals preußische Universität Göttingen fürchtete jedoch einen Präzedenzfall und verweigerte Emmy Noether lange Zeit die Habilitation, die sie 1919 als erste Frau in Göttingen schließlich doch noch erlangte. Im Jahre 1933 wurde ihr aufgrund ihrer jüdischen Herkunft die Lehrerlaubnis wieder entzogen und wie viele Ihrer Kollegen emigrierte Emmy Noether in die USA. Erst hier erhielt sie eine auch finanziell honorierte Professur und bekam die uneingeschränkte fachliche Anerkennung, die ihr zustand. Dennoch vermisste sie ihr geliebtes Göttingen, das sie noch zweimal vor ihrem Tod besuchte. Die Gedenktafel für Emmy Noether befindet sich im Stegemühlenweg 51, in der Südstadt.

Leonard Nelson

Berlin * 11.7.1882
† Göttingen 29.10.1927
Der Staatstheoretiker und Philosoph, der nach seinem Studium an der Göttinger Universität habilitierte und von 1921-27 als Professor der Philosophie lehrte, ist vor allem durch sein politisches Engagement bekannt geworden. Aus dem 1917 von Nelson ins Leben gerufenen Internationalen Jugend-Bund (IJB) entstand 1925 der Internationale

Sozialistische Kampfbund (ISK). In beiden Vereinigungen hatte der Anhänger der Neufriesianischen Schule pädagogische und politische Ziele miteinander verbinden wollen. Es ist ihm und seinen Bünden deshalb der Vorwurf des Sektierertums nicht erspart geblieben. So mussten die Mitglieder sowohl auf den Verzehr von Fleisch als auch von Alkohol verzichten und sie durften keiner Kirche angehören. Vehement forderten die ISKler im Kampf gegen den aufkommenden Nationalsozialismus eine Einheitsfront der Arbeiterbewegung. Ab 1933, nach Verbot des ISK, gehörten dessen Kader zu den bedeutsamsten Widerstandsgruppen gegen die Nazis.

Nach dem Zweiten Weltkrieg, im Jahre 1947, wurde die Masurenstraße nach Leonard Nelson umbenannt.

Heinz Hilpert

* Berlin 1.3.1890
† Göttingen 27.11.1967

Das Deutsche Theater in Göttingen entwickelte sich zu einer Sprechbühne von überregionaler Bedeutung, nachdem Heinz Hilpert zu Beginn der Spielzeit 1949/50 hier die Stelle des Intendanten

übernahm. Der Schüler des berühmten Max Reinhardt, später dessen Nachfolger am Deutschen Theater in Berlin, stand in Göttingen als Regisseur neben und als Schauspieler auf der Bühne. Während Hilperts Zeit (1950-66) wurde das DT zu einem anspruchsvollen Ensemble-Theater mit hochkarätigen Gastdarstellern.

Hilpert blieb nach dem Ende seiner Intendanz bis zu seinem Tode 1967 Ehrenmitglied des Ensembles. Bereits vier Jahre später, 1971, wurde an Hilperts Wohnhaus in der Hainbundstraße eine Göttinger Marmortafel angebracht. Im selben Jahr wurde auch eine Nebenstraße der Brüder-Grimm-Allee nach ihm benannt (siehe auch **Theaterstadt Göttingen**).

Edith Stein

* Breslau 12.10.1891
† Auschwitz 9.8.1942

Von 1913 bis 1916 studierte die Tochter eines jüdischen Kaufmanns Philosophie in Göttingen unter Edmund Husserl, bei dem sie später auch promovierte. Obwohl ihre Habilitation in Göttingen aufgrund ihrer Diskriminierung als Frau scheiterte, ließ sich Edith Stein nicht in ihrer Forschung entmutigen und ist Verfasserin eines bedeutenden zehnbändigen philosophischen Werkes, das den Titel „Endliches und ewiges Sein" trägt. 1922 trat Edith Stein zum Katholizismus über, wurde 1933 im Orden der Karmeliterinnen aufgenommen, nachdem sie ihre Dozentenstelle in Münster verloren hatte. Ihre Bekanntheit verdankt Edith Stein ihren Verdiensten in der Philosophie, ihrem sozialen Engagement, vor allem im Bereich der Gleichberechtigung und Frauenbildung. Nachdem die politische Situation in Deutschland für Edith Stein zu bedrohlich wurde, beschloss der Karmeliterorden, sie in einem Kloster in den Niederlanden unterzubringen. Nach der Besetzung durch deutsche Truppen wurde Edith Stein 1942 verhaftet und kurz darauf nach Auschwitz deportiert und ermordet. In der Langen Geismarstraße befindet sich eine Gedenktafel für Edith Stein.

▷ Museen in Göttingen

Die Göttinger Museumslandschaft bietet ein vielfältiges Bild. Neben dem Städtischen Museum bereichern zahlreiche Universitätssammlungen, kleine Museen, Galerien, der Göttinger Kunstverein und das Künstlerhaus die „Szene". Museen in der Umgebung Göttingens ergänzen das kulturelle Angebot in Südniedersachsen.

Städtisches Museum

Städtisches Museum
Göttingen
Ritterplan 7/8
Tel. 4002843 und
4002845
Öffnungszeiten:
Di–Fr 10–17 Uhr,
Sa–So 11–17 Uhr.

Das Städtische Museum repräsentiert mit seinen umfangreichen Sammlungen die Stadtgeschichte, Kunst- und Kulturgeschichte Göttingens und seines Umlandes. Daneben werden zahlreiche Sonderausstellungen zu den unterschiedlichsten Themenbereichen aus Vergangenheit und Gegenwart gezeigt.

Ab 2007 wird ein größerer Teil der Archivbestände des Stadtmuseums in die Dauerausstellung integriert werden. Durch die Ergebnisse der Lünemann-Ausgrabung muss die Darstellung der Vorgeschichte der Stadt vollkommen überarbeitet.

Das Museum wurde von Moriz Heyne (1837–1906), Professor für Germanistik – an der Göttinger Universität seit 1883 – ins Leben gerufen. Seine Bemühungen, eine historische Sammlung einzurichten, fanden vorerst einen erfolgreichen Abschluss in der am 1. Oktober 1889 eröffneten „Städtischen Altertumssammlung". Ausstellungsfläche boten sechs Räume im Erdgeschoss des Grätzel-Hauses in der Goetheallee. Die Stadtverwaltung und die Handwerkergilden hatten aus ihren Beständen wertvolle Stücke zur Verfügung gestellt, zahlreiche Spenden und Stiftungen der Göttinger Bevölkerung ergänzten die Sammlung. Bereits ein halbes Jahr nach Eröffnung waren die Räume gänzlich überfüllt, Heyne konnte keine weiteren Angebote berücksichtigen. Die Suche nach einem geeigneten Gebäude begann.

Seit 1897 im Hardenberger Hof: Das Städtische Museum.

Am 1. April 1893 zog die Sammlung in das Haus
Velguth in der Burgstraße 13. Hier konnten die Bestände in 14 Räumen relativ überschaubar präsentiert werden, das Konzept eines Historischen Museums wurde erkennbar. Bereits 1897 musste das
Museum ein zweites Mal umziehen, da das Velguth-
sche Haus 1898 abgebrochen wurde, um Raum für
die Anlage der Friedrichstraße als Verbindung zwischen Wilhelmsplatz und Ostviertel zu schaffen.

Das Museum zog
in den „Hardenberger
Hof" am Ritterplan,
dort befindet es sich
noch heute, allerdings
unter Einbeziehung
weiterer Räumlich-
keiten. Im Jahr 1592
vom braunschwei-
gisch-lüneburgischen
Kanzler Dr. Johann Ja-
gemann errichtet, er-
hielt das einzige noch

erhaltene Adelspalais der Renaissance seinen Namen
durch die Herren von Hardenberg, die es 1619 erwar-
ben. Im 19. Jahrhundert war es im Besitz der Freimau-
rerloge „Augusta zum Goldenen Zirkel" (1812–1832)
und der Pianofortefabrik Ritmüller (1832–1891). Nach
Plänen des Stadtbaurats Gerber wurde das Gebäude
1896 und 1897 umgestaltet, um dort das Museum
und das Stadtarchiv unterbringen zu können.

Eingang des Städti-
schen Museums.

Am 28. November 1897 wurde die Altertumssammlung im Hardenberger Hof eröffnet, wo nun
24 Räume zur Verfügung standen. Heynes Konzept,
eine historische Sammlung für die Geschichte Göttingens vom Mittelalter bis zur Gegenwart aufzubauen,
konnte aufgrund abermaliger Raumnot nicht wirklich realisiert werden.

Heyne starb 1906 und konnte die Erweiterung
des von ihm gegründeten Museums nicht mehr erleben. 1912 wurde die benachbarte „Alte Post" durch
einen Zwischentrakt mit dem Hardenberger Hof verbunden. Bruno Crome, ein Schüler Heynes und sein
Nachfolger, ordnete die Sammlung im Sinne seines
Lehrers neu und verfasste einen „Führer durch die Altertumssammlung", den er 1919 herausgab.

1926 und 1934/35 wurde die Raumsituation abermals verbessert. Bei Erweiterungen und Umbauten ließ Crome alte Bauteile abgebrochener Göttinger Häuser im Museum wiederverwenden.

Am 1. Juli 1936 wurde Otto Fahlbusch die Leitung übertragen. Er nahm eine systematische Trennung der völlig überfüllten Ausstellung in eine Schau- und Studiensammlung vor, die mit zahlreichen Umbaumaßnahmen verbunden war. Die Abteilungen hatten nunmehr eine chronologische Ordnung. Richtlinien für die Gestaltung der deutschen Museen forderten die historische Darstellung bis in die nationalsozialistische Gegenwart. In Göttingen wurde aufgrund des 1937 anstehenden 200-jährigen Bestehens der Universität besonderer Wert auf eine gegenwartsnahe Präsentation gelegt.

Mit dem Beginn des 2. Weltkrieges endeten jegliche Baumaßnahmen und die Neugestaltung der Ausstellungsräume. Umfassende Luftschutzmaßnahmen und die Auslagerung der wertvollen Sammlungsbestände ab 1943 an acht sichere „Bergungsorte" in der Umgebung Göttingens wurden notwendig.

Ein ständiger Ausstellungsbereich – Lifestyle der fünfziger Jahre.

In den Nachkriegsjahren waren umfassende Restaurierungen und erneut größere Umbauten erforderlich. Präsentation unter Berücksichtigung zeitgemäßer Forderungen und intensive Ausstellungstätigkeiten waren nun möglich und machten das Städtische Museum weit über die Grenzen Niedersachsens bekannt.

Ende 1978 wurde auch das ehemalige Haus des Postverwalters (Jüdenstraße 38) in den Museumsbereich miteinbezogen. Diese Erweiterung diente als Anlass für eine völlig neue Gesamtkonzeption aller Abteilungen, wobei die historische Struktur und die Atmosphäre der Fachwerkbauten trotz des Einsatzes zeitgemäßer Techniken und Gestaltungsmittel gewahrt blieben.

Sammlungsschwerpunkte

Die Erforschung und Pflege der ur- und frühgeschicht-
lichen Substanz reichen weit in das 19. Jahrhundert
zurück. Vielfach ging dabei die Initiative vom Städtischen Museum aus. Ebenso haben die Archäologische Denkmalpflege des Landkreises Göttingen,
die Stadtarchäologie, die Universität mit dem Seminar für Ur- und Frühgeschichte und das Institut für
Denkmalpflege Hannover dazu beigetragen, dass
der Göttinger Raum zu den archäologisch am besten erforschten und betreuten Landschaften Norddeutschlands gehört. Hierzu vermittelt die Ausstellung des Städtischen Museums anhand zahlreicher
Fundstücke und unter Einbeziehung aktueller For-
schungserkenntnisse einen repräsentativen Querschnitt durch rund 100.000 Jahre menschlicher Geschichte.

**Ur- und
Frühgeschichte**

Die früheste schriftliche Erwähnung Göttingens
stammt aus dem Jahr 953. Die Urkunde König Ottos von Sachsen (962 Kaiser Otto I.) nennt erstmals
die „villa gutingi". Aus dem 13. Jahrhundert ist das
älteste Siegel der Stadt erhalten; der bronzene Tür-
klopfer des Alten Rathauses aus dem frühen 14.
Jahrhundert in Form eines Löwenkopfes erinnert
an den damaligen Wohlstand der Stadt. Stadtan-
sichten, Gemälde, zwei Stadtmodelle zur Zeit des
frühen 18. Jahrhunderts und um 1860, Urkunden
und Dokumente vermitteln dem Besucher neben
zahlreichen Exponaten, die das berufliche und
häusliche Leben repräsentieren, einen Überblick
über die Stadtgeschichte bis in die 1950er Jahre
hinein. Bereiche, die wiederum Schwerpunkte in
der Geschichte Göttingens bilden – wie etwa die
Universitätsgeschichte –, sind durch eigene Abteilungen vertreten.

Stadtgeschichte

Um die Jahrhundertwende konnte das Museum
große Teile des heutigen Bestandes kirchlicher
Kunst erwerben. Im benachbarten katholischen
Eichsfeld hatten große Bestände mittelalterlicher
und barocker Skulptur bewahrt bleiben können. Erst
am Ende des 19. Jahrhunderts wurden viele Kirchen
im damals modern geltenden Sinn erneuert, so dass
die ältere Ausstattung überflüssig wurde.

Kirchenkunst

Hl. Albanus
(um 1520).

Die ins Museum gelangten Exponate vermitteln eine Übersicht über die Entwicklung der Skulptur von der Mitte des 12. Jahrhunderts bis zum Beginn der Neuzeit nach 1500 sowie im 17. und 18. Jahrhundert bis zum Ausgang des Rokoko. Das früheste Werk der Sammlung ist eine der seltenen großen Sitzmadonnen der hohen Romanik, die thronende Madonna aus Bilshausen (um 1150). Die Madonna aus Schmedenstedt (um 1250) kann als typisches Beispiel für die deutsche Hochgotik gelten. Die Muttergottes aus Gerblingerode (um 1430) repräsentiert den sog. „Internationalen Stil" um 1400, elegante und zierliche Marienfiguren vertreten das späte 15. und das frühe 16. Jahrhundert.

Eine Reihe größerer und kleinerer Altäre für Kirchen Göttingens und Umgebung sowie Marien- und Heiligenfiguren können dem in der Stadt um 1500 tätigen Meister Bartold Kastrop zugeschrieben werden. Beispielhaft für das frühe 17. Jahrhundert sei die Muttergottes fränkischer Herkunft aus Ferna (um 1620) genannt. Die überlebensgroße Strahlenkranz-Muttergottes aus Teistungenburg und die eindrucksvolle „Maria Immaculata" unbekannter Herkunft vertreten das Rokoko um die Mitte des 18. Jahrhunderts. Vervollständigt wird die Abteilung kirchlicher Kunst durch eine kleine Sammlung an Paramenten aus Mittelalter und Barockzeit sowie durch liturgische Geräte aus dem katholischen und protestantischen Bereich.

Bartold Kastrop
„Flügelaltar",
1499 Geismar.

Kunsthandwerk

Die Erzeugnisse des regionalen Kunstgewerbes bilden einen wichtigen Akzent in den Beständen.

Die Fürstenberger Manufaktur ist vertreten mit Erzeugnissen der Rokokozeit bis in die Zeit des Jugendstils. Neben kostbaren Exponaten, reich an Staffage und Formfindung, finden sich auch Gebrauchsgeschirre aus der Zeit des Klassizismus und Biedermeier, die zum Teil aus altem Göttinger Familienbesitz stammen. Daneben werden auch Beispiele der figürlichen Produktion gezeigt. Besonders hervorzuheben sind die im späten 18. Jahrhundert produzierten Portraitbüsten berühmter Zeitgenossen in mattem Bisquitporzellan.

Erzeugnisse der Fayence-Manufaktur in Hannoversch Münden boten auch weniger vermögenden Personen die Möglichkeit, Gebrauchsgegenstände in preiswerterem Material, aber in ähnlich aufwändig formaler und farblicher Gestaltung wie Porzellan zu erwerben. Beispiele der frühen Zeit der Manufaktur bis um 1770/80, besonders die in Netztechnik mit zweischaligem Aufbau gefertigten Stücke, sowie die Ende des 18. Jahrhunderts sehr beliebten Bierkrüge und Gebrauchsgeschirr des 19. Jahrhunderts vermitteln eine Übersicht über die vielseitige Produktion, die bereits 1854 ganz eingestellt wurde.

Gold- und Silberschmiedehandwerk ist in der Stadt Göttingen seit dem 14. Jahrhundert bezeugt. Im Museum werden überwiegend Silbererzeugnisse für den profanen Gebrauch aus dem 18. und 19. Jahrhundert gezeigt.

Die Sammlung verschiedenster Zinnwaren bietet einen Querschnitt durch 500 Jahre bedeutende Zinngießer-Tradition in Göttingen.

Kunsthandwerk aus der Region.

Die Porzellanmalerei verdankte ihre Existenz vor allem den Aufträgen der Studenten. Das Museum zeigt die in feinster Miniaturtechnik bemalten Erinnerungsstücke mit entsprechend den Kundenwünschen geschmückten Darstellungen.

Universität   Schriften, Medaillen und Gemälde zur Universitätsgeschichte und den ihr verbundenen Persönlichkeiten sind ausgestellt. Daneben zeigt das Städtische Museum Geräte aus der von Christoph Lichtenberg geschaffenen physikalischen Sammlung, Himmelsgloben und Beobachtungsinstrumente, die die seit 1750 gepflegte Astronomie dokumentieren, weiterhin von Johann Beckmann konstruierte Maschinen für Wirtschaftsbetriebe, Manufakturen und Bergwerke, die der von ihm errichteten Modellkammer entstammen.

Auch frühere Lebensgewohnheiten der Studenten werden dokumentiert durch Dinge des täglichen Gebrauchs und Erinnerungsstücke aller Art sowie Utensilien, die die Geschichte der Verbindungen bekunden – bereits zehn Jahre nach Universitätsgründung sind erste akademische Orden und Studentenlogen festzustellen.

Judaica-Sammlung   Besondere Erwähnung verdient abschließend die Judaica-Sammlung. Der Grundstock wurde bereits durch zahlreiche private Stiftungen jüdischer Bürger Göttingens bei der Museumsgründung gelegt. Jüdi-

sches Kultgerät für religiöse Zeremonien, Ausstattungsstücke eines jüdischen Haushalts, Einrichtungsgegenstände einer Synagoge sind ausgestellt. Besonders hervorzuheben sind hier drei große Tora-Vorhänge („Parochet"), einer davon aus der Göttinger Synagoge

Tora-Rolle Deutschland um 1800.

um 1762/63. Ergänzt wird die Sammlung durch einen Überblick zur Geschichte der Juden in Südniedersachsen – insbesondere ihrer Diskriminierung und Verfolgung während der NS-Zeit.

Kunstsammlung der Universität

Die Kunstsammlung der Universität setzt als ein Museum alter Malerei und Grafik einen besonderen Akzent in der südniedersächsischen Region.

Ihre Geschichte reicht in die Gründungsjahre der Georgia Augusta zurück. 1770 erhielt die Universität die bereits 1737 testamentarisch zugesprochene Sammlung des Frankfurter Patriziers Johann Friedrich Armand von Uffenbach (1687–1769). Das Legat umfasste bedeutende Zeichnungen und Drucke, Bücher und wissenschaftliche Instrumente. 1796 gelangte als zweite Schenkung die etwa 270 Bilder zählende Gemäldesammlung vorwiegend niederländischer Meister des Celler Juristen Johann Wilhelm Zschorn (1714–1795) in den Besitz der Universität. Diese beiden bürgerlichen Stiftungen begründeten die Kupferstich- und Gemäldesammlung der Universität.

In der folgenden Zeit wurde die Sammlung durch bedeutende Legate von privater Seite bereichert. Besonders hervorzuheben sind die Stiftungen der Professoren Baum 1882, Hasse 1902 und Dilthey 1907. Eine oberrheinische Skulptur aus dem frühen 16. Jahrhundert aus dem Nachlass Hasses bildete auch den Grundstock einer kleinen Sammlung von Bildhauerwerken, die zwischen 1926 und 1933 erworben werden konnte.

Eine gezielte Bestandsergänzung wurde durch Erwerbungen des Universitätsbundes, später die Stiftung der Universität, die Klosterkammer, Firmen und private Zuwendungen ermöglicht. Nach der Stiftung Stechow (1981) konnten der Zugang eines Selbstportraits Anton Raphael Mengs (Stiftung von Einem, 1996) sowie der Stiftung Giesing und der grafischen Sammlung eines ungenannt bleibenden Gönners (jeweils 1997) verzeichnet werden.

Die Unterbringung der Bestände war äußerst wechselhaft. Vorerst wurden die Gemälde in der Wohnung des Universitätszeichenlehrers, Inspektors der Kupferstichsammlung und späteren Professors für Kunstgeschichte Johann Domenicus Fiorillo (1748-1821) untergebracht. Fiorillo verfasste auch den ersten Katalog der Gemäldesammlung, der 1805 erschien. Im gleichen Jahr wurden die Bilder in das Akademische Museum überführt. Ein Teil der

Kunstsammlung der Universität Göttingen
Tel. 39 50 93

Gemäldegalerie im Auditorium
Weender Landstr. 2

Kupferstichkabinett im Kunstgeschichtlichen Seminar
Nikolausberger Weg 15

Besichtigung nach Vereinbarung.
Während der Sonderausstellungen im Auditorium
Di, Mi, Fr 15–18 Uhr.
Do 15–20 Uhr
Sa, So 11–17 Uhr

Umkreis David
Teniers d.J. (1610–
1690)
„Landschaft
mit Bauernhäusern".

Gemälde musste jedoch in den unteren Saal der Paulinerkirche verbracht werden, um Platz für die zoologische und vergleichend anatomische Sammlung zu schaffen. 1844 wurden die Bestände im neu errichteten Aulagebäude wieder vereint. 1897 zwang der Raumbedarf der archäologischen Sammlung die Gemälde erneut zum Umzug. Untergebracht im Accouchierhaus, zusammen mit dem Kunstgeschichtlichen Seminar, ließen die beengten Räumlichkeiten jedoch keine museumsgerechte, der Öffentlichkeit zugängliche Präsentation der Bilder zu.

Zur Zweihundertjahrfeier der Universität schien eine Lösung in Sicht. Auf einem von der Stadt geschenkten Grundstück am Theaterplatz sollten zum Jubiläum 1937 zwei neue Institutsgebäude errichtet werden. Bereits im Dezember 1936 war das Völkerkundliche Institut und Museum fertig gestellt, in dessen Obergeschoss die Kunstsammlung vorübergehend einzog.

Der zweite Neubau für das Kunstgeschichtliche Seminar und die Kunstsammlung konnte aufgrund des Ausbruchs des 2. Weltkrieges jedoch nicht mehr realisiert werden. Erst 1987, dem Jahr des 250-jährigen Jubiläums der Georgia Augusta, fand die Gemäldesammlung im Obergeschoss des Alten Auditoriums ihre letzte Bleibe. Das Kupferstichkabinett ist im Kunstgeschichtlichen Seminar untergebracht.

Johann Georg Dathan
(1703–nach 1748)
„Bildnis des Johann
Friedrich von
Uffenbach".

Die Kunstsammlung ist in erster Linie eine Lehrsammlung. Seit den 1970er Jahren erarbeiten Göttinger Studenten mit ihren Lehrenden Ausstellungen, die überregionale Beachtung gefunden haben und durch hochrangige Museen übernommen wurden. Die Öffnungszeiten der Kunstsammlung sind jedoch mangels finanzieller Mittel leider nur auf die Dauer der Sonderausstellungen begrenzt. Ein Besuch der ständigen Ausstellung ist aber nach Vereinbarung möglich.

Die Universitätssammlungen

Neben der Kunstsammlung der Universität besitzen auch andere Institute Lehr- und Forschungssammlungen, die der Öffentlichkeit zugänglich sind und dem Besucher vielfältige Einblicke in die unterschiedlichsten Kunst- und Kulturbereiche gewähren.

Die **Völkerkundliche Sammlung** mit internationalem Ruf, deren Grundstock bereits 1733 gelegt wurde, umfasst etwa 17.000 Ethnographica aus allen Erdteilen. Gezeigt werden unter anderem Kleidung, Schmuck, Werkzeuge, Waffen und Kultobjekte. Besonders wertvolle Exponate stammen aus dem 18. Jahrhundert und gehören zu der bedeutenden Cook- und Forster-Sammlung aus der Südsee, vor allem Hawaii, Tahiti, Tonga und Neuseeland. Einen weiteren Schwerpunkt der Bestände bildet die Sammlung des Baron von Asch, die den nordasiatischen und nordwestamerikanischen Raum umfasst. Die bis Anfang 1997 ebenfalls in den Räumen des Ethnologischen Instituts zu besichtigende **Sammlung Kirchhoff** hat eine Bleibe in der Kleinen Galerie des Universitätsklinikums gefunden. Für die kulturgeschichtliche Sammlung „Symbole des Weiblichen" trug Heinz Kirchhoff (1905 – 1997), langjähriger Ordinarius für Gynäkologie und Geburtshilfe

Völkerkundliche
Sammlung
Institut für Ethnologie
Theaterplatz 15
Tel. 39 78 92
So 10–13 Uhr und
nach Vereinbarung.

Federbildnis des
Kriegsgottes
Kuka'ilimoku
Hawaii 18. Jhdt.
Cook-/Forster-
Sammlung.

Trauergewand „heva"
Tahiti 18. Jhdt.
Cook-/Forster-
Sammlung.

Sammlung Kirchhoff
Klinikum Göttingen
(Ebene 0)
Robert-Koch-Str. 40
Tel. 39 20 93
Durchgehend
geöffnet, Führungen
nach Vereinbarung.

Blick in die Sammlung der Gipsabgüsse.

Originalsammlung des Archäologischen Instituts und Sammlung der Gipsabgüsse antiker Skulpturen Nikolausberger Weg 15
Tel. 397502
Geöffnet nach Vereinbarung
(Im Sommersemester Führungen
So 11.15 Uhr).

und Direktor der Universitäts-Frauenklinik 1953 – 1973 in Göttingen, 40 Jahre lang nahezu 600 Objekte zusammen. Sie dokumentieren die Stellung und Bedeutung der Frau von der Altsteinzeit bis zur Gegenwart durch alle Kulturen hindurch. Eine kleine Wanderausstellung macht die Sammlung Kirchhoff zusätzlich einem größeren Publikum zugänglich.

Das **Archäologische Institut** besitzt die älteste und mit etwa 1.700 Exponaten eine der größten Lehrsammlungen von originalgroßen Gipsabgüssen antiker Skulpturen in Deutschland. Die Sammlung blickt auf eine mehr als zweihundertjährige Geschichte zurück, deren Anfänge sich auf Bestände von kleinen Originalkunstwerken wie Münzen und Gemmen beschränkte. Ab der Mitte des 18. Jahrhunderts begann der Aufbau der Abgusssammlung. Neben so bekannten und berühmten Objekten wie der Laokoon-Gruppe, der Nike von Samothrake, Ausschnitten aus dem Großen Fries des Pergamon-Altars und Bauplastik aus Delphi, Olympia, Athen u.a. finden sich in der Sammlung auch Abgüsse von Werken, deren Originale verloren gegangen sind. Neben der umfangreichen Münzen- und Gemmensammlung umfassen die originalen Bestände Steinskulpturen, Bronzen, Terrakotten und Keramik vom alten Orient bis zur Spätantike. Die Skulpturensammlung Wallmoden befindet sich als Leihgabe im Institut.

Musikinstrumentensammlung
Kurze Geismarstr. 1
Tel. 39 50 75
Mo 16–18 Uhr während der Vorlesungszeit und nach Vereinbarung.

Dem Musikinstrumentenliebhaber bietet die **Instrumentensammlung** des Musikwissenschaftlichen Seminars im Accouchierhaus mit seiner beeindruckenden Treppenanlage vielfältiges Anschauungsmaterial. Sie umfasst über 1.300 Objekte und setzt sich im Wesentlichen aus den ehemaligen Privatsammlungen Moeck, Hickmann, Hoerburger und Reinhard zusammen. Instrumente aus aller Welt und über den Zeitraum mehrerer tausend Jahre verteilt,

werden hier gezeigt: europäische Holzblas- und
Tasteninstrumente, mechanische Musikinstrumente
sowie Schallwerkzeuge aus Altägypten, Afrika südlich der Sahara und Asien.

Die Naturwissenschaften sind durch Museen der
Zoologie, der Chemie und der Geologie vertreten.
Der Ursprung des **Zoologischen Museums** der Universität liegt in dem 1778 von Johann Friedrich Blumenbach gegründeten „Akademischen Museum",
aus dem es später hervorging. Die Ausstellung ist
in mehrere Themengebiete gegliedert. Unter anderem werden die stammesgeschichtliche Entwicklung der Lebewesen und
die Anpassung der Tier-
welt an Lebensräume und
Nahrungsverhältnisse
dokumentiert. Weiterhin
wird die Fauna von Niedersachsen anhand von Vö-
geln, Fischen, Amphibien
und Insekten präsentiert.
Kleinere Sonderausstel-

*Zoologisches
Museum
Berliner Straße 28
Tel. 39 55 24
So 10–13 Uhr und
nach Vereinbarung.*

lungen ergänzen von Zeit zu Zeit das Angebot. Seit
Oktober 2001 ist das Museum um eine Attraktion
reicher. Das Skelett eines Pottwals, der im Januar
1998 an der Nordseeküste gestrandet war, ist nach
dem mehrmonatigen Reinigungsprozess vom Abde-
cken bis zum reinen Skelett in der Schausammlung
zu bestaunen.

Im **Museum der Göttinger Chemie** wird eine stän-
dige Ausstellung zur Geschichte der Chemie an der
Universität Göttingen gezeigt. Alte Laboratoriums-
geräte und historische Präparate geben einen Überblick. Im Museumsarchiv wird die Geschichte des
Faches in seinen Beziehungen zur Medizin, Pharma-
zie, Landwirtschaft und chemischen Industrie illustriert.

*Museum der Göt-
tinger Chemie
Tammannstraße 4
Tel. 39 33 26
und 39 30 24
Öffnungszeiten und
Führungen nach
Vereinbarung.*

Die Erforschung zur Entstehung und Entwicklung
der Erde und der sie bewohnenden Lebewesen ist
Aufgabe der Geologie. Umfangreiches Belegmate-
rial zur Erdgeschichte, Gesteine und Fossilien aus
Millionen von Jahren zurückliegenden Zeitaltern
sind im **Museum für Geologie und Paläontologie,**
dessen Anfänge in das 18. Jahrhundert reichen, zu
besichtigen.

*Museum für Geologie
und Paläontologie
Goldschmidtstraße 3
Tel. 39 79 04
Mo–Fr 9–16 Uhr und
nach Vereinbarung.*

Museum am Thie e.V.

Museum am Thie e.V.
Am Geismar Thie 2
Tel. 79 49 44 oder
0 55 93 - 93 80 58
Do 20–22 Uhr und
jeden 1. und 3. So im
Monat von 10–12 Uhr
und nach Vereinba-
rung (Gruppen und
Schulklassen)
Eintritt frei.

Eine besondere Erwähnung verdient das weniger bekannte volkskundliche Museum am Thie in Geismar. Zunächst gar nicht als Museum geplant, wurde aus der Initiative engagierter Bürger am 12. November 1970 der „Arbeitskreis Geismar" gegründet. Ein Jahr später wurde der Vereinsname präzisiert und in „Volkskundlicher Arbeitskreis Geismar" umgewandelt, um den Schwerpunkt der Arbeit und der Sammlung, deren Grundstock bereits in den 1960er Jahren durch eine kleine Gruppe von privaten Sammlern und Hobbyrestauratoren gelegt wurde, zu verdeutlichen.

Der Verein bezog die ersten drei Räume der ehemaligen, 1838 errichteten „Fachwerkschule" am Thie, in der er sich noch heute befindet. Hier wurden anfänglich ein Schlafzimmer, ein Biedermeierzimmer und ein Raum mit Haus- und Küchengeräten gezeigt.

Nach und nach erschloss man sich das gesamte Gebäude durch Umbau- und Renovierungsmaßnahmen. 1978 wurde mit der Umsetzung des **Backhauses** aus dem unteren Dorf in den Museumsgarten begonnen. Das Backhaus stammt vermutlich aus dem Jahre 1769, wobei der Backofen selbst mit Sicherheit älter ist. An der Nordwand des Backhauses fand zudem noch eine Sammlung historischer Dachziegel ihren Platz.

An der Rückseite des alten Schulgebäudes wurde 1986 eine **Schmiede** errichtet, wie sie praktisch in jedem Dorf bestand, um Hufbeschlag und alle anderen anfallenden Eisenarbeiten auszuführen. Der hier gezeigte Werkzeug- und Maschinenbestand ist charakteristisch für eine Dorfschmiede aus der ersten Hälfte des 20. Jahrhunderts.

Die alte „Fachwerkschule" in Geismar.

Mit dem **Brunnenhäuschen,** das wie ein kleines Wasserwerk den umliegenden Bauern stets eine gefüllte Tränke garantierte, wurde 1988 im Garten ein Beispiel der Wasserbautechnik aus dem 18. Jahrhundert wieder sichtbar gemacht.

Doch nun ein Blick in die Ausstellungsräume.

Bäuerliche Küche.

Der Schwerpunkt der Präsentation liegt auf der Kul-
tur- und Alltagsgeschichte Geismars im Verlauf der
Jahrhunderte. Viele Exponate stammen demnach
aus Geismar und Umgebung.

Der Raum zur **Ortsgeschichte Geismars** belegt
mit einer Reihe urgeschichtlicher Funde, dass bereits 3000 v. Chr. das heutige Geismar besiedelt war.
Anhand der Nachbildung einer Grabungsstelle und
zweier Modelle lässt sich die Entwicklung des Ortes
bis ins 18. Jahrhundert nachvollziehen.

Einen Einblick in die häuslichen Lebensgewohnheiten gewährt die **Bäuerliche Küche** mit einer Einrichtung aus dem 18. und 19. Jahrhundert. Diverse
Küchengeräte veranschaulichen den Prozess der
Nahrungszubereitung und -konservierung in einem
ländlichen Haushalt.

Die Einrichtung eines **Schlafzimmers** verdeut-
licht uns, dass dieser Raum zusätzlich noch als
Kinderzimmer, Bad, Toilette und Kleiderkammer genutzt wurde.

Die **Gute Stube** spiegelt die Biedermeierzeit wider. Neben Mobiliar vervollständigen ein gusseiser-
ner Ofen, Wandschmuck und diverse Accessoires
die vornehme Einrichtung, die im ärmlichen Geismar
in der ersten Hälfte des 19. Jahrhunderts sicherlich
selten anzutreffen war.

Das dörfliche Leben war geprägt durch die Landwirtschaft. So werden in einem Raum alle wesentlichen **Ernte-Handgeräte** gezeigt, die den Bauern

vor dem Einsetzen der Mechanisierung der Landwirtschaft zur Verfügung standen. Aber auch frühe landwirtschaftliche Maschinen, die durch Wasser- oder
Windkraft sowie Muskelkraft von Tier und Mensch
betrieben wurden, sind beispielhaft durch eine
Dreschmaschine, eine Windfege und eine Schrot-
mühle vertreten.

In einem weiteren Raum werden die gebräuchlich-
sten Arten von Zuggeschirren gezeigt, deren Herstel-
lung dem **Sattler** überlassen wurde, dessen Werkzeuge hier ebenfalls ausgestellt sind.

Auch andere Sparten des Handwerks sind hier
repräsentiert. So befindet sich die komplette **Schuh-
macherwerkstatt** des Schuhmachermeisters Heinrich Jahns aus Bremke, der bis Ende der 1960er Jahre
sein Handwerk ausübte, im Besitz des Museums.
Die Einrichtung zeigt Schuhmacher-Werkzeuge und
Geräte aus uralter Handwerkstradition.

Ebenso ist eine **Tischlerwerkstatt** zu besichtigen.
Sie ist Beispiel für einen kleinen Handwerksbetrieb
in der zweiten Hälfte des 19. Jahrhunderts, der nicht
nur Möbelbau, sondern alle anfallenden Holzarbei-
ten übernahm.

Ein weiterer Raum vermittelt die Atmosphäre eines dörflichen **Kaufmannsladens.** Einrichtung, Geräte, Waren und Werbeschilder stammen aus der ersten Hälfte unseres Jahrhunderts.

Ein großer Raum ist der **Textilherstellung** gewid-
met. Textilherstellung und -bearbeitung diente bis
zur Mitte des 19. Jahrhunderts der ländlichen Bevölkerung nicht nur zur Selbstversorgung, sondern
war in dieser Gegend auch ein wichtiger Wirtschafts-
zweig. Dies galt besonders für die Leinenherstel-
lung, deren Ablauf vom Flachs bis zum fertigen Lei-
nen in allen Einzelschritten dargestellt wird. Ebenso
wird der Prozess der Wollverarbeitung gezeigt. Besonders hervorzuheben ist der Posamentierweb-
stuhl aus Grone aus dem 18. Jahrhundert, der heute
kaum noch in einem Museum anzutreffen ist. Posa-
mentierweberei war eine Sondersparte der Bandwe-
berei, mit der mit phantasievollen Mustern verzierte
Schmuckbänder hergestellt werden konnten.

Die Sammlung wird
ständig erweitert
und um Sonderaus-
stellungen (zweimal
pro Jahr) ergänzt.

Einkaufen wie zu
Omas Zeiten...

▷ Kunstausstellungen

Kunstverein Göttingen e.V.

Kunstverein Göttingen e.V.
Gotmarstraße 1
Tel. 4 48 99
www.kunstverein
goettingen.de
Die jeweiligen Öffnungszeiten sind online oder per Telefon zu erfahren.

Der Kunstverein Göttingen wurde 1968 gegründet. In seiner vergleichsweise noch jungen Geschichte ist er in den letzten Jahren zu einem wichtigen Träger kulturellen Lebens in Göttingen geworden. Seine regelmäßigen Ausstellungen finden Anerkennung auch weit über die Grenzen der Stadt hinaus und bieten eine kompetente und kreative Auseinandersetzung mit der bildenden Kunst des 20. Jahrhunderts. Die Ausstellungen zu Aspekten der klassischen Moderne und vor allem der zeitgenössischen Kunst vermitteln Voraussetzungen und Wechselbeziehungen von Kunst und Gesellschaft in Geschichte und Gegenwart. Das Spektrum reicht von Malerei, Grafik und Plastik bis zu Fotografie und Aktionskunst und der Auseinandersetzung mit den neuen Medien in der Kunst.

Da dem Kunstverein keine eigenen Ausstellungsräume zur Verfügung stehen, finden die Ausstellungen sowohl im Künstlerhaus in der Gotmarstraße (ehem. Lichtenberghaus) als auch in den Räumlichkeiten des Alten Rathauses und der Lokhalle statt.

Artothek
Tel. 54 18 46
Di und Do
15–18 Uhr.

1986 wurde im Künstlerhaus die **Artothek** des Kunstvereins eingerichtet. Sie ermöglicht jedem Bürger den Zugang zu zeitgenössischer Kunst, indem er gegen geringe Gebühr ein Werk ausleihen und vorübergehend in die eigene private Umgebung mitnehmen kann. Neben einer repräsentativen Auswahl zeitgenössischer Werke stehen auch Text- und Katalogsammlungen über die vertretenen Kunstrichtungen und Künstler zur eingehenderen Auseinandersetzung zur Verfügung.

Christoph Rütimann – Kunstverein Göttingen im Künstlerhaus.

Künstlerhaus mit Galerie e.V.

Das Künstlerhaus ist ein gemeinnützi-
ger Verein, der jährlich zahlreiche
Ausstellungen in den Galerieräumen
des Künstlerhauses (ehem. Lichtenberghaus) organisiert. Besondere
Berücksichtigung finden dabei Göttinger Künstlerinnen und Künstler. Es
ist dem Verein ein besonderes Anlie-
gen, den etwa 100 Künstlerinnen und
Künstlern des Hauses, des BBK (Bund
Bildender Künstler) und des Kreises
34 (Künstler und Laienkünstler) ein
Präsentations- und Kommunikations-
zentrum zu bieten.

Künstlerhaus mit
Galerie e.V.
Gotmarstraße 1
Tel. 4 68 90
www.kuenstlerhaus-
goettingen.de

▷ Galerien

Die älteste Galerie Göttingens ist aus einer 1878 gegründeten Glaserei entstanden und verbindet noch
heute ein großes Kunstangebot mit einer Meister-
werkstatt für Bildereinrahmungen. Die Galerie **Nottbohm** in der Kurzen-Geismar-Straße bietet neben
Gemälden und Grafiken zeitgenössischer Künstler
auch Reproduktionen und Glasobjekte an. Drei- bis
viermal im Jahr werden hier Ausstellungen internationaler renommierter Künstler gezeigt.

Galerie · Kunsthaus
Nottbohm
Kurze-Geismar-Str. 31
Tel. 5 74 56
Mo–Fr 9.30–18.30
Uhr, Sa 9.30–16 Uhr.

Die Galerie **Ahlers,** die die Kunstszene seit 1982
bereichert, hat ihren Schwerpunkt auf Gemälde gelegt. In den neuen Galerieräumen zeigt Oliver Ahlers
pro Jahr vier bis sechs Ausstellungen zeitgenössischer Künstler. Im vorgelagerten Garten am Leine-

Galerie Ahlers
Düstere Straße 21
Tel. 5 70 56
Di–Fr 10–13 Uhr und
 15–18 Uhr
Sa 10–13

Skulpturen im Garten
des APEX.

Galerie APEX
Burgstraße 46
Tel. 46886
Mi–Fr 15–19 Uhr
Sa 11–16 Uhr.

kanal werden Skulpturen präsentiert. Die Galerie ist darüber hinaus auch auf dem internationalen Kunstmarkt präsent und beteiligt sich an großen Kunstmessen in Europa und Übersee.

Auf über dreißig Jahre erfolgreicher Arbeit als Kultur- und Kunstzentrum kann das **APEX** bereits zurückblicken. Galerie, Kabarett, Kleinkunst, Literatur, Jazz und Kneipe vereint das APEX unter einem Dach. 1971 gegründet, trägt die Galerie APEX mit sechs bis acht Ausstellungen pro Jahr kontinuierlich dazu bei, die Auseinandersetzung mit der Gegenwartskunst anzuregen. Fest zum Programm gehört die Präsentation jüngerer Künstlerinnen und Künstler. In eine stilistische Schublade lässt sich die Galerie damit nicht packen. Das abwechslungsreiche Ausstellungsprogramm regionaler und überregionaler, aber auch internationaler Künstler findet weit über die Grenzen der Stadt Beachtung.

Götz George während
seiner Göttinger
Zeit mit Rosmarie
Pruppacher in
„Die Fliegen".
Deutsches Theater
in Göttingen, Spielzeit
1962/63.

▷ Theaterstadt Göttingen

Mit dem **Deutschen Theater (DT)** am Wall und dem
Junges Theater (JT) im Otfried-Müller-Haus in der
Hospitalstraße hat Göttingen zwei feste Schauspiel-
häuser. Ein abwechslungsreiches Programm garantiert auch das Theater im historischen Schauopera-
tionssaal der Universität **ThOP,** angegliedert an das
Seminar für Deutsche Philologie. Die traditionelle
Aufteilung – „Bildungsbürgertheater" am DT, „Ex-
perimentalbühne" JT und engagiertes Laientheater
am ThOP – entspricht spätestens seit Ende des 20.
Jahrhunderts immer weniger der Göttinger Thea-
terrealität. Kritisches, umstrittenes und manchmal
unbequemes Gegenwartstheater ist nicht mehr allein der Bühne des Jungen Theaters überlassen und
nur noch Unwissende nennen das ThOP ein „ambitioniertes Laientheater". Drei Bühnen in einer Stadt
von Göttingens Größe – dies ist in Zeiten von angeb-
lich leeren Kulturkassen ein ebenso besonderes wie
unterstützenswertes Phänomen.

Theater-, Varieté- und Kabarettgruppen aus Stadt
und Umgebung nutzen die vielfältigen Aufführungs-

möglichkeiten und ergänzen das Angebot der festen Ensembles.

Theater findet in Göttingen auch an so manchen unvermuteten Orten statt. Es lohnt sich, auf aktuelle Ankündigungen zu achten – einige Kneipen, die Bühne des Programmkinos Lumiere, aber auch die Tanzfläche einer Diskothek wurden schon zur Bühne umfunktioniert.

Während der Sommermonate muss nicht mehr auf Theater verzichtet werden: Benannt nach dem Aufführungsort im Innenhof der Düsteren Straße gestalten Darsteller von anderen Bühnen das **Theater im Innenhof.**

Für das jüngere Publikum bieten sich in Göttingen besonders viele Möglichkeiten, Theater zu sehen oder selbst zu machen. Neben festen Terminen wie dem **Kindertheaterfestival Larifari** oder den **Figurentheatertagen** belebt vor allem der **Domino-Verein** zur Förderung der Kinder- und Jugendtheaterkultur im Raum Göttingen e.V. mit seinen verschiedenen Gruppen die Kindertheaterszene in Stadt und Umland.

Viele der Gruppen, Initiativen und Vereine, die das kulturelle Leben der Stadt mit ihren Aufführungen, Ideen und Aktionen bereichern, nutzen die Räumlichkeiten des Jungen und des Deutschen Theaters.

In der Stadthalle Göttingen begeistert seit 1965 das **Göttinger Volkstheater** – Theater für Kinder – regelmäßig in der Vorweihnachtszeit das Publikum. Diese Theatergruppe hat ausschließlich das europäische Märchen auf dem Programm, ob Klassiker à la „Hänsel und Gretel" oder Fabeln mit moderner Thematik.

Göttinger Volkstheater:
„Frau Holle"
Weitere Infos:
www.goettinger-volkstheater.info

Deutsches Theater in Göttingen

Nicht immer genoss die Schauspielkunst in Göttingen einen guten Ruf. Im 18. Jahrhundert beklagten die Professoren der Georgia Augusta die schädliche Wirkung der „lasterhaften Bühnenstücke" auf Anstand, Sitte und Arbeitsmoral der Studenten. Wenige Theatertruppen erhielten in dieser Zeit die Erlaubnis zum Theaterspiel, die der Kurator der Universität, Freiherr von Münchhausen, persönlich erteilte. So lockten viele der Schauspielergesellschaften, denen in Göttingen der Einlass verwehrt blieb, das Publikum ins nahe Bovenden, welches damals noch unter hessischer Herrschaft stand.

In der Bovender Gaststätte „Mariaspring", die auch als Spielbank und Tanzsaal diente und ein beliebtes Ausflugsziel der Herren Studenten war, soll es während der „Schauspielereien" lustig zugegangen sein.

Es war der Baumeister Rohns, der Anfang des 19. Jahrhunderts der darstellenden Kunst einen ersten festen Aufführungsort in Göttingen verschaffte. Am Neuen Markt (heute Wilhelmsplatz) errichtete er die „Restauration". In diesem Gebäude, das auch für Konzerte, Bälle und andere Festlichkeiten genutzt wurde, kam das Göttinger Publikum jedoch nicht in den Genuss anspruchsvoller Aufführungen. Studentische Korporationen machten zudem einen Sport daraus, die Theatervorstellungen in der „Restauration" möglichst oft durch allerlei Streiche und Ulkereien zu stören. Bereits vor dem Brand 1887, der die „Restauration" zerstörte, hatte eine Bürgerinitiative über den Bau eines neuen Theaters nachgedacht. So entstand in den Jahren 1889/90 auf dem niedergelegten Wallabschnitt am ehemaligen Albanitor das Göttinger Stadttheater. Erbaut wurde es im Stil der Neorenaissance nach den Plänen des Oldenburger Hofbaumeisters Gerhard Schnitger, der schon zuvor in seiner Heimatstadt ein ähnliches Schauspielhaus errichtet hatte.

Am 30. September 1890 mit „Wilhelm Tell" eröffnet, war das „Theater am Wall" ein Mehrspartenhaus. Neben dem klassischen Bühnenstück standen Oper, Operette und später auch Ballett auf dem Programm. Der städtische Theaterausschuss war indes stets bemüht, Komödie und Operette nicht vorherrschen zu lassen.

Sechzig Jahre später, am Ende der Spielzeit 1949/50, entschloss man sich schweren Herzens, das Haus nunmehr ausschließlich als Sprechbühne zu nutzen. Der aufwändige Betrieb eines mehrspar-

Brigitte Horney mit Sigfried Breuer in der Uraufführung von Carl Zuckmayers „Ulla Winblad", DT 1953/54.

1950 wurde die Theater-GmbH „Deutsches Theater in Göttingen" gegründet.

tigen Theaters sollte nicht länger finanziert werden. Die neue Rechtsform der Schauspielbühne bot nun nicht nur eine solide Finanzierung anspruchsvoller Schauspielkunst, sondern gewährte auch den zukünftigen Intendanten künstlerische Gestaltungsfreiheit.

Dass man als ersten Leiter des neuen Hauses Heinz Hilpert gewinnen konnte, erwies sich als Glücksgriff für die Stadt. In den folgenden beiden Jahrzehnten war Göttingen nicht mehr ausschließlich der Sitz einer bedeutenden Universität, auch die Bühne des Deutschen Theaters erlangte bundesweite Anerkennung.

Hilpert, der Schüler und Nachfolger des berühmten Max Reinhardt in Berlin, agierte während seiner Intendanz in Göttingen als Regisseur und Schauspieler.

Unter Hilperts Leitung spielte in Göttingen deutsche Schauspielprominenz der fünfziger und sechziger Jahre wie Brigitte Horney, Hilde Krahl, Carl Raddatz und Klaus Behrendt. Wie an vielen Bühnen der Provinz begann auch am Göttinger DT so manche Karriere späterer Film- und Bühnenstars. So hatte Götz George unter Hilpert ein festes Engagement in Göttingen. Bereits der Vater des späteren „Tatort-Kommissars", der große Charakterdarsteller Heinrich George, hatte hier als Gast gespielt.

Bis 1966 war Hilpert der bewunderte, aber nicht unumstrittene Leiter des DT. In Zeiten des Kalten Krieges, in denen Werke von Bertolt Brecht noch als kommunistische Propaganda verrufen waren, brachte Hilpert in der Spielzeit 1956/57 dessen „Mutter Courage und ihre Kinder" auf die Bühne. Der Kritik und dem Unverständnis setzte Hilpert sein Credo entgegen, nach dem sich das Theater niemals vor einen politischen Karren spannen lassen dürfe, sondern vielmehr „nur dem ganzen Menschen" zu dienen habe.

Blick in den Zuschauerraum des Großen Saals im DT.

Auch nachdem Hilpert die Leitung an Günther Fleckenstein abgegeben hatte, blieb er bis zu seinem Tod 1967 dem Göttinger Theater als Regisseur und Darsteller verbunden.

Eine der herausragenden Leistungen Flecken-
steins während seiner zwanzigjährigen Intendanz
(1966-1986) war die Inszenierung des „Antiken Zyklus", in dem die Werke der griechischen Dramatiker
Aristophanes, Euripides, Aischylos und Sophokles
aufgeführt wurden.

Altes und Neues sollte Anfang der achtziger Jahre
mit den umfangreichen Um- und Erweiterungsbauten am Deutschen Theater verbunden werden. Bei
der Wiedereröffnung am 4. Oktober 1984 – nach einer immerhin dreijährigen Bauzeit – war man sich
sicher: Die Kosten und Mühen hatten sich gelohnt.
Neben den notwendigen Verbesserungen an der
Bühnentechnik war die Schaffung zweier weiterer
Bühnen (DT-Studio und die Kleinkunstbühne des
Bistros/Restaurants im ebenfalls neuen gläsernen
Foyer) von besonders großer Bedeutung. Zunächst
vor allem als „Proberäume" für das feste Ensemble
gedacht, boten die neuen Bühnen bald unbekannte-
ren und kleineren (Kunst-)Stücken, musikalischen
Darbietungen und auch Gastspielen wieder einen an-
gemessenen Aufführungsort und sind seither eine
Ergänzung zum Programm der großen Bühne.

Von 1986 an führte Heinz Engels, der am Göttinger
Haus bereits als Regisseur gearbeitet hatte, das Deutsche Theater im Sinne seiner Vorgänger: anspruchsvolles Ensemble-Theater, das in seiner Vielfältigkeit
das Publikum zum Nachdenken und zur Diskussion
auffordert, aber auch unterhalten will. Seit 1999 ist
Mark Zurmühle Intendant des DT. Aktuelle Themen
kritisch aufzugreifen, die Bühne als Diskussions-
plattform umstrittener Kunst- und Gesellschaftsauf-

Deutsches Theater
Göttingen
www.dt-goettingen.
de
Theaterplatz 11
Tel. 49 69-0
Theaterkasse:
Tel. 49 69-11

„Nathan der Weise"
im DT

Neu seit der Spielzeit 2006/07: Koproduktionen mit dem Göttinger Symphonie Orchester.

fassungen zu begreifen – hierin sieht das DT Göttingen seine zentralen Aufgaben. Eine Tradition des Göttinger DT, die auch von Zurmühle gepflegt wird: alle Intendanten sind Künstlerpersönlichkeiten und inszenieren in jeder Spielzeit selbst. Die Kinder- und Jugendsparte wurde seit Ende der 1990er weiter ausgebaut. In Kooperation mit Göttinger Schulen lässt das DT die jungen Leute Theaterstücke erarbeiten und inszenieren, gibt ihnen Einblick in die Arbeitsgebiete eines Theaters: Maske, Requisite, Bühnenbau etc. Bereits Kinder ab sechs Jahren können im Spielclub die „Bretter, die die Welt bedeuten" kennen lernen.

Junges Theater

In den fünfziger Jahren war nahezu jeder zehnte Göttinger ein regelmäßiger Theaterbesucher. Dies war eine der höchsten Besucherquoten in Deutschland.

Es ist unter anderem dieser Begeisterung für die darstellende Kunst zu verdanken, dass sich in Göttingen in den folgenden Jahren eine zweite Bühne etablieren konnte. Die Anfänge des Jungen Theaters (JT) liegen im Jahre 1955, als die „tangente – Christliches Zimmertheater Göttingen" im Fridtjof-Nansen-Haus in der Merkelstraße mit der Komödie „Die Hafenbar" Premiere feierte. Zwei Jahre später wechselte ein Großteil der Schauspieler des „tangenten"-Theaters zum gerade entstandenen „jungen theater göttingen" – auf die Kleinschreibung legte der „Scheff" und Gründer des Ensembles, Hans-Gunther Klein, großen Wert.

Im JT finden auch Lesungen, musikalische Veranstaltungen sowie Gastspiele statt.

Wie am Deutschen Theater finden sich in den alten Besetzungslisten des JT einige bekannte Namen: Bruno Ganz spielte hier, die lokale Presse nörgelte an einer Inszenierung von Claus Peymann, und Loriots spätere Mitstreiterin, Evelyn Hamann, hatte in Göttingen ihr erstes festes Engagement.

Junges Theater Göttingen Tel. 495015 www.junges-theater.de Hospitalstr. 6

Schon in den ersten Jahren machte die neue Bühne von sich reden. Als eines der ersten deutschen Theater spielte das JT Samuel Becketts „Warten auf Godot" und ließ sich von der vernichtenden Kritik nicht abschrecken: Über zweieinhalb Jahre blieb das umstrittene Stück im Repertoire des Theaters. Das „absurde Theater" à la Beckett und Ionesco war aber nur ein Teil des Programms. Auf dem

Spielplan standen und stehen Klassiker wie Shake-
speare, Lessing und Goethe ebenso wie neuere und
oft ungewöhnliche Stücke von weniger bekannten
Autoren. „Unerschrockenes, ambitioniertes und auf-
müpfiges Theater machen" – dieser Maxime ist das
JT bis heute treu geblieben.

An die Zeiten des
Bühnenschauspiels
erinnert noch der
Name der Kneipe im
Untergeschoss des
Lumières:
„t-(heater)Keller".

Als es 1976 ins Otfried-Müller-Haus am Wochenmarkt zog, wo es auch heute noch zu finden ist,
konnte das Junge Theater auf eine „bewegte" Vergangenheit zurückblicken. In den ersten Jahren nach
Gründung wechselte man mehr als einmal die Loka-

lität. Mit Beginn der Spielzeit
1960/61 übernahm die Thea-
tertruppe um Hans-Gunther
Klein die Räume der ehemaligen Druckerei Grosse in der
Geismarlandstraße, heute ein
Filmtheater, das Göttinger Programmkino Lumière.

Dieses Domizil blieb trotz eines Erweiterungsbaus zu klein.

Szenenfoto Spielzeit
2006/07

Das umgebaute Otfried-Müller-Haus in der Hospitalstraße schien mit größerem Zuschauerraum, einer
tieferen Bühne und anderen technischen Verbesserungen der ideale Ort. Hier sollte das JT nun als ein
Teil des dort entstehenden Kultur- und Aktionszen-
trums (KAZ) agieren. Doch dieses Konzept währte
nur bis 1984 – seitdem sind Theater und KAZ zwei
unabhängige Mieter des Hauses. Das JT stellt dem
KAZ in regelmäßigen Abständen die Räumlichkeiten
des Theaters zur Verfügung. Gemeinsam war und
ist beiden Häusern aber die finanzielle Sorge und
Not. Die Unterstützung aus öffentlicher Hand wird
zunehmend weniger und unsicherer. Durch ein volles Haus beweist sich die „Existenzberechtigung"
noch am besten.

In der Spielzeit 2000/2001 machte das Junge
Theater bundesweit durch die Aufführung der so
genannten „Popliteratur" von sich Reden. Ein se-
henswertes Programm bietet das JT bis heute: neben Klassikern wie „Emilia Galotti" sind Werke zeitgenössischer Künstler auf dem Spielplan, die sich
mit aktuellen gesellschaftlichen Problemen, wie
Massenarbeitslosigkeit und soziale Ausgrenzung,
auseinandersetzen.

Auch die Bühne der
Kneipe APEX und die
Veranstaltungsräume
des Kulturzentrums
musa e.V. werden
in regelmäßigen
Abständen von Kaba-
rett-, Theater- und
Kleinkunstgruppen
genutzt.

ThOP
Käte-Hamburger-Weg 3
Kartenvorverkauf
unter 39-7077
Ebenfalls im Zentralen
Hörsaalgebäude
der Uni/Aufgang zur
Mensa

Die Kurse/Workshops
des ThOP sind Teil
des Lehrangebots der
Uni, aber auch Nicht-
Studenten können
teilnehmen.
Weitere Infos unter
www.thop.de

Nicht immer bleibt
das ThOP seinem
Namen treu: die
Off-ThOP-Produk-
tionen suchen sich
verschiedene (Open
Air-) Auftrittsorte in
Göttingen.

Theater im OP – ThOP

„Großes Theater auf kleiner Bühne" – mit diesen treffenden Worten beschrieb ein Göttinger Studentenmagazin das Theater im OP. Anfang der 1970er trafen sich in Göttingen ein paar Leute, die vor allem eines machen wollten: Theater. Der ungewöhnliche Aufführungsort – ein ehemaliger Operationssaal im heutigen Deutschen Seminar der Georgia Augusta – überrascht heute nur noch Neu-Göttinger.

Das Programm des ThOPs ist nicht in einem Schlagwort zu fassen. Anspruchsvolles (Laien-)Theater zu bieten, ist allemal das Ziel, welches das ThOP immer wieder aufs Neue erreicht. Einfallsreiche Inszenierungen sowohl von Klassikern wie Romeo und Julia, Wilhelm Tell oder Hamlet wie auch von (noch) unbekannten Dramatikern begeistern das Publikum, das nicht nur aus Studenten besteht. Dabei zeichnet sich der überwiegende Teil der ThOP-Produktionen – bei allen Einschränkungen, mit denen ein Laientheater zu kämpfen hat – durch eine bemerkenswerte Professionalität aus. Einfallsreichtum und Kreativität, die ein Theater dieser Art charakterisieren und die manchmal nur wegen knapper Mittel entstehen, bleiben jedoch nicht auf der Strecke. Unterschiedliche Gruppen finden sich für die Aufführungen zusammen und sind dann nicht nur für die reine Schauspielkunst zuständig. Auch Bühnenbild, Maske, Licht, Vorverkauf müssen von der jeweiligen Theatergruppe organisiert und durchgeführt werden.

Eine weitere Besonderheit: im Unterschied zu anderen Göttinger Bühnen kennt das ThOP keine Sommerpause. Jährlich werden ungefähr 12 Stücke aufgeführt, in jedem Monat besteht also die Möglichkeit einer Premiere beizuwohnen. Das Programm ist den Flyern des ThOPs, seinen Internetseiten und dem Göttinger Tageblatt zu entnehmen.

▷ Als Göttingen Filmstadt war...

Es sind vor allem die alteingesessenen Göttinger, die sich an die Zeit erinnern, in der die kleine Großstadt zu einer der vielen Filmmetropolen der Nachkriegszeit avancierte. Kassenschlager wie die Heinz-Erhardt-Komödien, Thomas-Mann-Verfilmungen, aber auch mutige Versuche im Avantgarde-Film fanden hier in den Jahren von 1945 bis 1961 ihren Produktionsort.

Ungewöhnlich war es nicht, dass die Idee aufkam, in einer Stadt der Provinz ein Filmstudio zu bauen – aus den Erfahrungen der vergangenen Jahre wollte man gelernt haben. Die zentralistische Organisation der Ufa – von 1933 bis 1945 Teil der nationalsozialistischen Propagandamaschinerie – sollte endgültig Vergangenheit sein. Die Zukunft sollte ambitionierten Leuten gehören, die eben auch in Göttingen zusammenkamen.

Ein eigenständiges Profil wurde vor allem der Filmaufbau GmbH Göttingen zugesprochen. Deren Initiatoren gingen mit dem Anspruch ans Werk, in Deutschland Filmkunst zu schaffen, die abseits dessen liegen sollte, was wir heute als „Mainstream" bezeichnen. Bereits der erste Kinofilm, „Liebe 47" (1949), mit Ufa-Stars wie Hilde Krahl und Grethe Weiser, war in Westdeutschland Vorreiter der cineastischen Auseinandersetzung mit dem Dritten Reich.

Ehemalige Flugzeughallen dienten den Göttinger Filmemachern als Ateliers. Genügte die umliegende Landschaft der Leinestadt nicht den Ansprüchen, wurde für Außenaufnahmen schon mal bis nach Süddeutschland ausgewichen. Doch oft genug bewies man Phantasie: So

Eine der vielen Göttinger Filmproduktionen.

wie für den Untergang der Titanic in der späteren Hollywood-Produktion (1997) ein künstliches Bassin in Mexiko herhalten musste, diente 1960 der Göttinger Kiessee als Untergangsszenerie für den Film „Nacht fiel über Gotenhafen". Diese Göttinger Produktion zeigt den Untergang des „Kraft-durch-Freude"-Passagierschiffes „Wilhelm-Gustloff" am Ende des Zweiten Weltkrieges.

Zu Beginn der sechziger Jahre setzte nicht nur das „Kinosterben" ein. Die Monopolisierung umfasste bald die in der ganzen Republik verstreuten kleinen Filmproduktions- und Verleihfirmen und machte auch nicht vor Göttingen halt. Trotz einiger Ausflüge

in den seichten Kommerzfilm – am bekanntesten ist wohl immer noch Heinz Erhardt als wackerer Verkehrspolizist am Weender Tor – traf der Großteil der Göttinger Filmproduktionen offensichtlich nicht den Geschmack des Massenpublikums. Heimatfilme und wenig später der Import aus Hollywood zogen die Deutschen der Wirtschaftswunderzeit an die Kinokassen.

An die „große Zeit" der Filmstadt Göttingen wurde und wird auch heute noch versucht anzuknüpfen. Doch das 1979 ins Leben gerufene Filmfestival, auf dem Regisseure wie Peter Greenaway und Aki Kaurismäki unbekanntere Filme präsentierten, konnte sich nur in den ersten Jahren finanzielle Unterstützung sichern. Nachdem die anfängliche Begeisterung und die Zuschauerzahlen abnahmen, fehlte zusehends Geld in den Kassen. 1989 fand das letzte dieser Festivals statt.

Kinos

Die Eröffnung des Multiplexkinos **CINEMAXX** 1996 in der restaurierten Lokhalle hatte entscheidenden Einfluss auf Göttingens Kinolandschaft. Von den sieben eigenständigen kommerziellen Kinos der Leinestadt blieb zunächst nur das Sterntheater in der gleichnamigen Straße bestehen, bevor auch dieses

Lichtspielhaus vom Hamburger CINEMAXX-Konzern übernommen wurde. Nun zeigt das **Filmkunsttheater Stern** in seinen zwei Sälen, **Stern** und **Sternchen**, „anspruchsvollere" Filme.

Das CINEMAXX mit seinen neun Kinosälen zieht Kinogänger aus der gesamten Region nach Göttingen. Neben Filmvorführungen finden hier verschiedene Veranstaltungen – z.B. (Sneak) Previews – statt. Am Sonntag ist CINEMAXX-Familientag: jeder Erwachsene zahlt in Begleitung seiner Kinder ebenfalls nur den Kinderpreis.

Die einzige Konkurrenz des CINEMAXX ist das Filmangebot der Programmkinos **Lumiere** und **Cinema**.

Im Angebot des kommunalen Kinos **Lumiere**, betrieben von der Film- und Kinoinitiative Göttingen, finden sich thematische und länderbezogene Filmreihen, Regisseurportraits und Einzelfilme, die im kommerziellen Mainstream-Kino weniger oder keine Beachtung finden. Weiter im Programm des Lumière: Originalfassungen mit Untertiteln, Stummfilme mit Klavierbegleitung, Filmvorführungen mit anschließender Diskussionsveranstaltung sowie Lesungen und Podiumsdiskussionen zu verschiedenen (politischen) Themen. Im Oktober findet das Kinderfilmfest statt, im November wird auf den „Europäischen Länderfilmtagen" Filmkunst aus einer europäischen Region gezeigt.

Zum Programm des Lumiere gehört auch der Kinderfilm am Wochenende.

Das privat betriebene Programmkino **Cinema** ist ein anspruchsvolles Arthouse-Kino. Bereits seit 1963 existierte dieser Kinosaal neben der Jacobikirche unter verschiedenen Betreibern. Musik gibt es hier nicht nur zum Film – das Lichtspielhaus veranstaltet auch (Jazz-) Konzerte. Im Spätsommer 2006 wurde das Cinema mit dem bundesweiten Kinoprogrammpreis geehrt.

Während des Semesters zeigen die so genannten **Studentenkinos** Filme zu günstigen Preisen in den Hörsälen der Uni. Programm und Veranstaltungsort finden sich im Internet sowie auf Plakaten und Flyern. Die Eintrittspreise sind erwartungsgemäß stu-

Die Adressen und Tel. der Göttinger Kinos sind unter A-Z zu finden.

dentisch günstig – Zwischenrufe tragen regelmäßig zur Belustigung oder Verärgerung der Zuschauer bei.

Alle Jahre wieder kommt es im **Zentralen Hörsaalgebäude (ZHG)** der Universität zu einem Super-Spektakel: Anfang Dezember brilliert Heinz Rühmann im Klassiker „Die Feuerzangenbowle" zeitversetzt in den verschiedenen Hörsälen. Zusätzliches musikalisches Begleitprogramm boten in der Vergangenheit verschiedene Bigbands und auch das Göttinger Symphonie Orchester ließ sich nicht lange bitten. Tausende Besucher kommen zum Teil kostümiert zu diesem Filmevent und schreien wie aus einem Mund: „Aber nur einen wönzögen Schlock!"

▷ **Musikalisches**

Einige erinnern sich vielleicht noch an den Chanson „Göttingen", mit dem die französische Sängerin Barbara die Leinestadt 1964 bekannt machte.

Heute ist es Musik aus Göttingen, die Stadt- und Landesgrenzen überschreitet. Die **Internationalen Händelfestspiele** ziehen jedes Jahr Musikbegeisterte aus der ganzen Welt nach Göttingen. Für viele Jazzliebhaber steht das **Jazzfestival Göttingen** auf dem Terminplan, die Rockband **Guano Apes** eroberte in den 90ern die Charts, **Ganz schön feist** ist eine feste Größe der A capella-Musik.

Klassik und Co.

In der Mitte des 19. Jahrhunderts wurde in Göttingen, dem Sitz einer bedeutenden Universität, der Ruf nach einem „tüchtigen, städtischen Orchester" immer lauter. Im November 1862 wurde schließlich August Ferdinand Schmacht als „Stadtmusikus" eingestellt, der einem neu gebildeten Orchester, der „Schmachtschen Kapelle" vorstand.

Die wechselvolle, von zahlreichen Namensänderungen (Städtisches Orchester, „Orchester des Städtischen Theaters" ...) begleitete Geschichte des Göttinger Orchesters endete zunächst 1951. Der damalige Intendant Heinz Hilpert beendete den Dreispartenbetrieb am Stadttheater und kündigte

Göttinger Symphonie Orchester
Godehardstr. 19-21
Tel.: 30 544-0
Email:
info@gso-online.de
www.gso-online.de

Seit 2005 ist Christoph Mueller Chefdirigent und Künstlerischer Leiter des GSO.

Das Dirigentenforum des Deutschen Musikrates unterstützt junge Nachwuchstalente unter anderem durch die Bereitstellung von Orchestern, an denen sich die Dirigenten von morgen erproben können. Das GSO ist seit vielen Jahren ein fester Partner dieser Einrichtung.

Die Göttinger Kammermusikgesellschaft e.V. ist Veranstalter der Aulakonzerte. Kontakt: www.kammermusik. gwdg.de

damit auch dem Orchester. Durch den „Verein zur Förderung des Göttinger Symphonie Orchesters e. V." wurde im selben Jahr das Weiterbestehen der Göttinger Musiker gesichert, worauf sich schon im Herbst 1951 mit der ersten Konzertsaison ein neues Betätigungsfeld öffnete.

Neben den üblichen Aktivitäten (Symphoniekonzerte, Promenadenkonzerte, Sonderkonzerte, Serenaden etc.) konnten vor allem durch neue zielorientierte Projekte (Schüler- und Familienkonzerte, Konzerte mit Musikschulen, Konzerte für Senioren) weitere Publikumskreise gewonnen werden. Damit erweist sich das Göttinger Symphonie Orchester als unverzichtbar für das kulturelle Leben der Stadt und der Region.

Das Orchester spielt über 100 Konzerte in der Saison, davon einen Großteil in Niedersachsen und darüber hinaus. Für die Pflege der Kirchenmusik ist es ferner zu einem begehrten Partner geworden.

Die größte internationale Bedeutung haben ohne Zweifel die **Internationalen Händelfestspiele**, die die Stadt jedes Jahr in ein „Bayreuth der Barockmusik" verwandeln. Vor allem Besucher aus Großbritannien, Händels Wahlheimat, kommen im Mai in die Leinestadt.

Die Idee, die als unaufführbar geltenden Händelopern wieder auf die Bühne zu bringen, wurde 1919 in Göttingen geboren. Während einer Krankheit, die ihn ans Bett fesselte, fielen dem Göttinger Kunstdozenten Oskar Hagen die Partituren der Händelopern in die Hände. Begeistert von der Vorstellung, diese nach zwei Jahrhunderten wieder aufzuführen, machte sich Hagen an die Bearbeitung der Opern. Am 26. Juli 1920 wurde die „Rodelinde" uraufgeführt, deren großer Erfolg für sich sprach. Ausgehend von der Leinestadt kam es in den folgenden Jahren zu einer „Händel-Renaissance", Göttingen selbst mauserte sich zur Festspielstadt. Im Laufe der Jahrzehnte gab es aus den verschiedensten Gründen Spielpausen, doch gelang es in Göttingen immer wieder, den Festspielen neue Impulse zu geben. Die besten internationalen Musiker gehören jedes Jahr zum Programm. Berühmte Dirigenten wie Nicholas McGegan und John Eliot Gardiner konnten als Festspielleiter gewonnen werden. Heute stehen neben der Opernaufführung im historischen Rahmen auch die übrigen Werke Händels und dessen Zeitgenossen auf dem Programm. Seit 2006 besteht eine enge Kooperation mit dem Deutschen Theater in Göttingen.

Rock, Pop und Jazz

Live-Auftritte lokaler Größen und Konzerte internationaler Stars, Open Airs und Festivals – abgesehen vom ständig wechselnden Programm gibt es eine Reihe von regelmäßig wiederkehrenden Veranstaltungen.

Rockbüro Göttingen e.V.
Tel.: 633269

Als Konzerthalle ist die Lokhalle unentbehrlich geworden. Variable Raumgestaltungen und modernste Technik machen dort Auftritte der „ganz Großen" aus Pop&Rock möglich. Aber auch in der Stadthalle, in Kneipen/Cafés, wie Café Kreuzberg, Blue Note, Nörgelbuff oder Exil finden jährlich zahlreiche kleinere und größere Konzerte statt. Fans der Blue Notes müssen nicht bis zum Jazzfestival, einem der Highlights der Göttinger Musiklandschaft, Anfang November warten. Im Apex in der Burgstraße treten regelmäßig unterschiedliche Jazzformationen auf. Das sommerliche Open Air im Kaiser-Wilhelm-Park gehört zu den Göttinger Institutionen, genau wie die Night of the Clubs, organisiert vom Rockbüro. Während einer Nacht im Herbst treten in den Göttinger Kneipen, Clubs und Diskotheken unterschiedliche Bands auf.

Ein Nachwuchswettbewerb ist im Spätsommer der **Rock am KaufPark:** lokale Bands müssen sich vor einer fachkundigen Jury beweisen. Der Eintritt ist frei.

▷ **Literarisches**

Im Göttinger Musen-almanach wurden nahezu alle Werke des Göttinger Hains gedruckt – immerhin war der Herausgeber, Boie, einer der Gründer des studentischen Dichterbundes.

Kontakt und Infos zum Literaturherbst: www. literaturherbst. com

Literarisches Zentrum Göttingen e.V., Düstere Straße 20, Tel. 4956823, www.lit-zentrum-goe. de

Auf die eine oder andere Art stehen die heutigen literarischen Veranstaltungen in Göttingen in der Tradition des Göttinger Musenalmanachs oder des Göttinger Taschen-Calenders. Wollte doch schon Lichtenberg die Göttinger mit den Schriften seines Taschen-Calenders „aufklären, unterhalten und – belehren"! Der von Heinrich Christian Boie herausgegebene Göttinger Musenalmanach steckte seine Ziele hingegen etwas niedriger: Mit dem Abdruck der neuesten Gedichte wollte man das Publikum schlicht erfreuen und unterhalten.

Von den Dichtern der vergangenen Jahrhunderte wird behauptet, sie seien nur „Passanten" in der Leinestadt geblieben. Wirklich anerkennende Worte über Göttingen fanden sowieso die wenigsten – die Studenten des 18. Jahrhunderts lästerten fast ohne Unterlass über die Stadt und deren „Ackerbürger", und Heine war bekanntlich sehr froh, diesem Ort den Rücken zu kehren. Heute werden die Schriftsteller aus „aller Herren Länder" eingeladen – nicht um über Göttingen zu schreiben, sondern um hier ihre Werke zu präsentieren.

Der **Göttinger Literaturherbst** ist seit 1991 eine feste Größe im Kulturangebot der Stadt. Bundesweit bekannt sind diese Lesungen im Oktober wegen ihrer einzigartigen Konzeption: während einer Woche – manchmal werden es auch 10 Tage – lesen Wissenschaftler und Schauspieler, Journalisten und Autoren verschiedenster Stilrichtungen aus ihren (neuesten) Werken. Neben Berühmtheiten wie Günther Grass, Dieter Hildebrandt, Ben und Meret Becker standen und stehen (noch) unbekannte Namen auf dem Programm des Literaturherbstes. So genannte „Kult-Autoren" der Science-Fiction-Literatur, Douglas Adams und Terry Pratchett, begeisterten die Göttinger ebenso wie die Auftritte hochklassiger Übersetzer wie Hans Wollschläger und Harry Rowohlt. In der Anfangszeit des Literaturherbstes wurde vor allem in den Hörsälen der Georgia Augusta gelesen, seit langerer Zeit nutzt man für eines der Highlights der

Göttinger Kultur-Events das Deutsche Theater und das Alte Rathaus.

Seit 2000 sorgt das **Literarische Zentrum Göttingen** dafür, dass Göttingen und Region nicht nur im Herbst in den Genuss hochwertiger Literatur kommen. Hier werden zu jeder Jahreszeit bekannte und weniger bekannte Autoren, Literaturkritiker, Medien- und Kulturwissenschaftler, wie z. B. Tankred Dorst, Roger Willemsen, Alexander Kluge, eingeladen. Bis zu 40 Veranstaltungen im Jahr organisiert das Literarische Zentrum, das an der Düsteren Straße (im Durchgang zur Gartenstraße) zu finden ist.

Für das jüngere Publikum ist die **Göttinger Jugendbuchwoche** eine Institution: seit den 1960ern gehört diese zum literarischen Leben der Stadt. Während einer Woche im November werden Jugendbuchautoren in die Schulen der Stadt und des Landkreises eingeladen. Neben den Lesungen werden auch verschiedene Workshops angeboten, in denen sich mögliche „Autoren von morgen" ausprobieren können.

Abseits von Schule und Universität wird in Göttingen ein Literaturpreis der besonderen Art verliehen: der **Göttinger Elch** ehrt die Preisträger für Verdienste um die satirische (Schreib-) Kunst. Gesponsert wurde der „Elch" zeitweise von Mercedes Benz/Daimler Chrysler Göttingen, deren Muttergesellschaft 1997 beim gleichnamigen Test ja bekanntlich nicht allzu gut abschnitt ...

Neben dem Preisgeld bekommt die oder der Geehrte 99 Dosen Göttinger Elchrahmsüppchen. Robert Gernhard, 1999 Preisträger des „Elchs", schrieb mit spitzer Feder über die Fassade eines Göttinger Kaufhauses: „Wer diese blinden Wände schuf? Ein Architekt von Rang und Ruf! Sie sehend denk ich: Das Schwein muss selbst blind gewesen sein."

Das Programm des Literarischen Zentrums ist auf Flyern zu finden, die in Kneipen, Uni, Geschäften ausliegen.

Bemerkenswert in einer Stadt von Göttingens Größe ist die hohe Anzahl renommierter Verlage. In Erstauflage erscheinen in Göttingen mehr Neuveröffentlichungen als in der Buch- und Messestadt Leipzig.

Weitere Preisträger des Göttinger Elch sind u. a. Marie Marcks (2002), Otto Waalkes (2005), Hans Traxler (2006)

Kontakt: www.goettinger-elch. de Fachdienst Kultur, Tel. 400-2485

Nur wenige
Minuten von
der belebten
Innenstadt
entfernt – Göt-
tingens „grüne
Oasen".
Hier im Bild
der kleine
Teich am Rand
der Schiller-
wiesen.

▷ Freizeit, Sport und Erholung

Grünes Göttingen

Eine Vielzahl von Parks und Grünanlagen, zahlreiche
Bäume und andere Pflanzen zwischen den Häuser-
zeilen – Göttingen ist ohne Zweifel eine grüne Stadt.
Erholungssuchenden bietet die Stadt ausreichend
„grüne Lungen". Nur eine knappe Viertelstunde zu
Fuß und der gestresste Stadtmensch ist mitten im
Göttinger Wald mit seinen verschiedenen Spazier-
und Wanderwegen in die nähere Umgebung der
Stadt.

► Der historische Wall

Dieses Festungswerk wurde nach dem Siebenjährigen Krieg (1756-1763) abgetragen
und mit Lindenbepflanzungen zur Promenade gestaltet. Damals wie heute lädt der
Wall zu einem Spaziergang rund um die
Stadt ein.

► Botanischer Garten

Der Alte Botanische Garten der Georg-August-Universität grenzt an den Wall, der
zwischen Deutschem Theater und Weender Tor verläuft. Der Neue Botanische Garten befindet sich bei der Nord-Uni. (siehe
Sehenswürdigkeiten)

Der Göttinger Wall.

► Cheltenhampark (benannt nach der britischen Partnerstadt Göttingens)

An den Wallabschnitt zwischen Albanikirche und
Neuem Rathaus schließt sich der Cheltenhampark
an, in dem sich auch ein Spielplatz und der Schwänchenteich befinden.

► Schillerwiesen

Im Ostviertel der Stadt liegen in den Sommermo-
naten die Schillerwiesen für ein Sonnenbad bereit.
Auch in den übrigen Monaten eine der beliebtesten
Grünanlagen der Stadt. (siehe **Rundgang 2**)

► Göttinger Wald am Hainberg

Der Göttinger Forst im Osten der Stadt grenzt direkt
an die Schillerwiesen. Auf verschiedenen Wegen
kommen Spaziergänger zum Bismarckturm, einem
Aussichtsturm, der einen schönen Ausblick über
Stadt und Umgebung gewährt. (siehe **Rundgang 2**)

Im Winter sind hier bei entsprechendem Wetter
(leider viel zu selten) rasante Rodelabfahrten möglich.

► Levinscher Park

Im Westen der Stadt liegt dieser Park mit Teichanlage
direkt an der Königsallee (in Richtung Hagenberg).

► Pfalz-Grona-Park

Eine langgestreckte Grünanlage östlich des Orts-
teiles Holtensen. Entlang der Leine spaziert man in
nördlicher Richtung aus der Stadt.

Eislaufen auf dem Kiessee – ein Spaß für jung und alt. Heißer Glühwein wird ausgeschenkt, Schlittschuhe können vor Ort ausgeliehen werden.

▶ Kiessee

Ein Spaziergang oder eine Joggingrunde um den See, eine Ruderpartie im Sommer (auch Tretboote) oder Eislaufen im Winter – der Kiessee im Süden der Stadt bietet attraktive Möglichkeiten für Erholungssuchende und Sportler.

▶ Sportpark

Zum Sportpark im Südwesten Göttingens gehören: der Kiessee (auch nutzbar als Regattastrecke), Freibad am Brauweg, Badeparadies Eiswiese, Jahnstadion, SVG-Stadion und weitere Sportplätze, Baseball-Platz, Boule-Platz, Kinderspielplatz, Tennisplätze. Neben Clubhäusern befinden sich hier auch mehrere Restaurants: See-Zauber (Kiessee), Sport-Park-Restaurant (Jahn-Stadion) und Poseidon (Badeparadies).

Versteckte grüne Oasen machen eine Entdeckungstour in und um Göttingen immer wieder lohnend. Einige der besonders attraktiven Ziele der Umgebung sind in den Kapiteln Ausflüge in die Umgebung und Fahrradtouren beschrieben.

Bootsverleih am Kiessee.

Das Jahnstadion im Sportpark.

Leibesübungen

Ein professionell organisiertes Breitensportangebot ist der vielschichtigen Vereinsstruktur zu verdanken. Es gibt (fast) keine Sportart, die man hier nicht ausüben kann. Von Aikido über Rock'n Roll bis hin zum Volleyball – eine Vielzahl von Vereinen laden zum Mitmachen ein.

Informationen über Göttinger Sportangebote: Tel. 5 07 09-144 www.goesf.de

Sport kann in Göttingen natürlich auch außerhalb der Vereinsgemütlichkeit betrieben werden. Studierenden stehen die Sportanlagen des Zentralen Hochschulsports im Nordosten zur Verfügung. Offene Sportangebote der Stadt, wie Tennis für jedermann auf städtischen Plätzen oder Übungsmöglichkeiten für Skater in der ehemaligen Zietenkaserne, können von allen Sportbegeisterten genutzt werden.

Haus des Sports mit Spielplatz im Sportpark.

Der Profi- und Publikumssport wird in Göttingen – anders als in anderen Städten – nicht vom Fußball dominiert: hier zieht der Basketball, wie die BG74, die Massen an. Das liegt natürlich auch etwas an den vom großen Geld abgeschnittenen, inzwischen in unteren Ligen spielenden Fußballvereinen SVG und RSV 05 (Zusammenschluss aus dem Rasensportverein Geismar und dem 1. FC 05).

Beim Bau des Jahn-Stadions hatte man noch gehofft, hier Zweitliga-Spiele sehen zu können.

Idylle im Nikolausberger Freibad.

Baden in Göttingen

In den Sommermonaten locken die Freibäder in Weende, Grone und am Brauweg zu einer Abkühlung. 2006 wurde das Bad in Grone zum Naturerlebnisbad umgebaut – naturnahe Badelandschaft ohne Chemie mitten in der Stadt. Auch Nikolausberg hat noch ein kleines Freibad zu bieten, betrieben vom Nikolausberger Sport-Club (Öffnungszeiten unter Tel.

Badeparadies Eiswiese.

2 05 20 32). Sollte es in Göttingen zu eng werden, bietet sich das modernisierte Freibad in Rosdorf zur Abkühlung an. Das Badeparadies Eiswiese ist nicht nur ein simpler Ersatz für das Stadtbad in der Innenstadt geworden, das 1998 nach nur 20 Jahren seinen Betrieb einstellte: neben sechs Becken, Whirlpools und einer Thermalsole-Halle (34°C) bietet das „Spaßbad" an der Eiswiese zehn unterschiedlich temperierte Saunakabinen, zwei Dampfsaunen sowie ein Sa-

Außenbereich der Saunalandschaft.

narium. Nicht nur Göttinger nutzen das attraktive Angebot dieser Sport- und Freizeiteinrichtung.

Betrieben wird das Badeparadies von der GoeSF, der Göttinger Sport und Freizeit GmbH, die im Auftrag der Stadt Sport-, Freizeit- und Bäderanlagen errichtet und betreibt.

Studierenden steht zusätzlich das Hallenbad im Sportzentrum Sprangerweg 2 zur Verfügung.

Natürliche Bademöglichkeiten hat Göttingen kaum zu bieten. Eine halbe Stunde (auf dem Rad) entfernt liegt der Baggersee bei Rosdorf – das Baden ist allerdings nicht explizit gestattet. Die Wasserqualität ist Einschätzungssache. Aber auch das Sonnenbad allein lohnt den Weg. Gegen Abend kommt eine romantische Stimmung auf. Der Wendebachstausee 8 km südlich der Stadt wird dagegen professionell von der DLRG überwacht. Er ist sehr schön gelegen, gut mit dem Fahrrad und ab Herbst 99 auch mit dem Bus erreichbar, hat allerdings im Hochsommer nicht immer die beste Wasserqualität zu bieten. Die Leine ist auch wegen ihrer Begradigung zumindest im Stadtgebiet Göttingen kaum zur Abkühlung geeignet – es sei denn, man hat am Abend noch etwas in Hannover vor.

Öffnungszeiten Badeparadies Eiswiese:
Mo–Fr 10–22.30 Uhr, Sa/So/an Feiertagen 9–22.30 Uhr;
15. Sept. – 15. Mai zusätzlich:
Mo–Fr 6.30–8.00 Uhr, Tel. 50 70 91 25.
www.goesf.de

Öffnungszeiten der Freibäder siehe **A bis Z.**

Naturerlebnisbad Grone

▷ Göttingens Orts- und Stadtteile

Deppoldshausen

Deppoldshausen ist mit heute 18 Einwohnern der kleinste Ortsteil Göttingens.

Elliehausen

Der Ort gehört zu den frühen „hausen"-Gründungen. Elliehausen wurde erstmalig 1297 erwähnt. Aus dem Namen lässt sich vermutlich ein Bezug zu den Grundherren nachweisen: Unter den Grafen von Reinhausen gab es im frühen 11. Jahrhundert die Brüder Esiko und Elli. Seit 1973 eingemeindet, hat Elliehausen heute rund 2.700 Einwohner.

Esebeck

Esebeck wurde urkundlich erstmals 1036 erwähnt. Grundherren waren die Herren von Adelebsen, von Grone, von Hardenberg, Göttinger Patrizierfamilien und das Kloster Lippoldsberg. Im 16. und 17. Jahrhundert lebten 250 bis 350 Einwohner in Esebeck. Nach dem Zweiten Weltkrieg waren es dann schon über 500. Der Bau von Neubausiedlungen hielt bis in die siebziger Jahre an. Zu besichtigen ist das frühere Armen- und Feldhüterhaus, welches rekonstruiert wurde. Nahezu einmalig in Niedersachsen ist die Theatergruppe, die Stücke mit ortsgeschichtlichem Hintergrund selbst schreibt und aufführt. In der Nähe des Friedhofs sieht man Reste eines Arbeitsdienstlagers aus der NS-Zeit. Seit 1973 Stadtteil Göttingens. Heute zählt Esebeck ca. 640 Einwohner.

Geismar

Bereits in der Frühzeit war Geismar – das beweisen die Ausgrabungen am Heckenweg und am Kalten Born – eine wichtige Ansiedlung. Die ersten Siedlungsspuren in der Gemarkung des Dorfes datieren von 3500 v. Chr. In germanischer Zeit lebten hier Chatten und Cherusker so-

Ev.-Lutherische Kirche St. Martin in Geismar

wie keltische Stämme. Aus dem Jahr 1055 stammt der erste urkundliche Hinweis: Dem Petersstift zu Nörten wurden Ländereien im Dorf Geismar übertragen. 1417 verpfändeten die Hardenberger das Dorf Geismar der Stadt Göttingen. Von den Auswirkungen des Dreißigjährigen Krieges blieb auch Geismar nicht verschont. Der 1964 eingemeindete Ort ist heute mit rund 17.000 Einwohnern einer der größten Stadtteile Göttingens, der sich Dorfgemütlichkeit und Wohnqualität bewahrt hat.

Zum volkskundlichen Museum am Thie in Geismar finden sich nähere Informationen im Kapitel **Museen.**

Grone

Ab 800 soll es in Grone einen fränkischen Guts- oder Königshof gegeben haben. Dieses Land befand sich später in den Händen von Ministerialien und wurde von diesen verwaltet. Weiterer Besitz in Altengrone und Burggrone unterhalb der berühmten Königspfalz gehörten der Famile von Grone. In der zweiten Hälfte des 14. Jahrhunderts erwarb die Stadt Göttingen die Pfalz und deren Ländereien. Mit der Ansiedlung der Levinschen Tuchfabrik Anfang des 18. Jahrhunderts nahm die Geschichte Grones als Industriestandort Göttingens ihren Anfang. Heute leben im Stadtteil Grone, welcher 1964 eingemeindet wurde, etwa 12.000 Menschen.

Groß Ellershausen

Erste Besiedlungsspuren in der Umgebung von Groß Ellershausen weisen bis in die jüngste Steinzeit zurück. Die erste Nennung des Dorfes als „Aliereshusun" soll in der Corveyer Tradition im Jahre 989 zu finden sein. Das Dorf hat seit 1945 einen großen Wachstumsprozess erlebt. Die Gemeinde liegt am Hang des Leinetales fünf Kilometer westlich der Stadt Göttingen und ist seit 1. Januar 1973 Ortsteil der Stadt. Groß Ellershausen (1.400 Einwohner) ist heute überwiegend Wohngemeinde, in der aber noch einige landwirtschaftliche Betriebe zu finden sind.

Herberhausen

Der Ort wird in einer Urkunde des Erzbischofs von Mainz 1293 als Herborgehusen erwähnt. Vermutlich kam der Ort aus dem Besitz der Grafen von Reinhausen an das Bistum Hildesheim und wurde von den Herren von Gladebeck verlehnt. Diese verkauften das Lehen über den Ort – ohne das Kirchlehen – 1372 an die Stadt Göttingen, bei der es bis zur Auflösung

Klotzbrunnen mit
Schwengel.

der Ämter im letzten
Jahrhundert als Stadt-
dorf verblieb. Neuzeit-
liche Probleme, die
mit Be- und Entwäs-
serungen, Schul- und
Sportplatzbau und
Busverkehr zusam-
menhingen, veranlass-
ten den Ort, sich 1963
in die Stadt Göttingen
eingemeinden zu las-
sen. 2001 wohnten in
Herberhausen 1.700
Menschen.

Hetjershausen

In einer Schenkungsurkunde Otto III. findet sich 990
die erste urkundliche Erwähnung. Wahrzeichen ist
der Klotzbrunnen, mit einem hochragenden Schwengel, der sich auch im Wappen des Dorfes wiederfin-
det. Der imposante Kirchturm wurde wahrscheinlich
vom Deutschritterorden als Warte errichtet (um 1300).
Während des Dreißigjährigen Krieges zogen 1623 Tilly
und 1625 Wallenstein plündernd durch das Tal. Bekannt ist Hetjershausen (ca. 1200 Bewohner) auch
durch den Marienaltar der gleichnamigen Kirche.
Siebzehn schön geschnitzte Holzfiguren schmücken
das Werk des Göttinger Meisters Bartold Kastrop. Seit
1973 ist Hetjershausen ein Teil der Leinestadt.

Holtensen

Zum Alter des Dorfes Holtensen muss vorausge-
schickt werden, dass unter den bis zur Jahrtausendwende historisch bezeugten Orten Holtensen nicht anzutreffen ist und dass Urkunden aus der Zeit vor dem
Ende des 13. Jahrhunderts nicht aufgetaucht sind. Es
muss jedoch davon ausgegangen werden, dass Holtensen um einiges älter ist als 700 Jahre. Über die
Meierhöfe gutsituierter Bürger aus Göttingen wird
ein großer Lebensmittelstrom aus Holtensen in die
nahe Stadt geflossen sein, und die später zur Pfalz er-
hobene Burg muss ihre Schatten auch auf Holtensen
geworfen haben. Der Ort war bis nach dem Zweiten
Weltkrieg ein Dorf mit Voll- und Nebenerwerbsland-
wirtschaft und vielen kleinen Handwerksbetrieben.
Heute wird Holtensen von der Autobahn und vom Au-

tobahnzubringer umgeben. Der Ort, mit einem regen
und eigenständigen Vereinsleben, wurde 1973 eingemeindet und zählt rund 1.700 Einwohner.

Die Siedlung Knutbühren ist nach Schätzungen über
1.000 Jahre alt. Im 12. Jahrhundert führte durch das
Börltal eine alte Heer- und Handelsstraße am Ort vorbei. Das Dorf hat eine alte Wehrkirche, der im 15. bis
16. Jahrhundert ein Kloster angegliedert war. Daher
stammt auch der Name „Klosterbrüder", wie man
die Knutbührener im Nachbarort nannte. Noch in
den 50er Jahren war Knutbühren ein reines Bauern-
dorf und eine eigenständige Gemeinde. Der Ort gehört seit 1971 zu Göttingen. Er ist heute der westlich-
ste Ortsteil der Stadt und zählt rund 150 Einwohner.

Knutbühren

Historische
Wehrkirche.

Es war das Anwachsen der Bevölkerung und die dadurch bewirkte Landnot, die etwa vom 9. Jahrhundert an die Menschen zwang, auch weniger günstige
Lagen des Leinetals zu besiedeln. Für die beiden bäuerlichen Siedlungen, von denen die Dorfgründung
ihren Ausgang nahm, war das wichtige und für die
Dorfgeschichte entscheidende Ereignis die Schenkung von Reliquien des Heiligen Nikolaus. Der Ausbau des Gotteshauses zu einer spätgotischen Hallenkirche mit Dreijochen und Einwölbung fand in der
zweiten Hälfte des 15. Jahrhunderts statt. Heute ist
Nikolausberg ein Stadtteil von Göttingen, in dem ca.
3.600 Menschen wohnen und der im Laufe der Jahrhunderte eine interessante Entwicklung von einer
bäuerlichen Siedlung zu einem Wohngebiet durch-
laufen hat.

Nikolausberg

Roringen

Roringen dürfte während oder kurz nach der Völkerwanderung entstanden sein. Die früheste schriftliche Nennung stammt aus dem Jahre 1162. Im Ortsnamen steckt die mittelniederdeutsche Bezeichnung „Ror" für Schilfrohr. Im 13. und 14. Jahrhundert gab es eine Familie der Ritter von Roringen, die Beziehungen zur Stadt Göttingen unterhielt. Bis zur Zeit des Braunschweiger Herzogs Otto des Bösen war Roringen ein herzogliches Dorf. In den Jahren 1466, 1485 und 1552 wurde der Ort in kriegerischen Auseinandersetzungen zu großen Teilen zerstört. 1973 wurde Roringen ein Teil der Stadt Göttingen und hat heute etwas über 1000 Einwohner.

Weende

Die früheste Erwähnung eines Ortes, der mit Weende identisch sein könnte, stammt aus dem Jahre 966. Die erste zweifelsfreie Erwähnung ist erst in einer 38 Jahre später ausgestellten Urkunde enthalten. Gegen Ende des 12. Jahrhunderts siedelte sich das Kloster Ulrideshusen in Weende an und konnte nach und nach einen großen Teil der Feldmark an sich bringen. Gegen Ende des Mittelalters befand sich nahezu die halbe Feldmark unter der direkten Bewirtschaftung des Klosters. Der älteste Grundriss des Klosters und des Dorfes Weende von 1752 zeigt den Ort als ein großes Haufendorf mit etwa 120 Hausstellen, der von einem Flüßchen durchzogen wird (Weende-Spring). Auch vor der Eingemeindung besaß Weende eine intakte Infrastruktur und wertvolle unbebaute Grundstücke, auf denen später die Gebäude des Nordareals der Universität entstanden. Der Widerstand gegen die Eingemeindung 1964 war in Weende sehr groß. Die rund 18.500 Einwohner der „Stadt in der Stadt" verteilen sich auf das Altdort Weende und auf das Neubaugebiet Weende-Nord.

Ehemaliges Amtshaus des Klosters Weende.

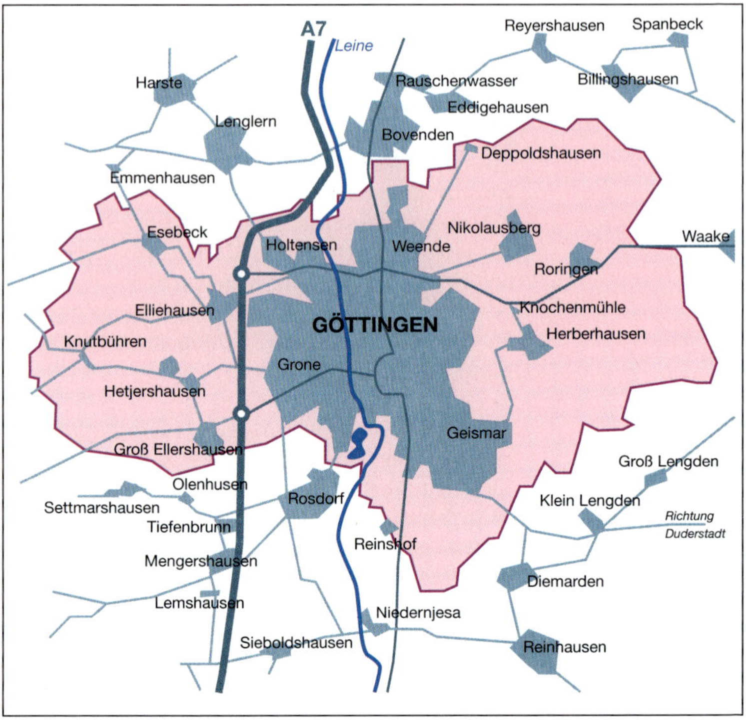

A7
Leine
Reyershausen   Spanbeck
Harste   Rauschenwasser   Billingshausen
                         Eddigehausen
Lenglern   Bovenden
                         Deppoldshausen
Emmenhausen
Esebeck   Nikolausberg   Waake
         Holtensen   Weende
                              Roringen
GÖTTINGEN
Elliehausen   Knochenmühle
Knutbühren   Herberhausen
         Grone
Hetjershausen
                                    Geismar
Groß Ellershausen   Groß Lengden
         Olenhusen
Settmarshausen   Rosdorf   Klein Lengden
         Tiefenbrunn   Richtung
                         Reinshof   Duderstadt
Mengershausen
Lemshausen
         Niedernjesa
Siboldshausen   Reinhausen
Diemarden

Nahegelegene Orte wie Rosdorf und Bovenden sind keine Ortsteile von Göttingen, sondern unabhängige Gemeinden des Landkreises Göttingen (1.117 qkm). Dieser erstreckt sich von Duderstadt im Osten bis Adelebsen im Westen sowie Staufenberg im Süd-Westen. 1985 konnte während einer würdigen Feier in Bovenden dem 100-jährigen Jubiläum des Landkreises Göttingen gedacht werden.

Karte oben: Göttingen mit seinen Orts- und Stadtteilen und der näheren Umgebung.

Der Landkreis Göttingen

▷ Fahrrad-Touren

Fahrradverleih
siehe unter **A bis Z**.

Für Radfahrer hat die landschaftlich reizvolle Umgebung von Göttingen einen Nachteil: Sobald man das Leinetal verlässt, geht es erstmal bergan. Allerdings sind die Steigungen in aller Regel auch von Gelegenheitsradlern zu bewältigen.

Der Göttinger Kiessee
im Süden der Stadt.

Auf jeden Fall lohnt sich die Anschaffung detaillierter Karten, wenn man Routen finden will, auf denen wenig oder gar kein Autoverkehr herrscht. Auch für die folgenden Tourenvorschläge empfiehlt sich zusätzliches Kartenwerk, da im Rahmen dieses Stadtführers die Wegführung nicht allzu detailliert beschrieben werden kann.

Die Seen-Tour

(Süd/Südost)

Der ADFC hat detailliertes Kartenmaterial auch für die Göttinger Umgebung herausgegeben.

Diese Tour verläuft durch meist flache Landschaft mit nur wenig Steigungen. Bei 3-4 Stunden Fahrtzeit sollte man sich dennoch mindestens einen halben Tag Zeit nehmen, um vielleicht das eine oder andere Bad oder Picknick am See mit einzuplanen.

Aus der Innenstadt heraus führt uns der Rosdorfer Weg zum Rosdorfer Kreisel. Nach der Brücke über die Leine biegen wir nach links auf den Fahrradweg der Leine entlang ein. Bald darauf kommt der Kiessee in Sicht. Wir fahren an seiner östlichen Seite entlang geradeaus bis zum Leinewehr und folgen nun dem ausgeschilderten Leineradweg in südlicher Richtung. Hinter Rosdorf bietet sich die Möglichkeit, links abzubiegen und den dortigen Baggersee aus der Nähe zu betrachten. Hier suchen die Göttinger in den Sommermonaten – trotz offiziellen Badeverbots – scharenweise Erfrischung.

Der Leineradweg begleitet den Fluss entlang den malerisch in Feldern gelegenen Dörfern Niedernjesa, Obernjesa und schließlich Klein Schneen. Orientiert man sich hier an der Beschilderung in Richtung Friedland, findet sich direkt hinter dem Ortsausgang eine weitere kleinere Kiesgrube, die glücklicherweise nicht so stark frequentiert wird wie der Rosdorfer Baggersee. Eine direkt an der Kiesgrube verlaufende Bahnlinie schränkt das Badevergnügen jedoch etwas ein. Kurz hinter Klein Schneen verlassen wir den Leineradweg Richtung Osten nach Groß Schneen. Hier folgen wir ein Stück der B27 Richtung Göttingen, um am Ortsausgang rechts nach Ludolfshausen abzubiegen. Nach ca. 400 metern biegen wir nach links in den Ballenhäuser Weg ein, der uns direkt nach Ballenhausen bringt. In Ballenhausen rechts abgebogen, führt uns die Straße nach Reinhausen, das idyllisch zwischen bewaldeten Hügeln gelegen ist.

Reinhausen ist durchaus einen zweiten Blick wert: Im Ort beeindrucken die senkrecht einfallenden Sandsteinfelsen und in den Grundmauern des Ortes ist noch eine romanische Kirche mit ehemaligen Klostergebäuden erhalten. Weithin sichtbar ist die charakteristische Westfront der Kirche mit ihren rotleuchtenden Türmen. Die Landschaft ist durch die sogenannte Reinhäuser Buntsandsteinplatte geprägt, ein ständiger und häufig überraschender Wechsel zwischen flachem,

Blick auf das ehemalige Kloster in Reinhausen.

Der Wendebach-
stausee.

hochebenenarti-
gem Gelände und
tief eingeschnitte-
nen Felsentälern
mit immer wieder
hochaufragenden,
rötlich gefärbten
Felswänden.

Ein Abstecher
talabwärts Rich-
tung Niedernjesa
(besonders an hei-
ßen Tagen empfeh-
lenswert) bringt
uns zum Wende-
bachstausee. Hier biegen wir den nächsten Feldweg nach links ein und folgen diesem, bis wir den
See erreichen. Der Wendebachstausee, der auch für
Kinder geeignet ist, und mit einer recht hübschen
Liegewiese aufwarten kann, bietet außerdem: Ba-
deaufsicht, Imbissbude und Toilettenwagen. Die
Wasserqualität wird kontrolliert, ist im Hochsommer
aber nicht immer von allererster Güte.

Wir fahren zurück nach Reinhausen, wo es über
den Bergrücken nach Diemarden ins Gartetal geht.
Diemarden war früher Teil des Systems der Göttinger Landwehren, in welches die dörflichen Wehr-
kirchtürme einbezogen wurden. Auch die Kirche
dieses Dorfes diente als Wehrkirche, wie man noch
an den schmalen Mauerschlitzen erkennen kann.
Eine Landwehrlinie wurde seit dem 15. Jahrhundert
unter anderem auch über den Diemardener Berg
geführt. Sichtbares Zeugnis hierfür ist noch die Diemardener Warte.

Diemardener Warte.

In Diemarden biegen wir etwa in Ortsmitte bei
der Bushaltestelle von der Hauptstraße scharf nach
links ab und fahren geradeaus in eine Sackgasse,
die in ein besonders schönes Stück Radweg über-
geht, das sich völlig autofrei durch das Gartetal
schlängelt. Am Ende des Gartetals folgen wir dem
Feldweg zurück nach Geismar (Süd-Göttingen). Wer
direkt zurück in die Innenstadt möchte, biegt auf
dem Feldweg nach links zur B27 ab und folgt dem
Fahrradweg neben der Reinhäuser Landstraße bis
ins Zentrum.

Die Landschaftstour

(Südwest/West)

Diese Strecke bietet eine abwechslungsreiche Landschaft mit so manchen Steigungen. Man sollte sich schon einen ganzen Tag Zeit nehmen, um stressfrei die Gegend genießen zu können. Mindestens fünf Stunden Fahrtzeit sind einzuplanen.

Weitere Fahrradtouren gibt's bei der Göttinger Touristen-Information im Alten Rathaus als Broschüre.

Der Rosdorfer Weg bringt uns aus dem Stadtkern Göttingens bis zum Kiessee und zum Leine-Wehr (siehe Seen-Tour). Dann folgen wir dem ausgeschil-

Mariengarten

derten Leineradweg bis nach Obernjesa. Hier fahren wir Richtung Dramfeld und lassen die Leine hinter uns. Den nächstmöglichen Feldweg biegen wir nach links in das landschaftlich sehr reizvolle Drammetal ab, fahren über die Dramme und biegen sofort wieder nach rechts ab, bis wir Dramfeld erreichen. In Dramfeld folgen wir der Hauptstraße Richtung Mariengarten und unterqueren dabei die A38. Mariengarten besteht aus einer mittelalterlichen Klosteranlage mit einem bemerkenswerten Architekturensemble und einer gotischen Kirche. Ausgedehnte Buchenwälder und unterschiedlich große Kalkmagerrasen sind charakteristisch für die Gegend.

In Jühnde

Für ein kurzes Wegstück kommt nun die A7 ins Blickfeld und wir beeilen uns, den störenden Lärm hinter uns zu lassen. Nachdem wir die A7 unterquert haben, biegen wir nach links ab und folgen der Ausschilderung in Richtung Barlissen. Hier angekommen folgen wir der Hauptstraße und fahren am Waldrand weiter bis nach Jühnde.

In Jühnde lohnt eine kleine Rast: Sehenswert ist der Schlosspark mit einem bereits 1000 Jahre alten Turm. Das Anwesen ist heute in Privatbesitz.

Seit Oktober 2001 steht fest: Jühnde wird „Bioenergiedorf". Aus 17 Bewerbern wurde der Ort ausgewählt; begleitet wird das Projekt von der Universität Göttingen (Interdisziplinäres Zentrum für Nachhaltige Entwicklung). Inzwischen ist Jühnde das erste Dorf in Deutschland, das die Versorgung mit Strom und Wärme auf Basis von Biomasse betreibt. Dafür sorgt ein mit Biogas betriebenes Blockheizkraftwerk und für den erhöhten Wärmebedarf in den Wintermonaten werden Stroh oder Holzhackschnitzel verheizt. Damit ist Jühnde Ziel von Fachbesuchern aus aller Welt geworden (www. bioenergiedorf.de).

Gauß-Turm

Durch Jühnde hindurch geht es weiter in Richtung Dransfeld auf dem nun beschwerlichsten Wegabschnitt. Beim Hägerhof (kleine Ansiedlung) biegen wir gemäß der Ausschilderung nach links von der Straße ab zum Hohen Hagen und überwinden die letzten 100 Höhenmeter bis zum Gipfel. Mit 508 metern über NN ist der Hohe Hagen, südlich von Dransfeld, der höchste Berg (Vulkanberg) zwischen Harz und Oberweser. Für einen Euro kommt man per Fahrstuhl im dort errichteten Gauß-Turm zur Aussichtsplattform und kann einen herrlichen Rundumblick genießen. Außerdem sind dort auch ein Café und ein Restaurant beherbergt.

Nun können wir die Räder rollen lassen. Vom Hohen Hagen führt der Weg weiter bis direkt nach Dransfeld hinein bis zur B3. Hier fahren wir nach rechts in Richtung Göttingen, bis wir Dransfeld ver-

Schön gelegen: das Waldbad in Dransfeld.

lassen haben, um nun so bald wie möglich den Weg,
der rechts parallel zur Straße verläuft, einzuschla-
gen. Wir erreichen Varmissen, das wir nur tangieren,
um hinter dem Ort nach einem kleinen Waldstück (Al-
ternativ-Route!) links abzubiegen, die B3 zu kreuzen
und geradewegs über Ossenfeld nach Knutbühren
zu gelangen. Die Landschaft ist hier sehr abwechs-
lungsreich. Sie gewinnt ihren Reiz durch den Wechsel von Kulturlandschaft und Laubwäldern. Vielfältig
ineinander verschachtelte, unregelmäßig begrenzte
Acker- und Waldflächen ergeben besonders lange
Grenzzonen als Wald-Freiland, die mit ihren Randge-
büschen und Krautsäumen biologisch sehr vielfältig
und wertvoll sind.

Kreuzstein in
Varmissen.

In Knutbühren orientieren wir uns Richtung Elliehausen. Nach einem letzten kleineren Anstieg folgt
eine rasante Abfahrt direkt nach Elliehausen hinein –
mit weitem Blick auf Göttingen. Im Ortskern von Elliehausen fahren wir die Straße „Gesundbrunnen"
nach rechts ab.

Ein letztes Mal begleiten wir die A7 ein kleines
Stück, bis sich uns die Gelegenheit bietet, diese zu
unterqueren (nach links abbiegen). Weiter geradeaus, nun im Göttinger Stadtteil Grone angekommen,
folgen wir der guten Ausschilderung Richtung Innenstadt, vorbei am Greitor und dem Salingenlände,
bis wir das Zentrum nahe dem Göttinger Bahnhof
erreicht haben.

Alternativ kann man bei der Rückfahrt auch die
ehemalige Eisenbahntrasse nach Göttingen benutzen. Dazu fahren wir hinter Varmissen geradeaus
nach Klein Wiershausen und Settmarshausen. Hinter Settmarshausen biegen wir den nächsten Feldweg, der den Waldrand entlang führt, nach links ein
(bevor wir die Hauptstraße erreichen). Nach ca. 500
Metern geht es rechts hoch in den Wald, wo man
bald die alte Trassenführung erreicht, die nun als
Rad- und Fußweg ausgebaut ist. Hier rechts einge-
bogen, gleichmäßig abfallend, (fast) kreuzungsfrei
und mit schönem Blick auf Göttingen geht es nun
an Groß Ellershausen vorbei, auf einer Brücke über
die Autobahn und ab Grone auf einem Rad-/Fußweg
neben der Bahnlinie bis hinunter zur Leine, wo man
sich dann schon mitten in Göttingen befindet.

Von Ostern bis September samstags, sonntags, feiertags von 11–18 Uhr, hat der Besucher Gelegenheit, auf den Bismarckturm zu steigen und die Aussicht über Göttingen und das gesamte Leinetal zu bewundern.

Die Aussichtstour

(Bismarckturm – Mackenröder Spitze – Burgruine Plesse)

Diese Tagestour, für deren ca. 40 Kilometer mindestens 5-6 Stunden eingeplant werden sollten, ist ideal für schöne Tage mit guter Sicht. Der Blick von der Mackenröder Spitze und von der Burgruine Plesse entschädigt für so manchen schweißtreibenden Anstieg.

Ausgangspunkt ist das Gänseliesel. Wir folgen der Barfüßerstraße, die bis zur Friedrichstraße führt, auf dieser bis zur Herzberger Landstraße, dann der Herzberger Landstraße bis zum Waldsaum. Hier rechts abbiegen in die Borheckstraße, die durch den Hainbergwald führt (die erste Abbiegung ist die Bismarckstraße, die zweite danach dann die Borheckstraße – der Straßenname steht rechts am Wegesrand auf einem verwitterten Stein, der als Wegmarkierung dient). Dieses Gebiet war seit Mitte des 14. Jahrhunderts gehölzfreies, extensives Weidegebiet für Ziegen, Schweine und Schafe. Heutzutage ist hiervon allerdings nichts mehr zu spüren: Im Jahre 1870 begann die Wiederaufforstung, um einen stadtnahen Erholungsraum zu schaffen. Und in der Tat ist der inzwischen hochgewachsene Mischwald ein beliebtes Ziel für Göttinger Sonntagsspaziergänger.

Oben angekommen, lohnt sich ein kurzer Abstecher zum Bismarckturm, der rechterhand auf einer kleinen Anhöhe im Wald versteckt ist (d.h. bis zum ersten Parkplatz fahren und danach rechts abbiegen, dann gleich wieder rechts, dann sind es nur noch wenige hundert Meter bis zum Bismarckturm;

Am Kehr

die Abfahrt noch im Wald, die auf den Bismarckturm hinweist, führt nur bergab und nicht direkt zu
ihm). Der verspielt aussehende Turm wurde 1896
zum Gedenken an Bismarck als Aussichtsturm gebaut. „Am Kehr" befinden sich außerdem ein Wild-
gehege sowie der Turnierplatz eines Reitervereins.
Wir folgen dem Weg, geradeaus an einer rotweißen
Schranke vorbei, der weiterhin durch waldiges Gelände führt (einmal müssen wir links abbiegen auf
einen mit breiten Betonplatten ausgelegten Weg)
bis zum Kerstlingeröder Feld – einem ehemaligen
Truppenübungsplatz. Wir kommen direkt zu diesem
Platz, indem wir den unmittelbar links am überdach-
ten Stand mit den Informationstafeln zum Kerstlingeröder Feld vorbeiführenden Weg wählen. Der
Name „Kerstlingeröder Feld" stammt von der Wüstung Kerstelingherode. Relikte dieser Wüstung und
ein Feuchtbiotop, der Zickenpump, sind zu sehen
(wenn man sich links hält). Hier ist Gelegenheit für
ein Sonnenbad, denn der weitere Weg führt wieder vorwiegend durch dichten Wald. Nachdem wir
das Feld überquert haben – wir wählen den breiten
teilweise mit Schotter befestigten Weg, auf den wir
bei unserer Ankunft direkt zugefahren sind –, geht

Zur Geologie: 500 m
südlich der Macken-
röder Spitze befinden
sich die sogenannten
„Fuchslöcher". Das
sind zentimeterstarke
Risse im Gestein des
unteren Muschel-
kalks. Sie sind
entstanden durch
die jährlichen Fließbe-
wegungen von über
100 cm, die die mäch-
tigen Gesteinspakete
bewegen. Die man-
gelnde Standfestig-
keit, hervorgerufen
durch wassergesät-
tigte Schichten des
Röt, der unterhalb
des porösen Muschel-
kalks ansteht, führt
zum Abgleiten der
Kalksteinschichten.

Hünstollenturm

es weiter Richtung Osten, noch leicht ansteigend bis hin zur Mackenröder Spitze, einem markanten Aussichtspunkt am Steilabbruch des Muschelkalk-plateaus, das den ganzen Göttinger Wald nach Osten absäumt. Vorsicht: einmal geht es doch bergab, indem wir uns links halten – nicht geradeaus! Unten angekommen, weist uns ein Markierungsstein den Weg zur Mackenröder Spitze; der dann weiterführende Weg ist asphaltiert. Kurz vor der Mackenröder Spitze wird der geradeaus führende Weg ganz schmal; wenn wir dann links abbiegen, sind es noch ca. 600 m bis zu diesem Aussichtspunkt (dieses letzte Stück ist allerdings mit dem Fahrrad nur schlecht befahrbar). Vom Turm hat man bei klarem Wetter eine herrliche Aussicht in das anschließende Tiefland mit dem Seeburger See und sogar die Umrisse des Harzes sind zu sehen. Wir fahren bis zum letzten Markierungsstein auf dem asphaltierten

Der aufwändig restaurierte Bergfried der Burg Plesse.

Weg zurück, der Richtung Roringen weist (der rechte Weg). Die folgenden Markierungssteine bezeichnen unsere weiteren Ziele: Hünstollen und Plesse.

Am Hochwald-Stein bzw. -Wegweiser vorbei geht es nach links und dann parallel zur B27 weiter. Nach ca. 200 m biegen wir nach rechts ab, überqueren die B27, fahren zunächst geradeaus in den Wald hinein und folgen dann der Ausschilderung zum Hünstollenturm.

Vom Aussichtsturm geht der Blick auf das hügelige Ackerland des Eichsfeldes. Der Hünstollen ist eine Fluchtburg, die noch aus der Zeit der Völkerwanderungen stammt. Er liegt im äußersten Nordosten der Schichtstufe des Göttinger Waldes. Vom Hünstollen zurück auf unserer Route folgen wir nun der ausgeschilderten Plessestraße zur Burgruine Plesse (siehe Seite 161). Während die Burgschänke mit Außenterrasse für das leibliche Wohl sorgt, genießt man vom Aussichtsturm einen herrlichen Blick über das Leinetal bis hin zum Hohen Hagen.

Blick auf die Plesse-Burg im Norden der Stadt.

Für den Rückweg nach Göttingen fahren wir die Plessestraße zunächst ca. 500 m zurück, bis nach rechts der Mistweg abzweigt. An dessen Ende nach links, fahren wir durch Deppoldshausen und folgen dem asphaltierten Weg, bis weiter geradeaus der Kellnerweg in das Nord-Uni-Gelände Göttingens führt. Kurz vor dem Deutschen Primatenzentrum biegen wir den Weg links ein, um an dessen Ende erneut nach links in die Griesebachstraße abzubiegen. Hier bietet sich nach wenigen Metern ein Besuch des in südlicher Hanglage gelegenen Neuen Botanischen Gartens an, der u.a. mit einer umfangreichen Staudensammlung Mitteleuropas und einem Alpinum aufwarten kann.

Am Ende der Griesebachstraße biegen wir nach rechts ab, der Straße folgend kreuzen wir die B27 und gelangen den Nikolausberger Weg entlang direkt zurück ins Stadtzentrum.

▷ Ausflüge in die Umgebung

Natürlich ist es unmöglich, alle sehenswerten Orte in der Umgebung zu beschreiben – das würde den Rahmen dieses Buches sprengen. Nachfolgend findet sich eine Auswahl von Schlössern und Burgen, kleinen Städtchen, Naturerlebnissen und Museen, die einen Ausflug wert sind.

Die Sababurg im Reinhardswald.

Schlösser und Burgen

In unmittelbarer Nähe der Sababurg befindet sich ein weitläufiger Tierpark von 1571 – die älteste erhaltene zoologische Anlage Europas (auch etwas für Kinder).

Urwald Sababurg

Dornröschenschloss Sababurg mit Urwald

Westlich von Göttingen auf der anderen Weserseite erhebt sich die Sababurg auf einem Basaltkegel im nördlichen Teil des Reinhardswaldes. Hier soll das von den Gebrüdern Grimm überlieferte Märchen „Dornröschen" seinen Ursprung haben. Heute befindet sich in der über 600 Jahre alten Anlage ein Hotel und ein Theater. Der urige „Urwald Sababurg" ist das zweitälteste Naturschutzgebiet Deutschlands, zwar kein richiger Urwald, aber seit mehr als hundert Jahren nicht mehr forstlich genutzt. Beeindruckend sind die vielen jahrhundertealten Eichen und Buchen eines einstigen Hutewaldes.

Wartburg

Für diese bedeutende und imposante Burganlage lohnt sich auch ein etwas weiterer Weg. Ein neunhundertjähriges Geschichtsbuch scheint der Besucher aufzuschlagen, wenn er das Wartburggelände betritt. Um 1067 war die Burg durch Ludwig den Sprin-

ger gegründet worden. Als ältester heute noch sicht-
barer Teil gilt der untere Bereich des Torhauses, der
um 1150 entstand. Nach und nach wurde die Burg
immer weiter ausgebaut und durch neue Gebäude
ergänzt. Die Burgvogtei diente als Kavaliersgefäng-
nis. Hier wurde auch Martin Luther 1521 bis 1522 untergebracht. Der Thesenanschlag 1517 in Wittenberg
sollte die weltweite Reformierung der katholischen
Kirche einleiten. Nachdem Leo X. den Bann über Luther verhängte, ließ Friedrich der Weise von Sachsen
den Reformator daraufhin auf der Wartburg in Schutz-
haft nehmen. Martin Luther wurde am 4. Mai 1521
„entführt" und schlüpfte auf der Burg in die Rolle des
Junkers Jörg. Hier begann er mit der Übersetzung der

Wenige hundert
Meter von der
Wartburg entfernt,
befindet sich die Dra-
chenschlucht – ein
Naturerlebnis, das
man sich nicht ent-
gehen lassen sollte.

Bibel. Dabei legte er den griechischen Urtext zugrunde, um scho-
lastische Verfälschungen erkennen und ausgleichen zu können.

   In den folgenden Jahrzehnten
verfiel die Bausubstanz der Wartburg. Erst Goethe „entdeckte"
sie 1711 wieder und unterstützte
als Weimarer Minister die Einrichtung eines Museums. Aber erst
in der Mitte des 19. Jahrhunderts wurde mit der Wie-
derherstellung der Burg begonnen. Ab 1934 musste
die Wartburg für faschistische Kundgebungen herhalten. 1938 entfernten die Eisenacher Nationalsozialisten das zum Gedenken an Martin Luther angebrachte
goldene Kreuz vom Bergfried und ersetzten es durch
ein übermächtiges Hakenkreuz. Nach dem Zweiten
Weltkrieg stellte die Regierung der DDR umfangreiche Mittel zur Pflege und Erhaltung der Wartburg bereit. So konnte der gefährdete Palas endgültig gesichert und die Räume im Südturm und das Ritterbad
wiederhergestellt werden.

Eisenach hat neben
der Wartburg noch
viele interessante
Sehenswürdigkeiten,
die einen längeren
Aufenthalt lohnen.
Dazu zählen das
Bach- und das
Lutherhaus.

Burg Falkenstein

Die Burg im östlichen Teil des Harzes gilt als eine
der schönsten und besterhaltenen der Region. Die
Anlage ist zwischen dem 12. und 16. Jahrhundert
entstanden. Hier beauftragte Graf Hoyer von Falkenstein einen sächsischen Ritter, die Rechtsgebräuche
der Gegend zu sammeln. Der daraus entstandene
Sachsenspiegel wurde eines der wichtigsten Rechts-

Die Burg Falkenstein
(April–Oktober
10–17.30 Uhr)
 schließt im Winter
ihre Pforten bereits
um 16 Uhr.
Montags ist Ruhetag.
Museum Burg
Falkenstein
Tel. 03 47 43 / 81 35

bücher der deutschen Vergangenheit. Der 1,5 km lange Aufstieg vom Selketal ist nur zu Fuß gestattet. Ganz in der Nähe befindet sich der Ort Ballenstedt mit seinem Schloss und einem reizenden Park.

Welfenschloss in Herzberg

rechts: Uhrturm des Welfenschlosses.

Im Welfenschloss, hoch über Herzberg, befindet sich ein Museum zum Forstwesen, zur Geschichte der Welfen und zur Wirtschafts- und Sozialgeschichte Herzbergs, welche am Beispiel der Waffenherstellung, des Mühlenwesens und des Orgelbaus detailliert dargestellt wird. Der heutige Bau entstand mit Ausnahme der Kellergewölbe nach einem Brand 1510 als

vierflügelige Renaissanceanlage neu und diente bis 1714 als fürstliche Residenz.

Burg Hanstein / Burg Ludwigstein

Die Burgruine Hanstein liegt im Werratal auf dem Weg nach Eschwege. 1075 wurde die Burg durch Otto von Northeim neu errichtet. Bis 1476 lebten alle Angehörigen der Familie von Hanstein in der Burg. Sie wurde im Dreißigjährigen Krieg teilweise zerstört und gilt seit 1683 als unbewohnbar. Zum Nordturm gelangt man über eine enge Wendeltreppe. Bei schönem Wetter hat man von hier einen malerischen Ausblick in das Werratal. Gleich gegenüber befindet sich die Burg Ludwigstein. Eine einstündige Wanderung entfernt kann an der Teufelskanzel ein hervorragender Ausblick genossen werden; dort gibt es auch eine gemütliche Einkehrmöglichkeit.

Burg Plesse

Die Burgruine ist ein noch heute beeindruckendes Zeugnis einer mittelalterlichen Befestigungsanlage mit einem mächtigen Wartturm, 370 m hoch über dem Leinetal, der auch bestiegen werden kann. Die Burganlage ist zu großen Teilen restauriert. Bei schönem Wetter lohnt es sich, hier den Sonnenuntergang abzuwarten (mit Restaurant).

Hann. Münden – links ist der historische Stadtkern zu sehen – kann als Ausgangspunkt für Ausflüge in das gesamte Weserbergland genutzt werden.

Rathaus-Portal in Hann. Münden.

Sehenswerte Orte

Hann. Münden

„Wo Werra sich und Fulda küssen, sie ihren Namen büßen müssen" – denn hier beginnt die Weser. Und genau hier liegt das schöne Städtchen Hannoversch Münden im Weserbergland. Schon Alexander von Humboldt bezeichnete den Ort als „eine der sieben schönstgelegenen Städte der Welt". Über 700 Fachwerkbauten aus sechs Jahrhunderten prägen den Altstadtkern der südlichsten Stadt Niedersachsens.

Quedlinburg

Die wahrscheinlich im 5. Jahrhundert gegründete Stadt ist ein Muss für alle Geschichtsinteressierten. Hier blieben Straßen und Plätze mit über 1.000 Fachwerkhäusern aus dem 14. bis 19. Jahrhundert erhalten (UNESCO-Weltkulturerbe). Auf dem bereits in vor- und frühgeschichtlicher Zeit besiedelten Schlossberg stehen die Stiftskirche (mit Domschatz) und das Schloss. Mittelpunkt der Altstadt ist der im 10. Jahrhundert angelegte dreieckige Marktplatz, an dem auch das Rathaus liegt.

Am Giebel des Kämmereigebäudes (am Markt) illustriert ein vielbeachtetes Glocken- und Figurenspiel die Bergwerksgeschichte.

Führungen im Besucherbergwerk Rammelsberg bei Goslar zu verschiedenen Themen werden täglich angeboten.

Blick von Wernigerode hoch zum Schloss.

Goslar mit Kaiserpfalz

Im 13. Jahrhundert entwickelte sich Goslar zu einer der bedeutendsten Städte des Mittelalters. Wirtschaftliche Grundlage war der Erzbergbau im Rammelsberg. Durch Metallhandel und Münzrecht hatte die Stadt bald eine bedeutende Stellung in der Hanse. Das heute noch geschlossen erhaltene Stadtbild und die Kaiserpfalz (erbaut 1039 bis 1056) machen einen Besuch lohnenswert. Vor den Toren Goslars gibt es aber noch eine weitere Besonderheit: Das erst 1988 stillgelegte Bergwerk Rammelsberg war als einziges Bergwerk der Welt über 1.000 Jahre in Betrieb. Hier kann heute der Bergbau, wie er in den verschiedenen Jahrhunderten betrieben wurde, besichtigt werden.

Bad Lauterberg/Braunlage

Zwei beliebte Urlaubsorte des Westharzes, wobei sich Braunlage ganz auf den Wintersport eingestellt hat. Selbst im Sommer ist das Schlittschuhlaufen auf der Eisbahn möglich. Das Kneippheilbad Bad Lauterberg ist ein langgestreckter Ort mit einer Fußgängerzone, die parallel zur Durchgangsstraße verläuft, einem Kurpark, einem Wellenbad und ungezählten Sanatorien. Der Hausberg kann mit einer kleinen Seilbahn erreicht werden.

Wernigerode

Trotz mehrerer Stadtbrände und den Zerstörungen im Zweiten Weltkrieg blieben große Teile der historischen Bebauung erhalten. Besucht werden sollte die Altstadt mit dem Rathaus an der Südseite des Marktplatzes, das von vielen als das schönste Deutschlands betrachtet wird.

Das naturkundliche Museum in einem klassizistischen Fachwerkhaus führt in die Landschafts- und Siedlungsgeschichte des Harzes und in die Wernigeröder Stadtgeschichte ein.

Südöstlich der Stadt erhebt sich das Wernigeröder Schloss.

Es ist nicht erlaubt, mit dem Kraftfahrzeug auf den Schlossberg zu fahren. Wer den kurzen, aber steilen Fußweg meiden möchte, dem sei die Wernigeröder Bimmelbahn empfohlen. Sie fährt hinter dem Rathaus bei der Blumenuhr ab. Das heutige Aussehen einer Ritterburg erhielt das Schloss unter Graf Otto zu Stolberg-Wernigerode, der 1862 eine umfassende Rekonstruktion im Stil der Neugotik veranlasste.

Im Schlossmuseum wird in über 30 Ausstellungsräumen die Wohnkultur des Hochadels in der zweiten Hälfte des 19. Jahrhunderts präsentiert.

Duderstadt

Ein Besuch in der malerischen „Hauptstadt des Untereichsfeldes" lohnt sich in jedem Fall, obwohl die Göttinger den Bewohnern dieser katholischen Enklave im ansonsten protestantischen Umland seit jeher mit einer gewissen Distanz begegnen...

Den äußerst fruchtbaren Löss- und Lehmböden des Duderstädter Raums verdankt er bereits vor Jahrhunderten die Bezeichnung „Goldene Mark", auf welche die alteingesessenen Duderstädter immer noch voller Stolz verweisen. Das Stadtbild ist mit zahlreichen gut erhaltenen Fachwerkbauten ungewöhnlich geschlossen. Während eines kurzen Bummels durch die Innenstadt bekommt der Besucher sogar schnell den Eindruck, es gebe in Duderstadt keine anderen Gebäude außer Fachwerkhäuser. Oft erwähnt und wirklich schön anzusehen ist das Rathaus, eines der ältesten in Deutschland (Kernbau um 1300). Vom Westturm des Rathauses grüßt alle zwei Stunden der „Anreischke", eine hölzerne Nachbildung der sagenumwobenen Gestalt des Festungsbaumeisters „Meister Andreas" („Anreis", plattdeutsch für Andreas).

„Essen und Trinken hält Leib und Seele zusammen" – in Duderstadt trifft dieser Spruch doppelt zu. Für ihre deftigen Wurstspezialitäten sind die Untereichsfelder bekannt, und den Genuss eines Eichsfelder Feldgiekers, einen kräftig gewürzte Blasenmettwurst, sollte man sich nicht entgehen lassen.

Öffnungszeiten
Harzmuseum:
Mo–So 10–18 Uhr
Tel. 0 39 43 / 55303035

Tourist-Info:
Tel. 0 55 27 / 84 12 00
und 1 94 33.

Vor den Toren Duderstadts liegt das Gut Herbigshagen, in dem das Natur-Erlebniszentrum der Heinz-Sielmann-Stiftung untergebracht ist.
Tel. 0 55 27 / 91 4-0.

Rathaus in Duderstadt.

Lonau

Diese Perle des Harzes ist auf den Landkarten schwer und in den meisten Harz-Reiseführern überhaupt nicht zu finden. Dadurch ist der liebenswerte

Ort bis heute vom Massentourismus verschont geblieben. Wer die ruhige Idylle liebt und gerne wandert, ist hier bestens aufgehoben.

Wanderziele sind z.B. die Hanskühnenburg und der Große Knollen.

Am Ende des Marientals, direkt am Waldrand, gibt es ein beheiztes Freibad und einen Zeltplatz. Von

Idyllisches Lonau.

Herzberg ist der kleine beschauliche Ort per Wanderung oder Bus zu erreichen. Als Tagesgast sollte man den Luftkurort mit den engen Straßen nicht per Auto durchfahren, Parkplätze befinden sich am Dorfgemeinschaftshaus.

Naturerlebnisse

Brocken

Für einen Besuch des Brockens sollte man sich einen ganzen Tag Zeit nehmen. Mit 1.142 Metern ist er das Höchste, was der Harz zu bieten hat. 1000 Sagen von Hexen, die nicht nur zur Walpurgisnacht um den Gipfel kreisen sollen, ranken sich um diesen symbolträchtigen Berg. Sehr romantisch ist die Anreise mit der Harzquerbahn von Nordhausen oder Wernigerode. Die Fahrt mit alten Dampflokomotiven und Bahnwaggons geht durch idyllische Wälder – im

Winter eine bezaubernde Schneelandschaft. Die Waggons werden dann mit kleinen Öfen beheizt. Wer Geld sparen will, fährt nicht ganz bis zum Brocken hinauf, sondern geht den Weg z.B. von Drei-Annen-Hohne oder Schierke zu Fuß, denn in der „Sondertarifzone Brocken" werden recht hohe Fahrpreise verlangt.

Mit dem Auto fährt man am besten bis Schierke und steigt dann in die Brockenbahn oder benutzt Schusters Rappen. Verwunderlich kann der Wetterunterschied zwischen Brocken und Umgebung sein. Wenn man das Glück hat, durch die Wolkendecke zu gelan-

Die Harzer Schmal-
spurbahnen GmbH
unterhält noch eine
weitere Strecke,
die mit historischen
Dampflokomotiven
befahren wird: die
Selketalbahn (Foto
links) über Alexisbad
nach Gernrode oder
Harzgerode.

Fahrplanauskünfte
erhält man unter
0 39 43 / 55 8-0,
im Internet unter
www.hsb-wr.de.

gen, ist oben strahlender Sonnenschein, während
es unten stürmt, regnet oder schneit. Bedauerlicher-
weise funktioniert das aber auch umgekehrt.

Rhumequelle

Vom direkten Weg in den Harz bedarf es nur eines
kleinen Umweges über Rhumspringe, um eine der
größten Quellen Europas zu entdecken. In jeder Se-
kunde fließen 5.000 Liter Wasser aus der Tiefe über
den Rhumefluss ab. Jeder Einwohner Deutschlands
könnte täglich einen Eimer Wasser aus dieser Quelle
bekommen. Sie bezieht den Hauptteil des Wassers
aus den Versickerungen der Harzflüsse Oder und Sie-
ber. Ein Spaziergang rund um den blauen Quellsee
lohnt sich.

Quellteich der
Rhumequelle.

Tropfsteinhöhlen in Rübeland

Mitten im Harz befinden sich hier gleich zwei Tropfsteinhöhlen: Die Baumanns- und die Herrmanns-
höhle. Führungen finden regelmäßig statt und dau-

ern ca. 40 Minuten. Die
Baumannshöhle beher-
bergt auch die Goethe-
Halle, eine große Grotte
(60 x 40 Meter) mit klei-
nem See, in der auch Auf-
führungen stattfinden.
Zu besichtigen sind in
mehreren hunderttau-
send Jahre alten Hohlräu-
men unzählige Stalagmi-

In der Saison sind
beide Höhlen
geöffnet, sonst
jeweils nur eine. Im
Juli und August findet
die letzte Führung
um 17.30 Uhr, in der
Vor- und Nachsaison
bereits um 15.30 bzw.
16.30 Uhr statt.
039-45449208

ten und Stalagtiten. Seit 1646 gibt es organisierte
Führungen in der wohl ältesten Schauhöhle Deutschlands. Zu den Attraktionen der Hermannshöhle gehören ein fließender Höhlenbach und Skelette von
Höhlenbären, von denen eins komplett aufgebaut
ist. Auch im Sommer Pullover oder Jacke mitnehmen. Glück Auf!

Bodetal

Die Stadt Thale liegt am Nordrand des Harzes am Eingang zum Bodetal. Tief eingeschnitten zwischen steilen Bergwänden rauscht hier die Bode wie ein Wild-

wasserbach. Es bietet sich
ein Spaziergang entlang
des Baches zum Beispiel
zum Bodekessel oder eine
Wanderung nach Treseburg
(10 km) an. Oder man fährt
mit der Seilbahn zum „He-
xentanzplatz" mit Bergthea-
ter und kleinem Zoo (bei
gutem Wetter für Kinder
interessant, ansonsten ist
kein Tier zu sehen). Dieser
etwas überlaufene Platz ist
auch direkt mit dem Auto zu
erreichen. Auf der anderen
Seite des Bodetals führt ein
Sessellift 400 Meter hinauf
zur Rosstrappe. Hier soll

noch heute der Hufabdruck zu erkennen sein, den
das Pferd von Prinzessin Brunhilde im Granit hinter-
ließ, als sie über das Bodetal sprang. Sollten Sie den
Abdruck nicht gleich finden, folgen Sie dem Finger
des Bergwachtangehörigen.

Ilsetal

Der Nationalparkort Ilsenburg am Nordrand des Harzes liegt im romantischen Ilsetal. Hier kann man entlang des Flusses in „unberührter" Natur z.B. zu den
Ilsefällen wandern. Jeden Morgen, kurz vor Sonnen-
aufgang, pflegt Prinzessin Ilse im Fluss zu baden.
Wer sie beim Bad erblickt, erstarrt augenblicklich zur
Tanne. So ist nach der Überlieferung der dichte Wald
entstanden. Herzlich Willkommen auf der Straße der
Romantik, die in Ilsenburg ihren Anfang nimmt.

Der Teufel höchstper-
sönlich führt mutige
Gäste in sein Reich,
die Tiefen des Bode-
tals mit ihren Mythen
und Sagen.

Besucherbergwerke

Bei der Fahrt durch den Harz können einige alte Bergwerke besucht werden. Oft ist es möglich, auf Schienen in die alten Stollen einzufahren (auch im Sommer
Pullover oder Jacke mitnehmen). Eines dieser Stein-
kohle-Besucherbergwerke ist der Rabensteiner Stollen bei Ilfeld (Harzquerbahnhaltepunkt Netzkater).
Unter sachkundiger Führung beginnt die Grubenfahrt
in ein intaktes Bergwerk. Tief unter der Erde wird deutlich, wieviel Anstrengungen es gekostet hat, dem Berg
ein wenig Steinkohle abzuringen.

Öffnungszeiten des
Besucherbergwerkes
Rabensteiner Stollen:
Di–So 10–17 Uhr,
(letzte Führung um
16 Uhr).
036331-48153

Seeburger See

Der See entstand vor ca. 4.000 Jahren durch Auslau-
gung von Zechstein und Salzschichten. Als größter
Natursee der Region besitzt er einen hohen ökologi-
schen Stellenwert. Die große Wasserfläche mit dem
angrenzenden Schilfgürtel hat enorme Bedeutung
für viele Tierarten. Mit rund 120 ha ist der Seeburger See ein eher kleines Naturschutzgebiet inmitten
einer intensiv genutzten Agrarland-
schaft. Die Düngemitteleinträge aus
den angrenzenden Ackerflächen können zu einer Überdüngung des Sees
und damit zur übermäßigen Algenbil-
dung führen. Beim Ort Seeburg liegt
eine auch bei Göttingern beliebte Na-
tur-Badeanstalt.

Von den Stegen,
Booten und vom Wan-
derweg rund um den
Seeburger See ist die
paradiesische Arten-
vielfalt der Vogelwelt
zu beobachten.

▷ Museen und andere Sehenswürdigkeiten

Europäisches Brotmuseum Ebergötzen

Neben der kulturhistorischen Sammlung „Vom Korn zum Brot", in der die 6.000-jährige Kulturgeschichte des Brotes nacherzählt wird, bietet dieses Museum eine Menge mehr: Brotback-

Öffnungszeiten Brotmuseum: Di–Sa 9.30–16.30 Uhr, So und Feiertage 9.30–17.30 Uhr. 05507-999498 www.brotmuseum.de

vorführungen im Steinbackofen, Backaktionen für Kinder und verschiedene Ausstellungen rund um das Thema „Die Welt des Brotes". Im Café im alten Forstgarten lassen sich mit Blick auf die Wasserburg aus dem 13. Jh. die Spezialitäten aus dem Holzbackofen entspannt genießen.

Wilhelm-Busch-Mühle (Museum)

Öffnungzeiten Wilhelm-Busch-Mühle: Di–Sa 9–13 und 14–17 Uhr, Sonntag 10-17 Uhr Mo Gruppen nach Vereinbarung Tel. 0 55 07 / 71 81. www.wilhelm-busch-muehle.de

Wilhelm Busch verbrachte in seiner Jugendzeit fünf Jahre in Ebergötzen. Hier entstand unter anderem die Geschichte in sieben Streichen „Max und Moritz". Die Mühle und der rauschende Bach sind dort noch heute zu sehen und zu hören. Die Mühle ist heute mit Führungen zu besichtigen und beherbergt eine Sammlung zum Leben und Wirken Wilhelm Buschs. Auf der anderen Straßenseite steht das Haus, in dem früher die „Witwe Bolte" gelebt haben soll. Nur die Brücke, die bereits unter „Schneider Wipp" eingebrochen ist, kann heute folglich nicht mehr besichtigt werden.

Grenzlandmuseum Eichsfeld in Teistungen

Täglich von 10–17 Uhr, außer Montag. 036071-97112

Das Grenzlandmuseum wurde im November 1995 eröffnet. Es befindet sich auf dem Gelände der ehemaligen Grenzübergangsstelle Worbis, über die zwischen 1973 und 1989 mehr als 5 Millionen Menschen ein- und ausreisten. Dieses Museum ist eines von vielen Grenzlandmuseen, die Stacheldrahtzäune und Wachtürme konserviert haben. Eine fundierte Darstellung über die Gründe der deutschen Teilung wird bisweilen vermisst.

Kyffhäuser

Das Kyffhäusergebirge ist das kleinste Mittelgebirge Deutschlands. Hier bieten sich auf engstem Raum verschiedene Sehenswürdigkeiten. Besuchen Sie am Nordostrand das über Kelbra zu erreichende Kyffhäuser-

denkmal mit der Ruine der Reichsburg Kyffhausen, die zu den größten Höhenburgen Europas gehörte. Am südwestlichen Rand bei Rottleben befindet sich die international einzigartige Barbarossahöhle. Riesige Hohlräume mit Spannweiten bis zu 42 Metern, kristallklare Seen und bizarre Deckengebilde aus gewachsenen Gipskristallen wurden hier von der Natur erschaffen. Sechs Kilometer weiter ist das Panoramamuseum in Bad Frankenhausen zu finden. Das 14 mal 123 Meter große Rund-Gemälde, das zu DDR-Zeiten entstand, ist mehr als die Versinnbildlichung des Bauernkrieges. Bei der entscheidenden Schlacht 1525 wurde Thomas Müntzer in der Nähe von Bad Frankenhausen gefangengenommen.

Historische Spinnerei Gartetal

Bei Klein Lengden, 9 km südöstlich von Göttingen entfernt, befindet sich dieses Denkmal der mitteleuropäischen Frühindustrialisierungsphase. Die Spinnerei gehört zu einer der wenigen Textilfabriken in Europa, wo ein noch völlig erhaltener Maschinenpark aus der Jahrhundertwende zu besichtigen ist. Durch das Engagement eines 1982 gegründeten Fördervereins wurde die wechselhafte Geschichte der Textilfabrik rekonstruiert und Gebäude und Maschinen in mühevoller Arbeit renoviert. Seit 1985 kann hier wieder eigenes Garn gesponnen werden. Ausstellungen in Verbindung mit der Spinnerei sowie Seminarreihen und Workshops finden den regelmäßig statt.

In den Sommermonaten Kaffee und Kuchen auf der Hofterrasse. Sa, So und feiertags ab 14 Uhr.

Besichtigung: Di–Do 10–12 Uhr und nach Vereinbarung. Tel. 0 55 08 / 12 18. www.historische-spinnerei.de

▷ Tourenvorschläge in die Umgebung

Umfangreiche Infos zum Harz finden sich im Internet: www. harzpoint.de

Viele Sehenswürdigkeiten lassen sich auf einer einzigen Tages- oder Wochenendtour nacheinander besuchen. Hier drei Tourenvorschläge:

Richtung Osten

Wer den Harz in seiner ganzen Vielfalt entdecken möchte, sollte sich mindestens ein Wochenende Zeit nehmen.

Wir verlassen Göttingen über die Weender Landstraße in Richtung Braunlage (ausgeschildert). Auf der Strecke liegen das Wilhelm-Busch-Museum und

das Brotmuseum in Ebergötzen, die Rhumequelle bei Rhumspringe (kleiner Umweg), das Welfenschloss in Herzberg und Bad Lauterberg. Soll nun der Brocken erklommen werden, fährt man am besten bis Schierke oder Drei-Annen-Hohne. Es geht

Stausee bei Bad Lauterberg im Harz.

weiter durch den Ostharz bis Rübeland zu den Tropfsteinhöhlen. An der Strecke befinden sich mehrere Besucherbergwerke. (z.B. Drei Krohnen Ehrt zwischen Elbingerode und Rübeland). Bei Thale befinden sich die Rosstrappe und der Hexentanzplatz, hinter Gernrode liegt die Roseburg mit verwunschenem Garten. In Ballenstedt gibt es einen romantischen Schlossgarten und in der Nähe die Burg Falkenstein. Zurück geht es auf der Nordstrecke über Quedlinburg, Wernigerode und Goslar. Die Tour ist natürlich auch in umgekehrter Richtung möglich. Herzberg, Bad Lauterberg, der Brocken, Wernigerode und Goslar lassen sich ebenfalls mit dem Zug erreichen.

Es gibt eine nette Zuglinie am Südharz entlang (Direktverbindung oder Umsteigemöglichkeit in Northeim). Sie führt über Herzberg, Scharzfeld (Einhornhöhle), Bad Sachsa nach Walkenried und weiter Richtung Osten. In Walkenried sind die Klosterruine und die von den Mönchen angelegten unzähligen Fischteiche interessant. In einem davon kann man sogar baden – Obacht aber wegen einiger energischer Schwäne.

Auf dem Weg zum Kyffhäuser über die B 80 empfiehlt sich ein Besuch in Duderstadt und im Grenzlandmuseum bei Teistungen.

Richtung Süden

Für einen Kurzausflug mit dem Zug bietet sich Friedland an. Die Fahrt dauert nur wenige Minuten – und man fühlt sich bereits weit weg von Göttingen und spaziert locker an der Leine entlang zu den kleinen Orten in der Nähe.

Die Burgen-Tour führt uns im Süden aus Göttingen heraus in Richtung Eschwege. Wir fahren entlang der Werra bis nach Eisenach, wo uns die Wartburg erwartet. Auf der Strecke liegen zum Beispiel die Burgruine Hanstein, die Ludwigsburg und die Creutzburg, die ebenfalls einen Besuch wert sind. In Eisenach lädt die Drachenschlucht zu einer Wanderung ein. Neben der Wartburg sind auch das Luther- und das Bachhaus sehenswert.

Richtung Westen

Diese Tour führt zur Weser. Beschaulich ist die Weserüberquerung bei Hemeln auf der motorlosen Seilfähre. Falls Sie zuvor eine Pause einlegen möchten, hier eine Empfehlung: direkt neben der Weser am Fähranleger unter Linden in dem aller Moderne trotzenden und preiswerten Gasthaus. Ziel unserer Fahrt ist die Sababurg mit dem Eichenurwald. Der Rückweg sollte nach Möglichkeit mit einem Besuch Hann. Mündens verbunden werden. Das Kloster Bursfelde an der Weser lohnt einen Abstecher, wie auch das übrige Wesertal besonders für Fahrrad-, Paddel- und Kanutouren geeignet ist.

Seilfähre in Hemeln an der Weser.

▷ Öffentlicher Verkehr in Göttingen

Der erste Kraftomnibus pendelte schon 1926 zwischen Dahlmannstraße und Stadtfriedhof, damals allerdings

noch unter der Regie des Fuhrunternehmers Kulp. Ein Jahr später übernahm die Stadt den Linienverkehr mit drei 45-PS-Ottomotor-Bussen. Heute unterhält die Göttinger Verkehrsbetriebe GmbH (2003 als Tochtergesellschaft der Göttinger Stadtwerke AG gegründet) rund 80 Fahrzeuge, die ca. 500 Haltestellen anfahren. Fast alle Busse sind mit der hochmodernen familien- und behindertenfreundlichen Niederflurtechnik ausgerüstet. Rund 16 Millionen Fahrgäste werden pro Jahr befördert, an Spitzentagen über 70.000. Die Busse sind mittlerweile mit Bordrechnern ausgestattet, die es den Fahrzeugen zum Beispiel ermöglichen, eine eigene Ampel-Grünphase anzufordern. In Ergänzung mit Busschleusen, Ampelvorrangschaltungen und Sonderspuren konnte der öffentliche Verkehr wieder beschleunigt werden, nachdem die durchschnittliche Reisegeschwindigkeit durch den Anstieg des Indi-

Der Londonbus aus dem Jahre 1962 kann auch gemietet werden.

vidualverkehrs stark gesunken war. Dazu beigetragen hat auch die Neustrukturierung des Liniennetzes im Herbst 1998. Die Anzahl der Linien wurde von 26 auf heute 15 reduziert, die gesamte Linienführung überarbeitet, mehr Direktverbindung in die Innenstadt geschaffen und der Bahnhof als Umsteigepunkt zwischen Stadt- und Regionalbussen sowie den Zügen besser angebunden. Auch die Integration neuer Ziele wie Universitäts-Nordbereich, Zietenterrassen, Kaufpark oder Badeparadies Eiswiese ist gelungen, wie die Nutzerzahlen beweisen. Die geplante Marktöffnung für den ÖPNV auf europäischer Ebene sorgt allerdings für zusätzlichen Druck auf die Wirtschaftlichkeit der Verkehrsbetriebe. Das Angebot des städtischen Busverkehrs wird ständig auf Nachfrage überprüft und angepasst – bleibt zu hoffen, dass nicht allein (markt-) wirtschaftliche Interessen die Gestaltung des ÖV in Göttingen bestimmen!

Die Beschäftigten der Verkehrsbetriebe hoffen, auch in den nächsten Jahren mit ihren Bussen den Erdball knapp 100 Mal pro Jahr zu umrunden. Vielleicht sind Sie auf einigen Kilometern mit dabei?

In Göttingen existieren zwei Taxi-Gesellschaften. Parallel gibt es ein MiniCar-Angebot mit etwas anderer Preisstruktur – diese (gar nicht so kleinen) Fahrzeuge sind aber nicht am Taxistand anzutreffen, sondern müssen telefonisch geordert werden und fahren nicht in den Fußgängerzonenbereich. In Göttingen gibt es rund 100 Taxi-Konzessionen, dazu kommen die 20 Fahrzeuge von MiniCar.

Frauen-Nachtfahrten zu ermäßigten Preisen werden von den Taxi-Gesellschaften und MiniCar angeboten.

Der Busverkehr außerhalb der Stadtgrenzen wird von verschiedenen Verkehrsgesellschaften betrieben und vom Zweckverband Verkehrsverbund Süd-Niedersachsen (ZVSN) koordiniert. Buslinien gibt es z.B. nach Hann. Münden, Duderstadt und Holzminden. Alle fahren vom Zentralen Omnibusbahnhof vor dem Bahnhof ab. 1999 wurde ein einheitlicher Tarif für Fahrten in den Landkreisen Göttingen, Northeim, Osterode und Holzminden eingeführt. Zu diesem Verkehrsverbund gehören neben den regionalen Verkehrsunternehmen (von denen die RBB-Regional Bus Braunschweig das größte ist) auch die Deutsche Bahn AG und die Göttinger Verkehrsbetriebe GmbH.

Vom Rad auf die Schiene. Der Bahnhof ist nicht nur »Tor zu den Toren der Welt«, sondern auch Umsteigeplatz für den Regionalverkehr. Gleich neben dem Bahnhof befinden sich ein bewachtes Fahrradparkhaus sowie der Zentrale Omnibus Bahnhof (ZOB).

TBV (Taxi-Besitzer-Vereinigung)
Tel. 6 93 00, 3 40 34
Night & Day
Tel. 6 50 00
Puk MiniCar
Tel. 48 48 48.

Fahrplanauskünfte für die Umgebung erhalten Sie unter: VSN-Tel. 1 94 49 und www.vsninfo.com.

Der Stadtbus

Legende

- Haltestelle
- Haltestelle wird nur in Pfeilrichtung angefahren
- **13** Endhaltestelle
- VSN-Umsteigehaltestelle

- **Linie 1** Hollenser Berg ↔ Zietenterrassen
- **Linie 2** Geismar-Charlottenburger Straße ↔ Weende-Nord
- **Linie 3** Weende-Nord ↔ Grone-Süd
- **Linie 4/5** Kauf Park ↔ Geismar-Schönderger Straße / Nikolausberg
- **Linie 6** Knutbühren/Hetjershausen/Groß Ellershausen/Kauf Park/Grone ↔ Nikolausberg
- **Linie 7** Klausberg ↔ Bahnhof
- **Linie 8** Holtensen ↔ Zietenterrassen
- **Linie 9** Weende-Ost/Papenberg ↔ Grone-Nord
- **Linie 10** Ostviertel ↔ Lüneberg
- **Linie 11** Bahnhof ↔ Herberhausen/Roringen
- **Linie 12** Geismar-Schönderger Straße ↔ Holtenser Berg
- **Linie 13** Geismar-Süd ↔ Elliehausen/Esebeck/Kauf Park
- **Linie 14** Rosdorf ↔ Bovenden

- Linien 1, 2
- Linien 3, 6, 9, 10
- Linie 14
- Linien 6, 7, 8, 13

gültig ab 12. Dezember 2004

VSN Verkehrsverbund Süd-Niedersachsen
24-Std. Hotline: (05 51) 99 80 99

GöVB GÖTTINGER VERKEHRSBETRIEBE GMBH

Esebeck · Elliehausen · Knutbühren · Hetjershausen · Groß Ellershausen · Rosdorf · Grone · Grone-Süd · Treuenhagen · Geismar · Zietenterrassen · Ostviertel · Klausberg · Herberhausen · Nikolausberg · Bovenden · Weende-Nord · Weende · Grünanger · Weende-Ost · Papenberg · Leineberg

▷ Initiativen

Göttinger Geschichtswerkstatt –
„Grabe, wo Du stehst…"

Dieser Aufforderung Sven Lindqvists folgend, will die **Geschichtswerkstatt Göttingen** historische Forschung aus einer alternativen, gesellschafts-kritischen Perspektive betreiben. Dem exklusiven Zugriff sogenannter Fachmänner- und frauen entzo-gen, soll lokale Geschichte für alle Göttinger Bürger und Bürgerinnen erfahrbar und verstehbar werden. Welche konkreten Folgen hatte die nationalsozia-listische Judenverfolgung für Göttinger jüdischen Glaubens? Was bedeutete ein kühles Wort wie „Ari-sierung" für jüdische Geschäftsleute in Göttingen? Die Geschichtswerkstatt übersetzt die abstrakten Worte aus unseren Geschichtsbüchern in greifbare Alltagsgeschichte. Neben reiner Forschungsarbeit werden zahlreiche Veranstaltungen organisiert: Stadtrundgänge zu bestimmten Themen, verschie-dene Informationsveranstaltungen, vor allem aber die Veranstaltungsreihe zum „Gedenktag für die Op-fer des Nationalsozialismus am 27. Januar" (siehe auch **Göttinger Veranstaltungskalender**).

Geschichtswerkstatt
Göttingen e.V.
Bismarckhäuschen
Bürgerstraße 27
Tel. 48 58 44

Der Göttinger Friedenspreis
…erinnert an den 1997 verstorbenen Göttinger Wissenschaftsjourna-listen Roland Röhl. Der promovierte Chemiker, der als Stipendiat mit dem Nobelpreisträger Manfred Eigen arbeitete, hatte testamentarisch verfügt, dass sein Nachlass für die Bildung eines Stiftungsvermögens verwendet wird. Als Journalist war Rainer Röhl vor allem mit Fragen der Sicherheitspolitik sowie der Konflikt- und Friedensforschung befasst. In diesem Sinn wird seit 1999 der **Göttinger Friedenspreis der Stiftung Dr. Rainer Röhl** an Personen oder Institutionen verliehen, die sich in bedeutsamer Weise um Frieden bzw. Friedens- und Konfliktforschung verdient gemacht haben. Der Göttinger Friedenspreis ist mit 4.000 Euro dotiert und wird jährlich im Frühjahr vergeben.
U. a. wurden ausgezeichnet: Prof. Senghaas (1999), Dr. Elisabeth Niemann, tätig für Ärzte für die Dritte Welt (2001), Forum ziviler Frie-densdienst (2005). Kontakt: www.goettinger-friedenspreis.de

▷ Alle Jahre wieder...
Göttinger Veranstaltungskalender

Göttinger Elch

Dieser Literaturpreis wird im **Januar** an Persönlichkeiten verliehen, die sich besonders um die satirische Kunst verdient gemacht haben. Neben dem Preisgeld bekommt der Preisträger auch 99 Dosen „Göttinger Elchrahmsüppchen" überreicht.

Kontakt:
www.goettinger-elch.de
Fachdienst Kultur
Tel. 400-2485

Göttinger Figurentheatertage

Im **Februar** stellen renommierte Figurentheatergruppen ihre neuesten Produktionen vor. In den Räumen des Alten Rathaus, des Lumieres und des Deutschen Theaters begeistern die Vorführungen Alt und Jung.

Kontakt:
www.goettingen.de/kultur
Fachdienst Kultur
Tel. 400-2475

Göttinger Frühjahrsvolkslauf

Seit 1986 gibt es diese Sportveranstaltung. **Ende März, Anfang April** fällt der Startschuss für einen der größten Volksläufe der Region.

Infos und Anmeldung bei der Sparkasse Göttingen
www.spk-goettingen.de
Tel. 405-0

Göttinger Frühlingsfest

Das erste Volksfest im Jahr findet im **Mai** auf dem Schützenplatz statt und bietet wie jeder ordentliche Rummelplatz Schießbuden, Karussells und Zuckerwatte. Zehn Tage dauert der Spaß, bei dem auch das abschließende Riesen-Feuerwerk nicht fehlt.

Kontakt:
Göttinger Bürger-Schützen-Gesellschaft von 1392 e.V. , Tel. 3 44 62

Internationale Göttinger Händel-Festspiele

Seit 1920 locken die alljährlichen Festspiele im **Mai** Musikinteressierte aus dem In- und Ausland nach Göttingen. Die lange als unaufführbar geltenden Händel-Opern stehen im Mittelpunkt der Großveranstaltung. Aber auch andere Werke des Komponisten stehen auf dem Programm, das jedes Jahr von internationalen Stars (Musiker, Sänger, Dirigenten) auf hervorragende Weise gestaltet wird.

Kontakt:
Göttinger-Händel-Gesellschaft
Tel. 56700
www.haendel.org

Göttinger Spieleautorentreffen

In der Stadthalle präsentieren an einem Wochenende im **Juni** Spieleerfinder aus der ganzen Welt ihre neuesten Ideen. Klassiker der Gesellschaftsspiele wurden in Göttingen entdeckt, z. B. „Das Verrückte Labyrinth", „Barbarossa" und andere. Am Sonntag sind auch Besucher willkommen.

Kontakt:
Edition Perlhuhn, Tel. 55110
Fachdienst Kultur,
Tel. 400-2486

Göttinger Altstadtlauf

Mit über 2000 Läufern und weitaus mehr Zuschauern ist der Altstadtlauf im **Juli** eines der größten Laufveranstaltungen Niedersachsens. Unterschiedliche Streckenlängen bieten Mitmachmöglichkeiten für jeden Trainingszustand!

Kontakt:
www.lggoettingen.de

Göttinger Nacht der Kultur

Seit 2002 findet im **Juli** in der Göttinger Innenstadt die Nacht der Kultur statt. Auf mehreren Bühnen in der City werden

Musik, Theater, Kabarett und Tanz geboten. Der Höhepunkt ist das Open-Air-Konzert der Göttinger Symphoniker auf dem Marktplatz vor dem Alten Rathaus.

Kontakt:
www.procity-goettingen.de

Sommer in Göttingen

Kulturelles Sommerloch? Nicht in der Leinestadt: neben der **Nacht der Kultur**, dem **Innenhof-Theater**, dem **KWP-Open-Air** bietet die Stadt in Zusammenarbeit mit vielen anderen Kultureinrichtungen in den Orchester- und Theaterferien ein abwechslungsreiches Kulturprogramm. An mehreren Sonntagen findet das **Larifari-Kinder-Sonntagstheater** statt; im Alten Rathaus, in der Paulinerkirche und anderen Orten sind Ausstellungen zu sehen. Das gesamte Programm des Göttinger Kultursommers ist im Internet unter www.goettingen.de/kultur oder einer Broschüre zu entnehmen.

Göttinger Schützenfest

Seit 1392 lädt die Göttinger Bürger-Schützen-Gesellschaft zu dieser Veranstaltung. Neben den unentbehrlichen Schießbuden ist alles da, was einen Rummel ausmacht: Bratwurst, Zuckerwatte, Karussell und Live-Musik im Festzelt. Das Schützenfest findet im **Juli** statt.

Kontakt:
Göttinger Bürger-Schützen-Gesellschaft
1392 Göttingen e. V.
Tel. 34462

Open Air im Kaiser-Wilhelm-Park

Längst nicht mehr nur ein Auftrittsort für lokale Bands – das „KWP-Open-Air" Mitte **Juli**. Im idyllisch gelegenen Park im Osten Göttingens traten bereits Anfang des letzten Jahrhunderts Orchester auf.

Kontakt:
www.goettingen.de/kultur
Tel. 400-3321

Open Air-Kino im Brauweg

Kino unter freiem Himmel – bei schönem Wetter ein Highlight des Sommers. Veranstaltet vom Lumiere, (Film- und Kinoinitiative) an mehreren Wochenenden im **Juli/August**.

Kontakt:
Lumiere, Tel. 484523

Rock am Kauf Park

Der größte Bandnachwuchswettbewerb der Region findet im **August** unter den Arkaden der Groner Shopping-Mall statt.

Kontakt:
www.rock-am-kauf-park.de

Göttinger Innenhof-Theater-Festival

Im Rahmen des Göttinger Kultursommers wird im Innenhof zwischen Düstere Straße und Gartenstraße hochklassiges Theater geboten. In Zusammenarbeit mit dem Deutschen Theater Göttingen treten hier jedes Jahr Anfang **September** auswärtige und lokale Schauspieler auf.

Kontakt:
Fachdienst Kultur
Tel. 400-3321

Göttinger Gänselieselfest

Während in anderen Städten Weinköniginnen gewählt werden, treten in der Leinestadt die Schönen zur „Gänselieselwahl". Unter den Bewerberinnen wird eine würdige Vertreterin für das liebliche Wahrzeichen der Stadt gewählt. An diesem Sonntag im **September** sind die Geschäfte in der Innenstadt geöffnet.

Kontakt:
Pro City GmbH
Tel. 5076015

Domino-Theaterfest

Seit 1992 gestalten Göttinger Theatergruppen des Domino e.V. und verschiedene Gastgruppen dieses Theaterfest. In den Räumlichkeiten des DT und des Kinos Lumiere wird alljährlich im **Herbst** ein Programm von Clownerie bis klassischem Erzähltheater geboten.

Kontakt:
Domino, Verein zur Förderung der Kinder- und Jugendtheaterkultur im Raum Göttingen e. V.
Tel. 59544

Göttinger Portrait-Tag

Die Göttinger Portrait-Tage, deren Veranstaltung im **Herbst** vom Landschaftsverband Südniedersachsen finanziell unterstützt wird, dienen der Förderung zeitgenössischer Musik, Musikstile und Komposition. Im Anschluss an das Konzert geben die Solisten Einblicke in ihre Kompositionen und beantworten Fragen aus dem Publikum.

Kontakt:
Fachdienst Kultur, Tel. 400-3321

Göttinger Jugendbuchwoche

Noch länger als den Literaturherbst gibt es eine literarische Veranstaltung für das jüngere Publikum: die Jugendbuchwoche wird bereits seit Ende der 1960er organisiert und lädt jedes Jahr im **Oktober** Kinder- und Jugendbuchautoren nach Göttingen und Umgebung ein.
Kontakt: GEW, Tel. 43608

Kinderfilmfest

Im Rahmen dieses Festivals werden in den **Herbstferien** die neuesten Kinderfilme vorgestellt. Aber auch Klassiker wie die Produktionen der Augsburger Puppenkiste begeistern das Publikum. Die gelungene Auswahl der Filme spricht Kinder und Jugendliche aller Altersgruppen an. Veranstaltungsorte sind das Kino Lumiere und verschiedene Kindergärten und Schulen der Stadt.
Kontakt: Film- und Kinoinitiative (e.V.)
Tel. 48 45 23

Göttinger Oktoberfest

Auch zur dunkleren Jahreszeit darf ein Volksfest nicht fehlen. Neben dem Frühlings- und Schützenfest organisiert die Bürger-Schützen-Gesellschaft von 1392 an einem verlängerten Wochenende im **Oktober** das Herbstfest auf dem Göttinger Schützenplatz.

Bürger-Schützen-Gesellschaft
von 1392 Göttingen e.V.
Tel. 3 44 62

Göttinger Literaturherbst

Die Namen sprechen für sich: Robert Gernhard, Günther Grass, Otto Sander, Sybille Berg und viele andere renommierte Literaten, Journalisten und Schauspieler haben das Publikum im Rahmen des Literaturherbstes im **Oktober** mit Lesungen begeistert. Ein ebenso angenehmes wie angemessenes Ambiente für diese überregional bekannte Veranstaltung bieten seit einigen Jahren die Räume des Deutschen Theaters und des Alten Rathauses.

Kontakt:
Christoph Reisner, Tel. 486170
www.literaturherbst.com

Night of the Clubs

In zahlreichen Musikclubs der Stadt gibt es regelmäßig während einer Nacht im **Herbst** Live-Musik satt! Verschiedene Rock-, Pop- und Jazzbands treten auf und begeistern das Göttinger Publikum. Karten – ein Eintrittspreis für alle Auftritte – an den bekannten Vorverkaufstellen.

Kontakt:
Rockbüro Göttingen e. V.,
Tel. 633269

SIVA

(Südniedersächsische Informations- und Verbraucherausstellung)
Auf dieser besucherfreundlichen „Minimesse" im **Oktober/November** können sich Aussteller aus Stadt und Region in der Lokhalle präsentieren.

Kontakt:
www.koehne-ausstellungen.de

Göttinger Jazzfestival

Seit 1977 spielen neben Jazzformationen aus Stadt und Umgebung auch internationale Stars der Jazzmusik. Von Dixie bis zu Freejazz ist an einem Wochenende Anfang **November** für jeden Fan etwas dabei. Neben dem Deutschen Theater werden auch andere Veranstaltungsorte, wie z. B. die musa am Hagenweg, genutzt.

Kontakt:
Jazzfestival Göttingen, Tel. 400-2489,
www.jazzfestival-goettingen.de

Europäische Länderfilmtage

Während dieser Filmreihe des Programmkinos Lumière werden cineastische Leckerbissen aus je einem europäischen Land gezeigt. Dabei handelt es sich meistens um Filme, die es nicht in die großen Kinopaläste geschafft haben. Die Mehrzahl der Filme werden in Originalfassung mit Untertiteln gezeigt – eine Freude für jeden echten Filmfan.

Kontakt:
Lumière, Tel. 484523

Göttinger Weihnachtsmarkt

Wenn der Duft von Lebkuchen, Bratwurst und Glühwein durch die Göttinger City zieht, dann kann es sich nur um ein Ereignis handeln: den Göttinger Weihnachtsmarkt. Von Ende **November bis zum 23. Dezember** laden Stände rund um das Alten Rathaus mit weihnachtlichen Leckereien und Kunsthandwerk aus der Region.

Kontakt:
Amt für öffentliche Ordnung,
Tel. 400-2454

Nikolausparty

An dieser 1987 ins Leben gerufenen Veranstaltung ist alles Kult: in den Hörsälen des ZHG (Zentrales Hörsaalgebäude der Georgia Augusta) flimmert zu unterschiedlichn Zeiten der Heinz-Rühmann-Klassiker „Die Feuerzangenbowle" über die Leinwände. Für musikalische Untermalung sorgen Bigbands und auch das Göttinger Symphonieorchester gab sich bereits die Ehre. Dieser Event zieht alljährlich Anfang **Dezember**, am bzw. um den Nikolaustag, Tausende, zumeist Studierende, nach Göttingen.

Kontakt:
campusfilm, Tel. 48805580,

Veranstaltungsreihe zum Gedenken an die Opfer des Nationalsozialismus

Seit 1997/98 organisiert die Geschichtswerkstatt diese mehrwöchige Veranstaltungsreihe im Winter. Im Mittelpunkt steht der 27. Januar, der Tag der Befreiung von Auschwitz durch die Rote Armee. Verschiedene Vereine, Initiativen und Gruppen organisieren das Programm.

Kontakt:
Göttinger Geschichtswerkstatt,
Tel. 465644

▷ Veranstaltungsorte und Kulturzentren

Bei der folgenden Auswahl der Göttinger Veranstaltungsstätten wurde berücksichtigt, dass an diesen Orten regelmäßig ein kulturelles Programm präsentiert wird. Natürlich gibt es zahlreiche weitere Mehrzweckhallen, Gaststätten und Universitätsgebäude, wie z.B. das Zentrale Hörsaalgebäude (ZHG) oder die Alte Mensa, in denen Göttinger Kultur geboten wird. Über dieses Angebot informieren die Tourist-Information im Alten Rathaus, der Fachdienst Kultur Göttingen und die eigens herausgebrachten Flyer und Programmhefte.

Das Kapitel **Veranstaltungskalender** gibt Auskunft über diejenigen Veranstaltungen, die jährlich, zumeist am selben Ort, stattfinden.

Lokhalle im Otto-Hahn-Zentrum

Bahnhofsallee (Bahnhof-Westseite)
Tel. 5 47 43-0
www.lokhalle.de

Aus der Reparatur- und Fertigungshalle für Lokomotiven ist seit Dezember 1998 ein Veranstaltungszentrum geworden. Eigentlich wollte man das ehrwürdige Gebäude in die Luft sprengen – jetzt ist es das Kernstück des Otto-Hahn-Zentrums für Wirtschaft, Wissenschaft und Kultur. Die multifunktionale Halle wird für Konzerte, Partys, Ausstellungen, Events, Sportveranstaltungen, Messen und Kongresse vermietet. Besonders interessant ist der Tageslichteinfall durch die restau-

rierten Fensterzeilen. Eine Wohltat für Messeveranstalter- und -besucher, die andernorts den ganzen Tag im künstlichen Licht verbringen müssen. Für Konzerte oder Light-Shows läßt sich die Halle in Sekundenschnelle verdunkeln. Besonders attraktiv ist die Nähe zum Bahnhof und zur Innenstadt. Besucher aus Kassel oder Hannover können mit dem ICE in wenigen Minuten anreisen, nach der Veranstaltung noch einen gemütlichen (Kneipen-) Bummel in der Göttinger Altstadt unternehmen und dann mit dem letzten Zug nach Hause sausen.

Stadthalle Göttingen

Albaniplatz 1, Tel. 99 95 80

Die Stadthalle wird für Tagungen und Kongresse ebenso genutzt wie für kulturelle Veranstaltungen. Ob Musical oder Oper, Ballett oder Modenschau. – vor allem Gastspiele von überregional bekannten Künstlern finden hier (2.600 m² Gesamtfläche) ihren Aufführungsort.

Ausstellung im Alten Rathaus.

KAZ

Hospitalstraße. 6 , Tel 53062
www.kaz-goettingen.de

Seit 1976 hat das älteste sozio-kulturel-
le Zentrum Niedersachsens zusammen
mit dem Jungen Theater seine Räume im
Otfried-Müller-Haus. Dort proben verschiedene Gruppen und Initiativen aus
kulturellen Bereichen: Rockband und
Yogagruppe, Keramik- und Tanzkurs, im
KAZ finden unterschiedlichste Gruppen
einen Ort, an dem sie proben und expe-
rimentieren können. Ganzjährig werden
Workshops und Kurse angeboten, zudem können auch von Nicht-Mitgliedern
Räumlichkeiten angemietet werden. Im
Otfried-Müller-Haus, auf dem KAZ-Platz
und im Saal des Jungen Theaters finden
in regelmäßigen Abständen Großver-
anstaltungen, wie Konzerte und Partys,
statt.

Altes Rathaus

Markt 9, Tel. 40025 89 und 400 31 69

In der Großen Halle des Alten Rathauses
finden laufend Aufführungen, Lesungen,
Konzerte und Empfänge der Stadt statt.
Das Obergeschoss des historischen Gebäudes ist ausschließlich für Kunstausstellungen reserviert.

Wem das moderne Ambiente des Neu-
en Rathauses für „den schönsten Tag im

Leben" nicht behagt, der sollte sich nach
einem Trauungstermin im Alten Rathaus
erkundigen.

Im Untergeschoss befindet sich das
Restaurant Rathskeller.

Paulinerkirche

Papendiek 14, Tel. 39-24 56
www.paulinerkirche-goettingen.de

Die erste gotische Kirche Göttingens
diente ab 1812 der Universitätsbibliothek als Büchersaal. Heute zählen ihre Räumlichkeiten zu den schönsten
Ausstellungsorten in Niedersachsen.
Jährlich veranstaltet die Niedersächsische Staats- und Universitätsbibliothek
(SUB) mehrere Ausstellungen.

musa

Hagenweg 2a, Tel. 6 43 53
www.musa.de

musa e.V. – dieser Verein für „Musik,
Kultur und Jugendpflege" versteht sich
seit seiner Gründung 1977 als gemein-
nütziges Kultur- und Stadtteilzentrum.
Gefördert von Stadt und Land bietet die
musa ein spartenübergreifendes Kulturprogramm.

Seit 1990 stehen dem Verein die Räume der ehemaligen Heeresbäckerei am
Stadtrand zur Verfügung. Das regelmäßig wechselnde Angebot an Kursen und

Kulturzentrum, Proberaum und Partylocation – die musa im Hagenweg.

Workshops umfaßt die Bereiche Tanz, Musik, Theater und Kabarett. Die musa ist ein offenes Haus. Über 50 Übungs- und Proberäume für Musiker und Bands gibt es hier.

Über 200 Veranstaltungen finden jährlich in der musa statt – zweimal im Jahr bringt die musa ein Programmheft heraus, trotzdem lohnt es sich, auf aktuelle Ankündigungen zu achten. Denn neben dem regulären Angebot ist die musa auch immer wieder ein beliebter Ort für Parties und Konzerte.

APEX

Burgstraße 46, Tel. 4 68 86 und 4 47 71
www.apex-goe.de

Das APEX vereint unter seinem Dach Galerie, Kneipe & Küche sowie einen Veranstaltungssaal. Dieses Konzept funktioniert seit 1971 und gilt als Inbegriff ehrenamtlicher und professioneller Kulturarbeit.

Die wechselnden Ausstellungen der Galerie APEX präsentieren in erster Linie die Werke überregional bekannter Künstler. Führungen zu den jeweiligen Ausstellungen werden ebenfalls angeboten.

Das monatlich wechselnde Programm mit einigen immer wiederkehrenden Events begeistert seit langem das Publikum. Schwerpunkte des Bühnenprogramms im Saal in der ersten Etage sind Kabarett und Kleinkunst, Jazz und andere Musikveranstaltungen. Neben diesen kulturellen Angeboten finden hier auch politische Veranstaltungen statt. Dem monatlich erscheinenden Flyer können die aktuellen Termine entnommen werden.

Deutsches Theater

Theaterplatz 11, Tel. 49 69-0
www.dt-goettingen.de

Nicht erst seit den großzügigen Erweiterungsbauten 1981 – 1984 stellt das Deutsche Theater seine Räumlichkeiten anderen Kulturveranstaltern zur Verfügung. Zu den größten zählen die Händel-Festspiele, der Göttinger Literaturherbst und das Jazzfestival. Zahlreiche andere Gruppen, Initiativen und Veranstalter nutzen die verschiedenen Aufführungsorte – Großes Haus, DT-Studio und DT-Keller – des Göttinger Theaters.

Deutsches Theater bei
„Licht und mehr" (2006).

Junges Theater

Hospitalstraße 6,
Tel. 49 50 15
www.junges-theater.de

Wie am Deutschen Theater steht die
Bühne des Otfried-Müller-Hauses neben dem regulären Spielbetrieb des Jungen Theaters auch anderen Gruppen zur
Verfügung. Die Termine der Sonderver-
anstaltungen, Konzerte und (Theater-)
Gastspiele sind dem aktuellen Monats-
programm zu entnehmen.

JuZI Jugendzentrum Innenstadt

Bürgerstraße 41, Tel. 7 45 57
www.juzi.de

Als Jugendtreffpunkt in der Innenstadt
wurde das JuZI 1982 gegründet. Es
versteht sich als selbstverwaltetes, an-
tifaschistisches und antisexistisches
Zentrum, in dem sich natürlich nicht nur
Jugendliche aufhalten dürfen... Hier treffen sich politische Gruppen der linken
Szene, finden Partys und Konzerte statt,
treffen sich Jugendliche im Jugendcafé.
Das „streitbare Verhältnis" des JuZIs
zur Stadt und zur „herrschenden Politik", dazu das wenig einladende Äußere des Gebäudes, waren oftmals Stein
des Anstoßes. Programm und Angebot
des JuZIs sind den Internetseiten, der
GöDru (Göttinger Drucksache), eine Publikation der linken Szene Göttingens zu
entnehmen.

▷ Saline Luisenhall

Saline Luisenhall GmbH:
Greitweg 48,
Tel.: 3 84 87-0
Fax 3 84 87-10
Email:
info@siedesalz.de
Badehaus:
Tel.: 9972840
Email:
info@luisenhaller-badehaus.de

Weitere Infos unter
www.luisenhall.de

Die Saline Luisenhall ist die einzige noch produzierende Pfannensiederie in Europa.

Nur noch für wenige Göttinger überraschend: Salzgewinnung in der Leinestadt.

Die Saline Luisenhall existiert bereits seit über 150 Jahren. Heute ist sie das einzige Unternehmen in Europa, das Salz im Pfannensiedeverfahren aus eigener Natursole gewinnt. 1850 entdeckte Philipp Rohns im Leinegrabenbruch in Grone verschiedene Pflanzen, die auf größeres Salzvorkommen hindeuteten. Die Firma Philipp Rohns & Co. begann 1851 mit den Bohrarbeiten und stieß in 462,1 m Tiefe auf eine Steinsalzschicht, entstanden aus dem Salz des 250 Millionen Jahre alten früheren Meerwassers. Die unter dem Salz gefundene Sole erwies sich als so rein, dass man diese gleich in Pfannen verdampfen lassen konnte. Dabei wird die Sole in Pfannen geleitet und bei rund 70 Grad gesiedet. Nachdem das Salz auskristallisiert hat und getrocknet ist, kann es nach verschiedener Körnung sortiert werden. Das auf diese Weise gewonnene Salz ist frei von Umwelteinflüssen, wie sie an der Erdoberfläche, im Meerwasser und in der Luft anzufinden sind. Die Pfannensiederei ist zudem die älteste Form der Salzherstellung und wird bis heute in Göttingen eingesetzt.

Die Saline kann besichtigt werden, sowohl Einzel- als auch Gruppenführungen sind möglich, weitere Informationen/Termine sind der Website der Saline zu entnehmen.

Zur Saline gehört seit Ende 2002 auch das Badehaus, das Erholungssuchenden neben dem klassischen Natursolebad auch Inhalationen, Natursoledampfbad, Massagen, Sonnenbad und vieles mehr bietet. Für die Anwendungen empfiehlt sich eine telefonische Reservierung.

Blick in das Sole-Reservoir der Saline.

▷ Speis und Trank – satt und glücklich werden in Göttingen

„Berühmt durch ihre Würste und Universität..." – dieses Heine-Zitat kann in Göttingen wohl niemand mehr hören. Zumal es heute Schwierigkeiten bereiten dürfte, Göttinger Wurstspezialitäten zu finden. Da kann es passieren, dass die Fleischereifachverkäuferin eine Delikatesse aus dem nahen Eichsfeld empfiehlt: den Eichsfelder „Feldgieker" (die sich von der göttinger/südniedersächsischen „Stracke" nur gering unterscheidet), eine gewürzte Mettwurst. Anders im 18. Jahrhundert: Von einem Studenten der Georgia Augusta wird berichtet, er habe seinen Eltern ganze Pakete der damals berühmten Göttinger Wurst nach Hause geschickt. Doch die Wurstwaren schienen zu damaliger Zeit so ziemlich das einzige zu sein, womit Göttingens gastronomische „Szene"

Sommer in der Stadt. Blick aus dem Alten Rathaus auf eines der zahlreichen Straßencafés.

aufwarten konnte. Vor allem die Neubürger der Stadt, die Herren Professoren und die gutbetuchten Studenten, die sich im Zuge der Universitätsgründung in Göttingen niederließen, konnte die recht fantasielose Hausmannskost der Wirtshäuser kaum überzeugen. Das alarmierte sogar die Hannoversche Regierung: So wurde der Göttinger Magistrat eindringlich aufgefordert, die kulinarische Versorgung zu verbessern, da Universität und Stadt sonst bald in einem ebenso schlechten Ruf stünden.

Vom Göttinger Bier hat Heine geschwärmt – seine Vorgänger an der Georgia Augusta sahen das ein wenig anders... Hundert Jahre bevor der deutsche Spötter seine Bemerkungen über die Leinestadt machte, war das heimische Bier offenbar von geringerer Qualität. Heimlich mussten die Studenten auswärtiges Bier auf ihre Bude schaffen. Die Königliche Regierung selbst unterstützte das Göttinger Braugewerbe und beschränkte die Einfuhr „ausländischen" Gerstensaftes. Noch immer behaupten böse Zungen, dass das Göttinger Bier immerhin besser sei als sein Ruf...

Heute aber lässt es sich in der südniedersächsischen Universitätsstadt gut essen und trinken. Zwar kann die Leinestadt nicht mit einer typisch regionalen Küche aufwarten, doch gibt es eine breite Auswahl in- und ausländischer Spezialitätenrestaurants.

Vom thailändischen Restaurant über Landgasthäuser mit feiner deutscher Küche bis zum argentinischen Steakhouse ist alles dabei und von nahezu jeder Lokalität wird mindestens ein Göttinger sagen, dass es die beste am Platze sei.

Doch abgesehen von den „richtigen" Restaurants gibt es gerade im Altstadtkern zahlreiche Kneipen, die außer Chips & Erdnüssen eine beeindruckende

Auswahl an großen und kleinen Speisen anbieten. Das Angenehme dieser Art der Gastronomie: Niemanden stört es, wenn es der Gast bei einem Bier oder einer Cola belässt.

Manchmal aber möchte man nicht auf die angenehme Atmosphäre eines guten Restaurants verzichten. Ein aufmerksamer Service, eine Speisekarte, auf der alles steht, was das Herz begehrt, ein stilvolles oder gemütliches Ambiente – viele Wünsche haben gute gastronomische Betriebe zu erfüllen. Und Göttingen verfügt über eine große Anzahl niveauvoller Lokalitäten, wie die Auswahl im umfangreichen Gastronomieteil dieses Stadtführers zeigt.

▷ Einführung in den Gastronomieteil des Buches

Alle hier beschriebenen gastronomischen Einrichtungen sind von uns nach bestem Wissen und Gewissen begutachtet und beschrieben worden. Natürlich ist die Beschreibung eines gastronomischen Betriebes

immer nur eine Momentaufnahme und von Zufälligkeiten abhängig. Das fängt mit der Tagesform der Bedienung an und hört leider nicht mit dem Urlaub des Chefkochs auf.

Wenn Sie dieses Buch zur Hand nehmen, kann es also sein, dass bei einem Betrieb grundsätzliche Veränderungen z.B. durch Wechsel des Wirts aufgetreten sind. Nehmen Sie diesen Gastroführer bitte als Grundlage für eigene Entdeckungen in der vielfältigen kulinarischen Landschaft Göttingens.

Empfehlungen, Hinweise und Verbesserungsvorschläge sind willkommen – wir werden ihnen nachgehen und sie in der nächsten Ausgabe berücksichtigen.

Bei den Hotels waren wir zumindest im Stadtgebiet um Vollständigkeit bemüht. Das ließ sich für die Restaurants und Kneipen aufgrund der Vielfalt des Angebots nicht realisieren. Bei besonders empfehlenswerten Restaurants haben wir unsere Nase auch schon mal über die Stadtgrenze hinausgestreckt. Bei den anderen Restaurants und den Kneipen mussten wir uns leider auf den Innenstadtbereich beschränken, um den Rahmen dieses Buches nicht zu sprengen.

▷ Restaurants

Italienisch

Adria
Bertha-von-Suttner-Straße 9,
Tel. 3 70 99 99
12.00–15.00 und 18.00–0.00 Uhr
Montag Ruhetag
Der Weg aus der Innenstadt lohnt sich
allemal zu diesem Italiener. Hier stimmt
die Küche, die nicht nur das 08/15-Pro-
gramm anbietet, hier stimmt auch das
Ambiente. Heller Marmor prägt die stil-
volle Einrichtung, auch die Terasse mit
Oliven- und Oleanderbäumen verströmt
mediterranes Flair. Auch wenn dafür etwas tiefer in die Tasche gegriffen werden
muss, sollte man die raffinierten Tages-
empfehlungen beachten. Aufmerksamer
und freundlicher Service.

Fellini
Groner-Tor-Str. 28
Tel. 4 99 59 36
Hier findet der Gast alles, was er von einem italienischem Restaurant erwartet:
Pizza, (Anti-) Pasta, diverse Fleischge-
richte und Salate. Nicht unbedingt für die
ganze Familie ausreichend, aber genug
für 2-3 Personen ist La Famiglia, die „Fa-
milienpizza". Im Sommer auch bei Regen
sehr schön: der Garten im Innenhof. Dank
elektrisch auszufahrender Marquise sitzt
man hier immer im Trockenen. Reichhaltiges Mittagsbuffet von Mo-Fr.

La Locanda
Reinhäuser Landstr. 22,
Tel. 3 70 84 84
12.00–14.30 und 18.00–23.00 Uhr
Gut von der Stadt per pedes zu erreichen,
bietet La Locanda in seinen großzügigen
hellen Räumlichkeiten Platz für ca. 150
Gäste. Die süditalienischen Speisen stehen ganz unter dem Motto „Klasse statt
Masse" – aber keine Angst – die Portionen sind deshalb nicht zu klein. Tagesangebote gemäß der Saison sind ein
zusätzlicher Anreiz für den Gaumenfreu-

digen. Im vorderen Teil des Restaurants
befindet sich ein separater Bar-Bereich,
der vorallem von den Gästen des ange-
gliederten Eden-Hotels genutzt wird. Mit
großer Gartenterrasse, auf der es sich im
Sommer angenehm schlemmen lässt.

Mamma mia
Groner Straße 53,
Tel. 5 61 89
11.30–15.00 und 17.30–23.30 Uhr
In dem schlauchartigen, immer gut besuchten Restaurant werden vor allem
hausgemachte Pastagerichte als wechselnde Angebote offeriert. Die Qualität
der Speisen ist überzeugend, zumal die
Preise – trotz Innenstadtlage – sehr mo-
derat sind. Die Karte bietet eine breite
Auswahl an Pizza & Pasta sowie Fleisch-
und Fischspezialitäten. Der Service
ist unaufdringlich perfekt, ein Besuch
im Mamma mia ist eine rundum angenehme Angelegenheit. Sollte es denn
Sommer sein in Göttingen, kann man
im ruhigen und gemütlichen Innenhof
speisen und die ausgewählten Weine
geniessen.

Rialto
Weender Landstraße 3,
Tel. 5 75 36
11.30–0.00 Uhr
Das Rialto im früher so genannten
Iduna-Center zählt zu den alteingesessenen italienischen Restaurants. Hier
kann man sich an Malereien, Grappa-
schränkchen und anderen Einrichtungs-
gegenständen satt sehen, bevor das
Essen serviert wird. Im Sommer gibt
es den großen sonnigen Garten mit
Kinderspielplatz. Alles, was man sich
beim Italiener wünscht, ist da: Über 30
Pizzen, Pasta, Salate, Fleisch- und Fisch-
gerichte. Montags bis Freitags gibt es
von 11.30 bis 14.30 Mittagsbuffet – aus
Hauptspeisen, Suppen, Saucen, Des-
serts, verschiedenen Nudeln und Sala-
ten können die Gäste wählen – bis sie
nicht mehr können. Sonntags ist von
11.30 bis 15.30 Uhr Brunchzeit.

Salvatore
Theaterstr. 10
Tel. 4 88 61 30
So Ruhetag
In dieses italienische Restaurant geht man nicht nur wegen des (guten) Essens – hier lässt sich auch der nächste Urlaub in die Toscana planen! Salvatore versteht sich als echte Trattoria. Leckere Speisen à la carte oder vom Tagesangebot. Bereits zur Mittagszeit ist das Restaurant stark frequentiert, Spätentschlossene haben es etwas schwerer: am Abend hat Salvatore nur bis 21.30 Uhr geöffnet. Allerdings kann man Wein und italienische Feinkost auch für den italienischen Abend zu Hause erwerben.

Da Vinci
Speckstraße 10
Tel. 5 08 58 73
Dienstag Ruhetag
In den Räumlichkeiten des früheren Pfannkuchenhaus empfängt neuerdings das italienische Restaurant Da Vinci seine Gäste. Als familiär-elegant könnte man die Einrichtung vielleicht beschreiben, warme Farbtöne dominieren. Gemütlichkeit entsteht ebenfalls durch die vielen kleineren Räume und Ecken, die die Fachwerkbauweise mit sich bringt. Die Speisekarte ist umfangreich und weicht von den alltäglichen italienischen Gerichten ab. Man soll sich ruhig mal überraschen lassen von Wildschweinravioli oder den Fischgerichten. Dafür muss auch nicht übertrieben viel gezahlt werden. Der Service ist unerschütterlich freundlich.

Griechisch

Restaurant Ambrosia
Stegemühlenweg 71
Tel. 5 07 35 00
täglich ab 18.00 Uhr,
So auch 12.00–14.30 Uhr
Der "Edelgrieche" der Stadt befindet sich in der Südstadt. Wer in Griechenland abseits der Touristenpfade die wirklich leckere griechische Küche

entdeckt hat, wird im Ambrosia ein „Aha-Erlebnis" haben. Frischer Mittelmeerfisch, gegrillter Oktopus, gemüsereiche Vorspeisen, Lamm und Huhn, alles ist dabei. Unbedingt probieren: die kretische Ziegenfrischkäsetorte! Die einzigartige Weinkarte war der Fachzeitschrift Vinum einen Artikel über das Restaurant wert. Einmal im Jahr, im Oktober, findet ein sehr beliebtes 21-Gänge-Menü namens „Die Göttliche Versuchung" statt. Über vier Stunden wird geschlemmt und diskutiert. Am Ostermontag kann man Lamm und Ziege vom Spieß bekommen. Auch hier muss man rechtzeitig reservieren, denn die Plätze sind begehrt! Die Gestaltung des Restaurants ist individuell-modern, ein großer ungewöhnlicher Kronleuchter über der Theke zieht die Blicke auf sich. Der Garten ist groß und lauschig, Umringt von Blumentöpfen plätschert ein kleiner Springbrunnen in der Mitte. Ab 23.00 Uhr läuft ab und zu ein Igel über die Terrasse.

Hellas
Kurze Geismarstraße 29,
Tel. 5 66 92
12.00–15.00 und 17.00–0.00 Uhr
Der Charme dieses kleinen, gemütlichen Restaurants findet sich in den Kleinigkeiten: die Erdbeerdekoration beim Fetakäse oder die Kiwischeibe im Zaziki. Ansonsten gibt es hier alles, was der Gast von einem typischen (deutschen) griechischen Restaurant erwartet: eine Auswahl an Vorspeisen, große Portionen, wie zum Beispiel der Grillteller mit Souvlaki, Lammkoteletts, Gyros und üppiger Beilage. Ein kleines Problem ergibt sich bei der Getränkekarte. Wem das Göttinger Pils vom Fass nicht mundet und wer mit der Weinauswahl – Demestica, Retsina, Mavrodaphne – nicht zufrieden ist, dem bleibt als Empfehlung ein kühles Alsterwasser oder eine Apfelschorle.

Potis

Kreuzbergring 70,

Tel. 4 60 48

12.00–0.00 Uhr (Sonntag bis 23.00 Uhr)
Der Name Potis geht auf den Rufnamen
des langjährigen Besitzers Panagiotis
Tsolkas zurück. Dieser Name steht für eine echte „Gyroslegende". Im Jahre 1969
eröffnete Potis in Göttingen das erste
griechische Restaurant in ganz Niedersachsen. Aufgrund des bahnbrechenden
Erfolges folgten weitere Restauranter-
öffnungen des Gastronomen in der ganzen Republik. Doch damit nicht genug:
Der findige Geschäftsmann entwickelte
als erster Gyrosgeräte in einer eigenen
Fabrik, die mittlerweile in die ganze Welt
verkauft werden. Im August 1997 wurde das Restaurant an den ehemaligen
italienischen Oberkellner verpachtet.
Neben den typischen Fisch- und Fleischspezialitäten gibt es Gyros-Spezialitä-
ten in allen Variationen. Zu empfehlen
sind die verschiedenen Vorspeisen, z.B.
gegrillter Oktopus, gebratene Aubergi-
nen, Saganaki etc. Im Sommer bietet die
Terrasse Platz für ca. 160 Gäste.

Symposion

Arndtstr. 21,

Tel. 5 00 72 81

Di bis So 11.30–15.00 Uhr und
17.30–23 Uhr
Hier ist die alte Karte aus dem Z-Sorbas
im Papendiek zu finden, denn einer der
beiden Brüder hat hier sein neues Domizil. Ein großes, luftig eingerichtetes
Restaurant in der ehemaligen Sparkas-
senfiliale in Weende, wovon noch der
Tresor im Keller zeugt. Und so kann man
nur wieder sagen: Allein die Vorspeisen
können, richtig zusammengestellt, für
eine ganze Tischrunde ein reichhaltiges
und abwechslungsreiches Abendessen

darstellen. Zum Beispiel: Taramosalata, Weinblätter, dazu Oliven, gebratene Peperoni, in Öl eingelegter Schafskäse, Bratkartoffeln, Saganaki, Tintenfischringe, Brot – alles in die Mitte gestellt – fertig ist der Abendschmaus. Spezialitäten sind natürlich auch die Kaninchengerichte oder die Gyros-Varianten.

Z-Sorbas
Papendiek 1,
Tel. 4 15 06
12.00–14.30 und 18.00–23.00 Uhr
Die alte Z-Sorbas-Karte findet man jetzt nahezu unverändert im Restaurant Symposion.
Aus dem Z-Sorbas im Papendiek ist ein helles, luftiges Lokal mit weißen Stühlen im feinen und modernen griechischen Ambiente geworden. Auf der Mittagskarte stehen Speisen um die 6 €. Zu den Spezialitäten des Hauses zählt Schessula: mundgerecht zubereitete Stücke von Lammkotelett, Schweinefleisch, Hähnchenflügeln. Außerdem gibt es typische griechische Spezialitäten wie Grillteller, Filets, Lammkeule und Gyros. Im Sommer keine Außenbestuhlung.

Deutsch

Gauß
Obere Karspüle 22,
Tel. 5 66 16
18.00–1.00, Küche bis 23.30 Uhr
Sonntag Ruhetag
Nach dem Besuch des Deutschen Theaters ist es hierher nicht weit. Das Haus bietet seit 1997 gastronomische Köstlichkeiten, die regelmäßig in diversen Feinschmecker/Gastroführern Erwähnung finden. Überregionale Bekanntheit aber, verdankt das Restaurant insbesondere dem Umstand, dass die fabelhafte Jacqueline Amirfallah, die mit ihrem Mann Wolfgang das Gauß betreibt, beim ARD-Mittagsbüffet als Fernsehköchin leckerste Menüs zaubert. Die Karte wechselt ständig und bietet immer wieder neue Variationen je nach Saison. Für die meisten Hauptgerichte

sind deutlich über 20 € zu zahlen, für eine raffinierte Vorspeise sollten mindestens 8-10 € eingeplant werden. Die offenen Weine aus Deutschland, Italien und Frankreich überzeugen auch schon in der unteren Preisklasse ab 4 €. Desweiteren stehen 30 Flaschenweine auf der Karte. Das Kellergewölbe mit rustikalem Interieur verleiht dem Restaurant eine gemütlich-gediegene Atmosphäre, die durch schmissige Musikmischungen und einem jungen, engagierten und ausnahmslos freundlichen Bedienungsteam aufgelockert wird.

Georgia Augusta-Stuben
Goetheallee 22/23
Tel. 4 96 82 22
12.00–14.30 Uhr und 18.00–22.00 Uhr
Ein Studentenlokal ist dieses Restaurants trotz des Namens wirklich nicht – im Gebhardtshotel gelegen, setzt sich das Publikum vor allem aus Hotelgästen und gutsituierten Bürgern der Stadt zusammen. Die Einrichtung wurde bewusst antik-dunkel gehalten, um einen Kontrast zum modern gestalteten Tagungshotel zu bieten. Die nicht eben geschmacklich überraschenden Speisen der international ausgerichteten Küche werden unter Silberglocke und auf Beistelltischen serviert. Wer die gediegene Atmosphäre und den perfekten Service zu schätzen weiß, ist in den Georgia Augusta-Stuben richtig.
Nachmittags gibt es Kaffee und Kuchen, den man auch auf der Terrasse, zum Wall gelegen, einnehmen kann.

K-Kartoffelhaus
Goetheallee 8, Tel 5 31 55 77
11.00-2.00 Uhr
Der Name Kartoffelhaus ist an sich nicht wirklich geeignet, um das Speisenangebot und das Ambiente dieses gastronomischen Betriebes zu beschreiben. Die wunderschönen Räumlichkeiten des barocken Grätzelhauses wurden mit Liebe zum Detail gemütlich gestaltet. Die Speisekarte bietet eine sehr große Auswahl an internationalen Speisen, wohl mit einem breiten Repertoire an

„Knollengerichten", aber auch für den verwöhnten Gaumen findet sich vieles. Man kann sich also als kleine Zwischenmahlzeit ein paar Kartoffelpuffer gönnen, aber genauso am Abend zum schicken Dinner mit Lammfilets vorlieb nehmen. Für eine Fülle an Cocktails und sonstigen Getränken ist gesorgt. Gruppen können einen separaten Raum im Obergeschoss mieten, im Sommer sitzt man sehr angenehm auf der Terrasse hinterm Haus.

Mélange
Reinhäuser Landstraße 18
Tel. 5 17 38 69
Dienstag-Sonntag ab 18.00 Uhr
(auch nach Absprache)
Seit Oktober 2002 befindet sich in der ehemaligen „Alten Börse" das Restaurant Mélange. Von außen ist es nicht als gastronomisches Highlight erkennbar, auch die Innenausstattung ist nicht pompös. Sobald man sich jedoch an einen der sehr sorgfältig eingedeckten Tisch setzt, wird einem klar, dass man es mit gehobener Gastronomie zu tun hat. Ein Blick in die Speisekarte bestätigt: Hier sind innovative Profis am Werk, die Einflüsse verschiedenster Herren Länder zu tollen Kreationen verbinden. Erfreulicherweise bleibt der Geschmack nicht hinter den interessanten Formulierungen in der Karte zurück. Natürlich hat eine so aufwendige Küche ihren Preis, doch gibt es auch die wirklich preisgünstigen Tagesangebote, die außen an den Fenstern in großen Lettern abzulesen sind. Das Mélange ist recht klein, so dass sich eine Reservierung zumindest im Winter lohnt.

Muskat
Hauptstraße 62,
Tel. 7 90 60 24
ab 19.00 Uhr
Sonntag und Montag Ruhetag
Hier treffen Floskeln wie „klein, aber fein" oder „Klasse statt Masse" wirklich zu. Das unscheinbare Fachwerkhaus in

Geismar beherbergt einen kulinarischen Geheimtipp, „geheim" zumindest für auswärtige Gäste. Göttinger wissen längst, dass sich hier die paar Euro mehr lohnen, zumal das Essen in Portionen serviert wird, die satt machen. Die Weinkarte hat verschiedene offene und Flaschenweine zu bieten.

Nudelhaus
Rote Straße 13,
Tel. 4 42 63
11.30–23.30 Uhr
Das Nudelhaus gehört zu den geschäftigsten Restaurants in der Stadt, das vorallem von Studenten frequentiert wird. Ruhig geht es hier selten zu. Durchgehende Küche von 12 bis 24 Uhr macht es zudem zu einer der Adressen am Nachmittag, wenn viele Restaurants geschlossen sind. Sobald es warm wird, ist der äußerst beschauliche Biergarten im Innenhof geöffnet.

Rathskeller
Am Markt 9,
Tel. 5 64 33
11.30–0.00 Uhr
Seit 1405 wird in diesem hohen Kellergewölbe unter dem alten Rathaus schon gesellig getrunken und gegessen. Im letzten Jahrhundert von lärmenden Studenten bevölkert, wird der Rathskeller heutzutage mehr von Professoren, Kaufleuten und Studenten in Begleitung ihrer finanzkräftigeren Eltern besucht. Doch neben den exklusiven Speisen lässt es sich durchaus mit einem kleineren Portmonee satt werden, insbesondere wenn man die günstige, täglich wechselnde Mittagskarte nutzt. Bis zu 400 Gäste können im Inneren des Lokals bedient werden, die Terrasse, direkt am Marktplatz, fasst nochmals 250 Personen. Für diese Massen sind 50 Mitarbeiter nicht zuviel, zumal häufig größere Gesellschaften hier ihre Feierlichkeiten abhalten. Zur Herbstzeit ist das traditionelle Gänseessen sehr beliebt, mehrere Tonnen Gänse wandern in einer Saison in den Kochtopf.

Zum Schwarzen Bären
Kurze Straße 12,
Tel. 5 82 84
Di bis So 11.15–14.30 und
Mo bis So 17.30–23.00 Uhr
Der Schwarze Bär, in einem der ältesten Renaissancebauten Göttingens, gehört zu den traditionsreichsten Adressen am Platz. Seit Jahrhunderten stillen hier Einwohner und Gäste ihren „Bärenhunger" oder treffen sich zum kühlen Bier, dazu gehört auch das dunkle „Bären Pils", welches es in dieser Form nur in diesem Lokal gibt. In dem von der Familie Ulrich Buhtz betriebenen Lokal gibt es deutsche und internationale Küche von rustikal bis raffiniert. Wild steht in der Saison genauso auf der Speisekarte wie Fischspezialitäten. Viele Zutaten kommen aus der Region und teilweise aus ökologischem Anbau. Die variablen Räumlichkeiten bieten für bis zu 150 Personen Platz.

Zum Szültenbürger
Prinzenstraße 7,
Tel. 4 31 33
Mo–Sa 11.00–0.00 Uhr
Benannt nach Schorse Szültenbürger aus den Geschichten des Bäckermeisters Ernst Honig.
Es gibt verschiedene Biere vom Faß, Schnitzelgerichte, Matjesfilet, Wursteller und zum Beispiel Bratkartoffeln mit Sülze. Das kleine Lokal hat ein gemütliches, rustikales Innenleben mit Kachelofen. Im Sommer kann man vor dem Haus an der Prinzenstraße sitzen.

Asiatisch

Asia
Goßlerstr. 75,
Tel. 3 66 65
Täglich 12.00–15.00 u. 18.00–0.00 Uhr
Sa, So durchgängig
Wie der Name verrät, handelt es sich hier um ein asiatisches Restaurant, genauer: um ein thailändisch-chinesisches Lokal. Die Speisen – mit den Aromen von Kokosmilch, Ingwer und

Zitronengras – sind allerdings dem europäischen Gaumen angepasst. Die Schärfe der Gerichte ist also zu ertragen, wie zum Beispiel bei einem der thailändischen „Klassiker", Hühnchen mit grünem Pfeffer, Kokosmilch und Bambussprossen. Eine auffallend umfangreiche Mittagskarte komplettiert das Angebot des Asia.

China House
An der Lutter 30,
Tel. 2 20 50
11.30–15.00 und 17.30–23.30 Uhr
So durchgängig
Der Weg lohnt sich, denn hier ist alles noch ein wenig größer und prunkvoller als anderswo. Die Karte ist enorm umfangreich, die Qual der Wahl groß. Manch einer schwört auf dieses Lokal als das beste Chinarestaurant der Stadt.

Mai Thai
Geismar Landstraße 6,
Tel. 7 16 00
12.00–15.00 Uhr und
18.00–23.30 Uhr
Das alteingesessene thailändische Restaurant bietet köstliche Speisen mit Zitronengras und Thai-Curry, Ingwer und Kokosmilch, zu denen man manchmal etwas mehr trinken muss. Doch keine Angst: den meisten der Gerichte wurde die berühmt-berüchtigte Schärfe genommen und dadurch dem europäischen Gaumen angepasst. Spezielle Mittagsgerichte als Menü.

Peking Pavillon
Friedrichstraße 1, Cheltenhamhouse
Tel. 4 43 23
12.00–15.00 und 17.30–23.30 Uhr
Fr, Sa, So durchgängig
Die Einrichtung des Restaurants ist mit viel Gold und Drachendeko ein typisch „deutsches" Chinarestaurant. Neben dem bekannten Angebot ist vor allem die Menükarte zu empfehlen. Bereits die günstige Speisefolge für zwei Personen mit Vorspeisen, drei verschiedenen Fleischgängen und Dessert lässt kaum mehr einen Wunsch übrig. Sogar allein

kann man eine Vielfalt kleiner leckerer Häppchen geniessen, wenn man eine Reistafel für eine Person bestellt. Der Service ist sehr offen und nett, auf Wunsch wird auch ohne Glutamat gekocht.

Tokyo
Gotmarstr. 16,
Tel. 9 99 57 35
12.00–14.30 und 17.30–23.00 Uhr
(Montag Ruhetag)
Das Restaurant bietet asiatische, insbesondere japanische Speisen. Neben Sushi gibt es Hauptgerichte vom Huhn, Schwein, Rind, Ente und Krabben.

Spanisch / Lateinamerikanisch

El Sol TexMex Restaurant Bar
Kurze Geismarstraße 9
(Am KAZ-Platz),
Tel. 5 08 57 25
Auf zwei Ebenen oder in den wärmeren Monaten auf Terrasse und Marktplatz sitzt man in der bunt-dekorierten Lokalität El Sol. Unter der Woche wird hier ab 16.00 Uhr gezapft, gebraut, gerührt und geschüttelt. Samstags kann man sich schon ab 10.00 Uhr am Frühstücksbüfet (6,90 €) laben, am Sonntag gibt´s ab 10.00 Uhr sogar Brunch (13,50 €). Das El Sol hält eine umfangreiche Auswahl an mexikanischen Speisen – oder was in deutschen Landen dafür gehalten wird – parat. Die zahlreichen Cocktails bewegen sich preislich im oberen Bereich, was man leider nicht durchgängig von der Qualität behaupten kann, ähnliches gilt für den Service.

Gaudi
Rote Straße 16, Börnerviertel,
Tel. 5 31 30 01
12.00–14.30 und 18.00–1.00 Uhr
Das kulinarische Kernstück des restaurierten Börnerviertels ist das Restaurant Gaudi. Die kunstvolle Inneneinrichtung allein ist schon einen Besuch wert. Der spanische Künstler und Architekt Gaudi inspirierte Ambiente und Küche, denn

insbesondere spanische Einflüsse finden sich, so z. B. eine große Auswahl an Tapas. Aber auch italienische und französische Elemente machen die Küche des Gaudi aus, die man insgesamt als mediterran bezeichnen kann. Das Restaurant gehört der gehobenen Kategorie an, vor allem Geschäftsleute und gutsituierte Göttinger dinieren hier. Im Sommer ist ein Tisch auf den wunderschönen Terrassen zu empfehlen, auf denen die Kräuter für die frisch zubereiteten Speisen geschnitten werden. In regelmäßigen Abständen gibt's besondere Aktionen. Sehr beliebt ist das Silvestermenü, für das frühzeitig gebucht werden muss.

La Hacienda-
Mexikanisches Restaurant-Bar
Weender Landstraße 23,
Tel. 5 31 13 39
17.00–23.00 Uhr
(am Wochenende bis 23.30 Uhr)
Der Renner unter den „Latino-Lokalitäten" Göttingens: das La Hacienda ist fast immer ausgebucht. Es eignet sich vor allem für größere Gruppen, die den Geräuschpegel jedoch etwas nach oben ausschlagen lassen. Wer sich davon nicht stören lässt, kann einen angenehmen Abend verbringen. Neben bekannten Nachos, Quesadillas und anderen „Klassikern" sind im La Hacienda vor allem die Fajitas eine Empfehlung. Diese weichen, etwas dickeren Weizentortillas werden mit verschiedenen Beilagen (Fleisch, Saucen, Gemüse...) aus heißen Gusseisenpfannen serviert. Ganz billig ist es im La Hacienda nicht, die Portionen sind jedoch üppig. Im Sommer steht ein Biergarten hinter dem Haus zur Verfügung. Die ausgeprägte Cocktailkarte passt in das Angebot. Am Dienstagabend gibt es Buffet (am besten nicht später als 21.30 Uhr kommen).

Sausalitos
Gartenstr. 13
Tel. 5 08 48 27
In der ehemaligen Lohmühle hat das Sausalitos sein zuhause gefunden. Als Vertreter der „Tex Mex" Gastronomie unterscheidet es sich nicht wesentlich in Dekor, Speisen- und Getränkeangebot von anderen Restaurants dieser Art. Im Sommer lädt ein Beach-Bereich mit aufgeschüttetem Sand und Liegestühlen zum Verweilen ein. Häufiger gibt es Veranstaltungen wie z.B. Pokerturniere.

Steakhouse Argentina
Hannoversche Straße 148,
Tel. 37 82 46
12.00–15.00 und 17.30–23.30 Uhr
Das Steakhouse ist natürlich nichts für Vegetarier. Denn bereits am Tisch sitzt der Gast auf echten Rinderfellen und sucht sich aus der Karte entweder ein saftiges Steak vom Black Angus Rind oder ein Filet vom irischen Lamm aus. Aus der Vorspeisenkarte und am Salatbuffet kann man sich selbstverständlich auch ein fleischloses Gericht zusammenstellen. Zu den Fleischgängen sucht sich der Gast die Beilagen aus: ob Maiskolben, Fried Potatoes oder andere Köstlichkeiten – man sollte nicht zuviel nehmen. Steak und Filet sind groß wie Schuhsohlen, schmecken aber zum Glück nicht danach. Neben Warsteiner vom Fass und offenen Weinen gibt es einige feine argentinische Flaschenweine.

Villa Cuba
Zindelstraße 2,
Tel. 4 88 66 78
Villa Cuba besticht mit liebevollem und stilechtem Havanna-Flair sowie durch das reichhaltige Angebot von Verzehrmöglichkeiten – ob Frühstück oder Abendmahl, der Gast findet ein ausgewähltes Angebot an Speisen zu moderaten Preisen. Die umfangreiche Getränkekarte hält neben 31 Sorten Whisky ein großes Angebot an Wein, Bier und Softdrinks, sowie rund 98 verschiedene Cocktails und Longdrinks bereit. Auch für Nichtrevolutionäre aus Deutschland eine wahrscheinlich einmalige Belustigung: auf den Toiletten laufen ohne Unterbrechung Fidel Castros Reden!

Persisch

Ali-Baba – das Restaurant
Untere Karspüle 8-9,
Tel. 48 61 29
12.00–14.30 (Mo bis Sa) und
18.00–22.00 Uhr
(Mittwoch – Samstag bis 23.00 Uhr)
„Russisch-persische Küche" wird in diesem kleinen Lokal geboten. Alle Unklarheiten sind schnell beseitigt, wenn man den Wirt befragt. Der kommt nämlich aus dem Grenzgebiet zwischen Aserbaidschan und Iran. Sehr zu empfehlen ist die Kaspische Platte und auch das Bad Kube, ein überaus leckeres russisches Gericht mit Berberitzenfrucht, überzeugt. Die Ali-Baba-Platte – Hähnchenfleisch mit reichlich Gemüse und Fladenbrot – reicht leicht auch für zwei Personen.

Türkisch

Diwan
Rote Straße 11,
Tel. 5 60 85
12.00–15.00 und 18.00–0.00 Uhr,
Hier lassen sich anatolische Spezialitäten in ruhiger Atmosphäre zu wirklich zivilen Preisen genießen. Hervorragende Lammgerichte, überbacken als Auflauf oder auch Lammkeule mit feinen Beilagen. Satt und zufrieden wird der Gast auch, wenn er sein Essen aus der Vorspeisenkarte wählt und sich von dem überaus freundlichen Service verwohnen läßt. Von Zeit zu Zeit finden Bauchtanzvorführungen statt.

Lehmofen
Angerstraße 8,
Tel. 4 18 07
Mo Ruhetag
11.30–15.00 Uhr u. 17.30–0.00 Uhr
Auch hier bekommt man Speisen der türkischen Küche, die im Lehmofen zubereitet werden. Drinnen – lehmfarbene freundlich-helle Einrichtung sorgt für angenehme Gemütlichkeit – und draußen im kleinen Biergarten.

Indisch

Delhi Palace
Hansenstraße 1b ,
Tel. 5 50 08
12.30–14.30 (außer Mo) und
17.30–23.30 Uhr
Das indische Restaurant im Ostviertel bietet eine umfangreiche Auswahl an Curry-Gerichten und vegetarischen Speisen. Das gegrillte Fleisch ist zart zubereitet. Dazu ist Nan, eine indische Brotspezialität, zu empfehlen. Als Hauptgericht empfehlenswert: Vandaloo (scharf): Lammfleisch mit Nelken, Kardamom, Essig, rotem Chili, Zwiebeln, Tomaten und Kartoffeln. Auch auf der Mittagskarte (Di bis Fr) stehen vegetarische Gerichte. Sonntags gibt es ein Mittagsbuffet von 12.30 bis 14.30 Uhr. Im Sommer wird im Garten serviert.

Maharadscha
Angerstraße 25,
Tel. 4 88 61 25
Di–So 11.30–14.30 und 17.30–23.30 Uhr
Der Gast wird mit dem Duft von Räucherstäbchen im gemütlichen Lokal empfangen.
Die Speisen mit den bekannten indischen Aromen von Curry und Kardamon sind köstlich. Zu empfehlen sind die leckeren Lammfleischgerichte und die Zubereitungen mit Großgarnelen.
Getränke: Lassi, indische Biere, aber auch Einbecker. Spezielle Mittagskarte.

Madras Namastre
Kurze Geismarstr. 41,
Tel. 48 45 48
11.30–14.30 und 17.30–23.00 Uhr
Nord- und südindische Gerichte stehen auf der umfangreichen Speisekarte dieses im Jahr 2006 eröffneten Restaurants. Zum Beispiel Lammfleisch von der Keule in Ingwer, mit speziellen Kräutern und Gewürzen und in roter Joghurt-Sahnesoße mariniert, im Tandooriofen gegrillt und danach mit Tomaten, Zwiebeln und Paprika gebraten (Gosh Tikka Masala). Spezielle Zusammenstellungen als Menü für zwei Personen. Es gibt eine große

Cocktail-Auswahl (auch indische) und weitere Getränkespezialitäten wie Raita (Joghurt).

Balkan

Balkan Sonne
Groner-Tor-Straße 3,
Tel. 4 29 12
11.30–15.00 und 18.00–0.00 Uhr
Einen Vegetarier wird es wohl kaum in dieses Restaurant verschlagen, das für seine Fleischspezialitäten bekannt ist. Die vorwiegend kroatische Speisekarte wird durch einige internationale Gerichte ergänzt. Die Preise sind vertretbar, wenn auch nicht gerade dem studentischen Geldbeutel angepasst. Deshalb ist hier auch ein eher gesetzteres Publikum anzutreffen, welches das gepflegtrustikale Interieur des Lokals zu schätzen weiß. Des Sommers speist es sich ansprechend auf der kleinen Terrasse, die zum Wall liegt, deren Nähe zu einer der Hauptverkehrskreuzungen jedoch nicht zu leugnen ist.

Auswärts

Landgasthaus Lockemann
Im Beeke 4, Göttingen Herberhausen
Tel. 2 09 02-0
Di-Fr 16.00-22.00 Uhr,
Sa/So 12.00-14.00 und
18.00-22.00 Uhr
Montag Ruhetag
In Herberhausen, das von der Stadt mit dem Auto in gut 15 Minuten erreichbar ist, beherrscht seit Jahrzehnten das Gasthaus Lockemann die Gastronomie. Die Vorstellung von einem Landgasthaus mit günstigen, gutbürgerlichen Speisen, geschäftiger Atmosphäre, Stammtischen und Familienfeiern, dazwischen Kellner, die jeden kennen und fast alle duzen, ist hier Realität. Hier fühlt man sich einfach wohl, alles ist solide und echt. Weitaus mehr als solide ist allerdings die Küche. Am Herd stehen Köche, die flexibel und professionell sowohl Klassiker, wie Gulaschsuppe und Rinderrouladen, als auch saisonale Speisen wie Spargel, Ente, Gans und Wild auf den Teller bringen. Eine hauseigene Rinderzucht garantiert hochwertiges Fleisch. Wen wundert's, dass es fast immer voll ist und man lieber auch an Wochentagen reservieren sollte.

Gasthaus Jütte
Gleichen-Bremke (an der Hauptstraße)
Tel. 0 55 92 / 12 22
Di 17.00–23.00 Uhr,
Mi–So 11.00–23.00 Uhr
Montag Ruhetag
Dieses wunderschöne Fachwerkanwesen, dessen ältester Teil aus dem 17. Jahrhundert stammt, beherbergt seit ca. 200 Jahren Gastronomie. Gegen Ende des 19. Jahrhunderts übernahm die erste „Mutter Jütte" – so wird das Gasthaus bis heute genannt – das Lokal. Wie in den vergangenen Jahrhunderten ist „Mutter Jütte" heute eines der beliebtesten Ausflugslokale in der näheren Umgebung Göttingens (17 km entfernt). Nicht nur von Studenten (-

verbindungen) gern besucht. Belegtes Rotwurstbrot, Matjes mit Bratkartoffeln, zartes Schweinelendchen, aber auch Salate und Gemüseplatte stehen auf der Karte des gemütlichen Landgasthauses. Auch größere Gruppen werden in zwei durch einen Korridor voneinander getrennten Gasträumen hervorragend bewirtet.

Novalis

Im Hardenberg BurgHotel
Hinterhaus 11 A
Tel. 0 55 03-98 10
Wer meint gastronomisch gesehen schon alles erlebt zu haben, sollte sich nach Nörten-Hardenberg aufmachen, um den ehemaligen Wohnort des bedeutenden Dichters der Romantik, Novalis, aufzusuchen. Im riesigen Anwesen des Burghotels Hardenberg, das aus mehreren Restaurants, der Kornbrennerei, einem Laden und einer Burgruine mit Standesamt besteht, befindet sich dieses Gourmetrestaurant der Extraklasse. Der nicht übertrieben große Raum, in dem das Restaurant untergebracht wurde ist nicht mondän, sondern dem Anwesen entsprechend in einer Art Luxus-Landhausstil gestaltet. Dunkle Wandfarben überwiegen, üppige Stoffe dämpfen die Geräusche aus Küche oder von anderen Tischen. Es geht vornehm zu. Die Speisekarte bietet mehrere Menüs, man kann allerdings auch à la carte essen, sollte man die Kreditkarte zuhause gelassen haben. Das Essen dann löst Verwunderung aus: wie ist es möglich etwas optisch so ansprechendes und gleichzeitig so wohlschmeckendes zuzubereiten? Sollte man nicht noch am offenen Kamin in gemütlichen Sessel von der Käseauswahl probieren, geht man mit vibrierenden Gaumen nach hause mit dem Gefühl, dass einem kein einziger Euro leid tut, den man in dieses Erlebnis investiert hat.

Schillingshof

Lappstraße 14, 37133 Groß Schneen,
Tel. 0 55 04 / 2 28
12.00–14.00 und ab 18.00 Uhr,
Montag und Dienstag Ruhetag
Exklusive Speisen im gemütlich-schlichten Ambiente. Stephan Schillings verlässliche Kochkünste lassen den Schillingshof in regelmäßigen Abständen in diversen Gastroführern erscheinen. Dort ist man voll des Lobes, denn von moderner deutscher bis zur asiatisch inspirierten Küche bietet dieses Restaurant alles, was das Herz begehrt. Man sollte allerdings schon bereit sein, ca. 30 € für ein Hauptgericht auszugeben. Größere Gruppenzusammenkünfte und Feierlichkeiten können hier genauso gut stattfinden wie das romantische Essen zu zweit. Im Sommer lädt der große Garten ein – mit Bäumen und Hecken sehr idyllisch.

▷ Kneipen und Cafés

ADé
im ehemaligen „Zum Altdeutschen"
Prinzenstraße 16,
Tel. 5 65 45
„Alles andere als Altdeutsch" ist hier das Motto. Untreu sind die Betreiber dieser Devise nur in Bezug auf die Räumlichkeiten, die dürften nämlich ziemlich alt und deutsch sein. Die Mischung aus verwinkeltem Fachwerk und aufgelegter Rock- und Popmusik zieht vor allem das reifere (aber jung gebliebene!) Publikum an. Studenten sind demnach nicht unbedingt in der Überzahl, was im Göttinger Nachtleben durchaus angenehm sein kann.
Spielmöglichkeit: ein Flipper, auf dem Gang.

Alfredo
Weender Straße 13,
Tel. 5 50 00
Zwei echte Bilder des bekannten Künstlers Lemberg mit Motiven aus Venedig zieren die Wände dieser „EspressoEis-CocktailBar", die seit ihrer Eröffnung im Sommer 1998 schnell zur ersten Adresse für den anspruchsvolleren Cocktailtrinker geworden ist. In der schlicht-eleganten Atmosphäre kann der Gast einen der über 80 Longdrinks und Cocktails stilvoll genießen. Das Angebot an anderen alkoholischen Getränken lässt (fast) keine Wünsche mehr offen – zwischen 14 verschiedenen Whiskeysorten kann hier gewählt werden. Wer auf Hochprozentiges verzichten möchte und nicht auf einen Espresso oder üblichen Softdrink zurückgreifen will, sollte einen der fruchtig erfrischenden Cocktails ohne Alkohol versuchen, oder sich an einem leckeren fruchtigen Milch-Mix-Getränk laben. Im Sommer ist die Außenbestuhlung zur Weender Straße fast immer belebt.

Alibaba Crêperie
Untere Karspüle 8-9
Orientalische Note in französischem Crêperieambiente – die Mischung stimmt! Ein großer Milchkaffee zu einer der vielen Crêpesvariationen ist sehr zu empfehlen. Wer die dünnen, süßen Pfannkuchen nicht mag, sollte eine Galette, die herzhafte Variante, versuchen. Ab 10 Uhr Frühstück, auch am Abend ist das Alibaba gut besucht. Im Sommer Außenbestuhlung auf der anderen Straßenseite.

APEX
Burgstr. 46
Tel.: 4 68 86
Das Konzept „Kunst, Kabarett, Kneipe, Küche & Konzerte" ist ein voller Erfolg – täglich ab 17.00 Uhr ist das Apex geöffnet. Außer den üblichen hat die Kneipe auch einige Wein- und Biersorten aus ökologischem Anbau auf der Karte. Die Küche überzeugt mit leckeren, raffinierten Speisen das durchaus überwiegend akademische Publikum: Studenten und Professoren, aber auch Künstler und solche, die es gern sein möchten. Nach dem gastronomischen Genuss kann, wer möchte, das kulturelle Programm (monatlich wechselnd) des Apex nutzen.

Berliner Hof
Weender Landstraße 43,
Tel. 38 33 20
Der Berliner Hof ist eine der Kneipen Göttingens, in denen sich der Gast kaum noch vorstellen kann, dass sich hier in den siebziger Jahren Göttinger Studenten trafen, um an der Theke die Weltrevolution zu planen. Wer abseits des kühlen Chics moderner Szenekneipen ein gepflegtes Pils genießen will, ist hier gut aufgehoben. Im Sommer gibt es einen kleinen Biergarten hinter dem Haus. Zu der typisch deutschen Kneipenatmosphäre passt die rustikale Küche – ein heisser Tipp ist die riesige Currywurst mit Pommes. Für kleine Veranstaltungen kann man separate Räumlichkeiten mieten. (siehe auch unter **Göttinger Hotels**)

Blooming Bar
Waageplatz 4
Etwas versteckt, zwischen Savoy und
Mac Donalds, liegt die seit Juni 2006
eröffnete Bereicherung der Göttinger
Kneipenszene. Idyllisch sitzt es sich bei
Kaffee und hausgemachtem Kuchen
direkt an der Leine im Efeu berankten
kleinen Innenhof. Am Abend kann man
Sonntags auf Großbildleinwand dem
Tatort folgen, ab und an finden Karaoke,
und Pokerabende statt. Sehr beliebt in
der kleinen chinaroten Bar ist der Donnerstag. Für nur 3,00 € kann man sich
an leckerer Pasta so richtig satt essen.
Jeden Monat findet außerdem mindestens ein Livekonzert statt. Die Blooming
Bar ist bekannt für gute Cocktails und
leicht rockige Musik. Das Monatspro-
gramm kann man dem Diggla oder dem
Barflyer entnehmen.

Cafe Botanik
Untere Karspüle 1b
Das Café ist idyllisch am Namensgeber,
dem Botanischen Garten, gelegen. Ruhige Café-Stimmung gepaart mit ori-
entalischem Flair – persische Tee- und
Kaffeespezialitäten, serviert in passendem Geschirr! Neben dem gemütlichen
Innenraum mit viel Holz und Mauerwerk
kann der Gast zwischen zwei Außenbe-
stuhlungen wählen: die an der (ruhigen!)
Straße gelegenen, erhöhten Terrasse
und der Innenhof zum Botanischen Garten. Kaffee und Kuchen, Frühstück und
herzhafte Snacks stehen auf der Karte.
Für den größeren Hunger können ebensolche Gruppen auch aus dem benachbarten persisch-russischem Restaurant
Alibaba bestellen – es handelt sich um
denselben Betreiber, der sich hier flexibel zeigt.

Café GroMo
Goetheallee 13a,
Tel. 4 88 92 32
Obwohl eher eine Kneipe als eine ty-
pische Crêperie, steht der Name für
„Große-Monster-Crêpes" und solche
gibt es in verschiedenen Variationen.

Frühstückskarte. Die Wände des Cafés
werden mit Arbeiten Göttinger Künstler
geschmückt – meistens sind diese Kunst-
werke zu erwerben.

Café Hemer
Böttingerstr. 21
Tel. 5 17 39 20
Jeder Südstadtbewohner kennt das
Café Hemer, eine Holzofen-Bäckerei,
wo Kuchen und Brot ausgesprochen
lecker schmecken. Dementsprechend
ist auch der Andrang am Wochenende
an der Kuchentheke. Man kann aber
auch ganz entspannt sitzenderweise
seinen Kuchen mit einer Tasse Kaffee
genießen, entweder im frisch-farbigen
Innenbereich der Bäckerei, oder auf der
Terrasse, die sich direkt am ehemaligen
Mühlengraben befindet. Beliebtes Ziel
von Innenstadtbewohnern, die sich hier
schon nach wenigen Schritten im Grünen wiederfinden. Ebenso von Fahrrad-
ausflüglern, denn auf der großzügigen
Terrasse kann man sich auch wunderbar
mit Herzhaftem stärken.

Café Kadenz
Jüdenstr. 17
Viel erinnert nicht mehr an das alte Kaffeehaus Kadenz, das sich in den 80ern
und 90ern durch einen unvergleichli-
chen Charme auszeichnete. Nach diversen Betreiberwechseln und Umgestal-
tungen lässt das Etablissement zurzeit
jede Berliner Eckkneipe alt aussehen.
Rustikal ist auch das Getränke- und
Speisenangebot.

Café Kreuzberg
Kreuzbergring,
Tel. 37 55 88
Unten Kneipenatmosphäre, oben ge-
mütliche Sofa-Kuscheligkeit mit kleinem
Balkon. Am Wochenende gibt es manch-
mal Livemusik. Auf der Speisekarte sind
preiswerte Pizzen zu finden. Im gemüt-
lichen Obergeschoss gibt es sonntags
von 10 bis 15 Uhr ein Frühstücksbuffet.
Unten stehen zwei beliebte Kicker. Die
Kneipe hat länger geöffnet.

Café P
Nikolaikirchhof 11
Tel. 5 76 99
Abseits der belebten Fußgängerzone
lädt im Sommer die großzügige Außenbestuhlung im Nikolaikirchhof zu einem
ausgiebigen Frühstück ein. Wenn es
im Frühjahr noch oder im Spätsommer
schon zu kalt ist, gibt man mollige De-
cken an die Gäste aus. Die gelungene
Mischung aus Café, Kneipe und Bar
überzeugt seit Jahren Studenten, Kleinfamilien und „ältere Semester".

Cartoon
Albaniplatz 5/6,
Tel. 46 66 48
Eine der Kneipen Göttingens, die es
schon sehr lange gibt und bestimmt
noch sehr lange geben wird. Üppig
dekoriert sieht es hier irgendwie immer nach Party aus. Richtig gefeiert

wird traditionell zu Nikolaus und am
14. Juli anlässlich des Nationalfeiertags
Frankreichs. Immer gut besucht ist der
Sonntag und der Mittwoch, da es zu
sehr günstigen Preisen Pasta und Auf-
laufgerichte gibt.

Casino
Hospitalstr. 6
Wochenmarkt im KAZ
Tel. 7 97 79 61
Das traditionsreiche Gasthaus im Jungen Theater trägt seit längerem den
Namen Casino. In einem Haus der Küns-
te untergebracht, hat die Einrichtung
ebenfalls künstlerische Elemente zu
bieten, die spektakulären Lampen allein
sind einen Besuch wert. Das Essen ist
vom Preis-Leistungsverhältnis in Ordnung, die Weine sind gut gewählt. Vor
allem Studenten und Theaterbesucher
verkehren hier.

Charly Max
Weender Straße 106,
Tel. 48 43 00
In der kleinen Kneipe direkt am Wall gibt es neben den Getränken auch kleine Speisen, wie Toast, Nachos und Baguettes.

Cron & Lanz
Weender Str. 23-25
Tel. 5 60 22
Zu den wenigen Cafés, die nicht ausschließlich studentisches Publikum anziehen, zählt dieses traditionsreiche Haus in jedem Fall. Seit 1912 werden in der Weender Straße Baumkuchen, köstliche Torten, feine Pralinés und Kaffeegebäck angeboten, die man im Ladenverkauf auch mit nach Hause nehmen kann. Die Zutaten sieht man nicht, aber man schmeckt sie" – dieses Motto hat bei Cron & Lanz Bestand. Über zwei Etagen zieht sich der Gastraum mit einem großzügigem Wintergarten, Dachterrasse und Außenbestuhlung auf der Weender Straße.

DagoBah
Mauerstr. 5
Tel. 4 88 87 80
Sowohl von außen als auch von innen nicht unbedingt von einem professionellen Dekorateur gestaltet, bietet die Dagobah wenig Flair, dafür sehr günstige Preise. Es gibt Cocktails ab 3,00 €, ein Köpi (0,4l) schon für 2,00 €. Geöffnet ist ab 20.00 Uhr, Zutritt nur für Volljährige (ab 18).

Déjà Vu
Gartenstr. 14,
Tel. 5 55 72
Das Déjà gehört zu den wenigen Adressen, die es sich nach zwei Uhr morgens noch anzusteuern lohnt. Vornehmlich geht es bei oftmals überdurchschnittlichem Geräuschpegel, Gedränge und Neonlicht um eines: den Alkohol. Im Sommer gibt es zudem zwei andere Seiten des Déja: An den Tischen auf dem Vorplatz macht sich tagsüber eine ruhige Straßencaféstimmung breit. Bis um 0.00

Uhr ist dann Party angesagt, über die die Anwohner nicht sehr erfreut sind.

Diva Lounge
Kurze Geismarstr. 9
Tel. 6 34 91 96
Diese recht neue Location Göttingens präsentiert sich als angenehm schlichte, in Brauntönen gehaltene Café-Bar. Das Dekor wirkt edel, ohne jedoch auf „Schickeria" getrimmt zu sein. Heimliche Dates sind hier nicht zu empfehlen, da sich eine lange Fensterfront parallel zum Durchgang zum Wochenmarkt zieht. Hierfür besser aufgehoben ist man schon eher im Keller, wo sich ein zweiter Gastraum befindet. Durch die hohe gewölbte Decke und gelungene Beleuchtung hat dieser Raum eine besondere Atmosphäre. Das Getränkeangebot ist reichhaltig und preislich wirklich nicht divenhaft. Neben verschiedensten Whiskeys, einer sehr umfangreichen Cocktailkarte, leckersten Kaffeespezialitäten findet man nicht nur viele Biersorten, sondern eine erstaunliche Auswahl an offenen Weiss- und Rotweinen.

Gartenlaube
Markt 7,
Tel. 4 73 73
Die im Jugendstil gehaltene, sich über zwei Etagen erstreckende Kneipe wird vor allem von Studenten der Rechts- und Wirtschaftswissenschaften besucht. Die Gartenlaube gehört zu den Lokalitäten, die sich für ein gutes Gespräch eignen, die Musik ist nicht zu laut, die Atmosphäre ist mehr eine Mischung aus Café und Kneipe. Der schöne Biergarten im Innenhof ist im Sommer gut besucht. Auch zum Marktplatz Außenbestuhlung. Hier lässt es sich nach einem Einkaufsbummel bei einem Milchkaffee oder Cappucino verschnaufen.

Hemingway
Weender Landstr. 46-48/
Ecke Kreuzbergring,
Tel. 3 07 89 14
Ein Café-Bar-Bistro mit ausgeprägter Speisekarte, auf der Gerichte mit den

Namen von Hemingway Klassikern zu vernünftigen Preisen zu finden sind. Salate, Pasta und vieles mehr gibt es täglich bis Mitternacht. Im Sommer besteht die Möglichkeit, im kleinen Garten am Kreuzbergring zu sitzen.

Irish Pub
Mühlenstraße 4,
Tel. 4 56 64
Häufig Livemusik, Guinness, Kilkenny und Cider auf der Getränkekarte – das sind für viele Göttinger bereits gute Gründe für einen Besuch im „Pub". Der Biergarten hat während der Sommermonate – einer der lauschigsten Plätze in der Innenstadt – bis 0.00 Uhr geöffnet. Diese Kneipe ist über Göttingens Grenze hinaus bekannt und deshalb gerade am Wochenende sehr gut besucht. Wer früh genug kommt und genügend Geld dabei hat – die Getränke sind nicht gerade die billigsten – kann hier dennoch einen feucht-fröhlichen Abend verbringen.

Kabale
Geismar Landstraße 19,
Tel. 48 58 30
Die Geismar Land Nr. 19 beherbergt neben dem Programmkino Lumière und dem Theater-Keller, die Kneipe im Untergeschoss, auch das Café Kabale. Die Getränke und kleineren Snacks kann man ohne Probleme mit nach nebenan, ins Kino nehmen. Für die anderen Speisen, leckere Suppen, kleine Aufläufe und Tagesangebote, sollte man sich an einen der Tische setzen. Die Betreiber, das Café-Kabale-Kollektiv, sorgen neben dem üblichen Kneipenprogramm, immer wieder für Themenabende, Partys und andere Veranstaltungen. Trotz unmittelbarer Nähe zur Straße ist der Biergarten des Cafés im Sommer ein beliebter Treffpunkt von Studenten, Kleinfamilien und „anderen Menschen". Der Dienstagabend ist den Frauen vorbehalten. Achtung Männer: Ihr müsst draußen bleiben! Am Sonntag gibt's ab 10.00 Uhr ein sehr leckeres Frühstück.

Kleiner Ratskeller
Jüdenstraße 30,
Tel. 5 73 16
Dieses Lokal verkörpert den Urtyp der studentischen Kneipe. Die Inneneinrichtung strahlt Tradition aus, von den schiefen Fachwerkwänden, den kuriosen Antiquitäten an Decke und Wänden bis zu einer Bildergalerie berühmter Besucher. Hier kehrten u.a. Bismarck, Heinz Erhardt, O.W. Fischer und Walter Giller ein. In dem Haus, das Anfang des 16. Jahrhunderts erbaut wurde, befindet sich nachweislich seit 1738 Gastronomie.
Den Kachelofen gibt es nicht mehr, dafür wurde in Handarbeit das Kellergewölbe freigelegt, welches auch Gruppen zur Verfügung steht. Aus dem Zapfhahn fließen Veltins, Jever und Krusovice. Auf der Speisekarte stehen Nudeln, Schnitzel, Bratwürste und Kartoffelaufläufe. Die Kartoffeln kommen aus Bioland-Anbau in der Region.

MaxL
Weender Straße 58,
Tel. 5 31 27 28
Der Name „MaxL" bleibt zwar rätselhaft, doch ansonsten bietet das Kneipencafé wieder alles, was Göttingens Durchschnittspublikum – unter dreißig und zumeist studierend – verlangt. Bis Mittag gibt's Frühstück, und eine Speisekarte bietet eine reiche Auswahl verschiedener Speisen. Abends kann es hier richtig voll werden. Aufs Essen muss dann etwas länger gewartet werden und man sollte sich aufs Trinken konzentrieren. Ob Bier oder Wein, Saft oder Cocktail – so schnell verdurstet im MaxL niemand.

Monro`s Park
Hospitalstraße 29,
Tel. 48 69 21
Bietet sechs Billardtische, Kicker, Flipper und Dart. Aber auch Leute, die gern mal in einem Schaufenster sitzen möchten, kommen in dem ehemaligen Helco-Supermarkt auf ihre Kosten.

Myers
Lange Geismarstr. 47
Tel.: 4 99 78 88
Nachmittagskaffee und -kuchen nimmt man bevorzugt auf der kleinen Terrasse im Innenhof ein, wo sich der Alltag hervorragend vergessen lässt. Eine Auswahl verschiedener Speisen sorgt dafür, dass man bei Bier, Wein oder Cocktail nicht verhungern muss. Täglich wird Frühstück geboten, das Publikum ist für Göttinger (Studenten-) Verhältnisse angenehm gemischt.

Mr. Jones
Goetheallee 8
Tel.: 5 31 45 00
Das Mr. Jones war 1998 die erste Lokalität, die im damals frisch restaurierten Grätzelhaus eröffnete. Über zwei Ebenen äußerst geräumig gestaltet, kann es gerade am Wochenende trotzdem schwierig werden, einen Platz zu ergattern. Dem Motto „Bar/Bistro/Diner – It's Mr. Jones" werden Speisen und Getränke gereicht. Frühstück(Buffet), Burger und diverses FingerFood.

Nautilus
Theaterstraße 8
Das Nautilus avancierte in kürzester Zeit nach der Eröffnung zu einer der angesagtesten In-Kneipen Göttingens. Gemütliche Sofa- und Sesselatmosphäre wird mit stählerner Unterwasserfiktion kombiniert und ergibt sowohl im Erdgeschoss als auch im Keller ein ungewöhnliches, aber einladendes Ambiente. Unten ist der Billardtisch meistens besetzt, aber es kann Ablenkung beim Getränkeangebot gesucht werden. Eine Empfehlung wert ist der „Tiefseetaucher", ein Mixgetränk aus einem Weizenglas (0,5 l), das garantiert jeden Übermütigen zurück auf den Boden der Tatsachen bringt!

Paulaner
Düstere Straße 20,
Tel. 48 48 62
Die Kneipe für Fans der bayrischen Lebensart, vermittelt jedem eingefleisch-ten Norddeutschen unter Garantie einen kräftigen Kulturschock. Das überladene Alpenlandambiente gepaart mit volkstümlichen Jodelklängen vom Band lässt unwillkürlich Oktoberfeststimmung aufkommen. Im September/Oktober kann sich dann jeder Exilbayer so richtig wohlfühlen, wenn das Paulaner zünftig feiert. Die wirklich günstigen deftigen Speisen (Leberkäs, Schweinshaxe mit Sauerkraut...) schmecken am besten mit einem frischgezapften Original Paulanerbier. Die Liebe zur süddeutschen Kultur scheint besonders stark bei den 40-50-Jährigen ausgeprägt zu sein, die den Großteil des Publikums ausmachen. Der einzige Stilbruch des fast 150 Gäste fassenden Lokals besteht darin, dass der Biergarten – ganz anders als in München – bis 24 Uhr geöffnet ist.

pools
Börnerviertel
Tel.: 8 20 74 72
Über drei Ebenen erstreckt sich das pools, das sich vorwiegend an jüngeres Publikum richtet. Der seit einigen Jahren so beliebte Retrochic (50er bis 70er Jahre-Möbel) bestimmt die Einrichtung. Angenehm sitzt es sich mit Cocktail oder Kaffee auch vor dem pools, im Innenhof des Börnerviertels. Dieses hat sich zwar nie zu einer der belebteren Ecken der Göttinger Innenstadt entwickelt, bietet dafür aber Ruhe und Entspannung.

Salamanca
Gartenstraße 21b,
Tel. 5 88 14
Angenehm gemischtes Publikum. Auf der Speisekarte stehen neben „normalen", vegetarischen oder auch veganen Speisen leckere Tapas, Fish´n Chips und andere Kleinigkeiten, die freitags und samstags bis Mitternacht serviert werden. Nach dem Essen steht der Billardtisch für ein Spiel bereit.

Sambesi
Wendenstr. 8,
Tel. 37 07 56 51
Wie der Name bereits andeutet, wird hier

der Gast nach Afrika entführt. Zwischen Palmen sitzt man in dieser räumlich sehr großzügigen Kneipe, die von der Speisekarte besehen eher ein Restaurant ist. Man kann Kleinigkeiten bestellen, die eigentlich nicht besonders afrikanisch anmuten (Flammkuchen, Salate, Fetakäse, Maiskolben, etc.) oder auch aus richtigen Fleisch- oder Fischgerichten wählen.

Schroeder
Jüdenstraße 29,
Tel. 5 56 47
Anzugträger verschlägt es nicht oft ins Szene-Café Schroeder. Obwohl eher Kneipe als Café, ist der große Milchkaffee besonders beliebt. Abends sollte man einen Blick auf die Karte mit den preiswerten Cocktails werfen (4 – 5 €), wenn man vom Bier (Jever, Radeberger u. Krusovice) genug hat. Großer Hunger wird hier nicht gestillt: Die Frühstückskarte verspricht diverse Schokoriegel, zum Abendmahl werden Chips und Erdnüsse gereicht...
Parties mit oder ohne Motto finden im Café Schroeder in unregelmäßigen Abständen statt.

Schucan
Am Markt
Tel.: 48 62 44
Ein Café, wo man sehen und gesehen werden möchte. Wurde so manches Mal als Flirtparadies der Innenstadt ausgezeichnet. Im Sommer setzt man sich statt ins Kino einfach vor das Schucan, direkt am Markt gelegen, und benotet die vorbeiströmenden Menschen nach Aussehen, Witzigkeit, Kleidung bis eine Stelle nach dem Komma. Die Speisekarte bietet Pasta, Salate, Baguettes und andere Kleinigkeiten zum Sattwerden.

Teehaus Kluntje
Lange Geismarstraße 33,
Tel. 48 56 00
Eine Alternative zum Nachmittagskaffee bietet die Teestube: Aus über 20 Teespezialitäten kann der Gast wählen und seine Lieblingssorte mit passendem Tee-

service im Ladenverkauf gleich mitnehmen. Besonders beliebt an den kälteren Tagen des Jahres. Eine Tasse „Kluntjes Spezialmischung" wärmt auf, dazu ein ein kleiner Snack sind ein guter Gegenvorschlag zu Kaffee & Kuchen, was es hier aber auch gibt.

Thanners
Barfüßer Straße 1,
Tel. 48 57 75
Der Rest der vormaligen Systemkneipe ist noch an der Einrichtung Marke „Schwarzwald-Köhlerhütte-Bauernhaus" zu erkennen. Mittlerweile verkehrt hier aber eher junges Publikum, das auch mal einen Abend ohne Konfetti und Animation auskommt und lieber preiswert trinken möchte. Beliebt zum Kaffeetrinken nach der Mensa. Die Bierauswahl ist mit Einbecker, Miller, Warsteiner, Duvel (der „Teufel" ist ein belgisches Starkbier) und Krom völlig o.k.. Noch mehr o.k. ist der Weizenpreis am Weizentag: 2 €. Gespeist wird woanders.

Theaterkeller
Geismar Landstraße 19,
Tel. 4 37 78
Etwas außerhalb des Altstadtkerns liegt dieser alternative Szene-Treff. Der T-Keller, wie die Kneipe im Göttinger Volksmund genannt wird, existiert seit über 30 Jahren und wird wie das im selben Gebäude anzutreffende „Kabale" von einem Kollektiv betrieben. Besucher des Filmtheaters Lumière, welches sich im Gebäude direkt über dem T-Keller befindet, steuern die Kneipe oftmals nach den Vorführungen an. Unter musikalischer Beschallung von Independent bis Punkrock kann man/frau bei einem Drink einfach abhängen und beim Billard oder Kickern seinen/ihren Spieltrieben nachgehen.
Die Bierauswahl lässt kaum etwas zu wünschen übrig, ob von der Flasche (Jever, Becks, Warsteiner...) oder vom Fass. Die Preise aller Getränke sind für Göttinger Verhältnisse günstig.

Trou
Burgstraße 20
Tel. 4 39 71
Der ideale Ort für heimliche Dates. Die
urige Kneipe bietet seit 1961 eine Alternative zu den schicken Szenecafés. In
der schummrigen Atmosphäre des Kel-
lergewölbes treffen vor allem Studienanfänger auf eher ältere Semester. Hier
sollte passend zur gemütlich-einfachen
Einrichtung Bier oder die berühmte Alt-
bierbowle getrunken werden.

Zak
Am Wochenmarkt 22
Tel.: 48 77 70
Ein Dauerbrenner der Göttinger Kneipenszene. Eine Empfehlung ist das Zak,
wenn man keine Lust auf ein „richtiges"
Restaurant hat und trotzdem zu akzep-
tablen Preisen satt werden möchte: Falls
einem die Speisenbezeichnung bekannt
vorkommt: die Gerichte sind nach Film-
klassikern benannt. Reichhaltiges Früh-
stücksangebot. Im Sommer sehr gerne
benutzt: die weitläufige Terrasse zum
Wochenmarkt. Am Sonntag lässt sich
beim Kaffee das bunte Treiben des Floh-
markts beobachten.

Kein Rotlichtbezirk sondern Göttingen
im besonderen „Licht und mehr"
(2006).

▷ Göttingen by Night

Böse Zungen behaupten, dass Göttinger mindestens bis nach Kassel oder Hannover fahren müssen, um „echtes" Nightlife zu erleben. Doch in den letzten Jahren hat sich einiges getan: neben dem üblichen Discothekenbetrieb bereichern kleinere Clubs und Bars mit unterschiedlichem Programm das Nachtleben. Auch der Veranstaltungsort **Lokhalle** hat einiges zur Göttinger Abendgestaltung beigetragen: Konzerte von den „richtig Großen" des Musikgeschäfts hätten ohne diesen Veranstaltungsort wohl nicht in Göttingen stattgefunden.

In den Gebäuden der Universität am GWZ (Geisteswissenschaftliches Zentrum) finden während des Semesters regelmäßig Partys statt, am bekanntesten ist die Niklausparty Anfang Dezember (siehe auch **Veranstaltungskalendarium**).

Das Pogramm der Discos und Musikkneipen, Bars und Clubs ist den Stadtmagazinen (siehe auch Zeitungen unter A-Z), dem Webportal **www.goest.de** so wie den zahlreichen Flyern zu entnehmen. Die meisten der Clubs und Discotheken haben zudem eigene Websites mit dem aktuellen Programm.

Hier stellen wir nur eine kleine Auswahl der Bars, Clubs und Discotheken vor. In den monatlich erscheinenden Magazinen **pony** und **diggla** sind in den „Nightlife-Straßenplänen" sämtliche Locations zu finden.

Blue Note
Wilhelmsplatz 3
Mi, Fr, Sa, So 21.00 – 4.00 / 5.00 Uhr
Das Blue Note gehört zum Urgestein der Göttinger Kneipenszene. Als Jazz-Club bekannt geworden, läuft der Laden heute vorwiegend im Kneipen und Discobetriebsmodus.
Zur Salsa-Night am Mittwoch und Sonntag werden in dem alten Kellergewölbe unter der Mensa feurige Tänze zu lateinamerikanischen Rhythmen aufs Parkett gelegt.

Freitags wird zur African Disco geladen, mit einer bunten Mischung aus Hip Hop, Afro Ridm, Reggae und Dancehall. Und für alle Nostalgiker gibt es am Samstag auch noch eine Oldie Night. Kleinere Bands unterschiedlicher Stilrichtungen finden hier zudem eine Bühne und ein stark gemischtes Publikum.

Electroosho
Weender Str. 38
Mi, Fr, Sa
In den Kellerräumen der "W 38" waren schon so einige Discotheken untergebracht, u. a. auch eine mit eben diesem Namen. Seit 1998 ist hier das Electroosho, kurz Osho genannt, zu finden und seitdem nicht mehr aus dem Göttinger Nightlife wegzudenken. Nichts für Menschen mit klaustrophobischen Neigungen. Hier legen lokale und auswärtige DJs auf. Das aktuelle Programm ist auf www.electroosho.de zu finden.

einsB
Nikolaistraße 1b
Mi, Fr, Sa
Verschiedene Veranstalter bieten hier ein abwechslungsreiches Programm: von der Rockdisco über Alternative und Punk und eigenwillige Cross-Over-Experimente wie Ska, Merengue & Rock. Vor allem bei Schülern und Studenten beliebt, letztere veranstalten hier gerne auch außerhalb der Öffnungstage Semesterpartys.
Infos unter www.einsb.de

Exil
Prinzenstr. 13
Di-Sa
Nomen est Omen – das Exil ist wirklich eines. Die Crew der Outpost – die legendäre, leider seit längerem geschlossene Großraumdisco in Grone – will in den Räumlichkeiten des Ex-Kairos so lange verweilen, bis sich eine größere Location gefunden hat. Bis dahin hat das Publikum auch in kleinerem Rahmen Spaß. Musikstil: (Hard-) Rock, Alternative etc.
www.exil-web.de.

Nörgelbuff

Groner Straße (gegenüber Karstadt),
Tel. 3 70 64 87
In dieses alteingesessene Kellerlokal sollte man gehen, wenn Livemusik angesagt ist. Das ist seit Frühjahr 2002 wieder mehrmals in der Woche ab 21.30 Uhr der Fall. Ins Nörgelbuff hat es schon so manchen berühmten Musiker verschlagen. Natürlich kann auch „nur" ein gemütlicher Kneipenabend verbracht werden!

Tangente

Goetheallee 8A
Mi bis Sa 22.00 –5.00 / 6.00 Uhr
Eintritt ca. 3 €
In der Tangente trifft ein junges, meist studentisches Publikum auch auf die älteren Semester, die sich in selbiger Location bereits vor etwa zwanzig Jahren einfanden. Zu Rock, Indie und Alternative wird gemeinsam die Decke zum Tropfen gebracht. Hin und wieder schleichen sich auch Mainstream und Hip-Hop ein. Kicker- und Billardtisch im hinteren Bereich bieten zudem die Möglichkeit, Können oder Nicht-Können unter Beweis zu stellen.
An jedem ersten Mittwoch im Monat findet die Zartbitterparty statt, die bei über 350 Besuchern nicht mehr allzu viel Bewegungsspielraum lässt. Wobei zahlreiche blaue Flecken oft auch noch Tage später von ausgelassenen Pogo-Runden erzählen.

Club Savoy

Berliner Str. 5
Mi-So
Clubatmosphäre gibt es im Savoy höchstens im unteren Geschoss, in der Lounge. Oben ist Mainstream-Discobetrieb angesagt: unterschiedlichste Events für das – vermeintlich oder tatsächlich – gemischte Publikum: Studentennacht, Lady's Night, Oben-ohne-Party etc. Bei den meisten der Veranstaltungen geht es also um leicht bekleidete Menschen an Stangen und in Käfigen – wer's mag, hat hier bestimmt Spaß! Leider halten sich die Gerüchte um ausländerfeindli-

che Türsteher ...
Infos zum Programm unter:
www.savoy-club.de

Alpenmax Göttingen

Weender Landstraße 3-7
Hier kann das Partydiplom erworben werden – passend dazu werden zahlreiche Mottopartys veranstaltet, die zumeist etwas mit viel Alkohol zu niedrigen Preisen zu tun haben.
Infos unter www.alpenmax.de

Matrix

Pappelbreite 4/Nörten-Hardenberg
„Club, Discotheque, Lounge" – all das möchte das Matrix sein. Partys mit Motto „Pinkelparty" – freie Getränke, bis der Erste auf Toilette geht – widersprechen zwar dem Image, über zu wenig Andrang kann sich die Disco trotzdem (oder gerade deswegen!?) nicht beklagen. Wer rein will, sollte dem Dresscode „Smart'n tasteful" entsprechen – aber über Geschmack lässt sich halt nicht streiten ... Direkt an der B3 zwischen Northeim und Göttingen gelegen. Aktuelles Programm: www.matrix-disco.de

Sechs-Millionen-Dollar Club

Neustadt 1
Eine sehr enge, aber extrem gut besuchte Kneipe, die eine gelungene Mischung aus ebensolcher, Bar und Club darstellt. Verschiedene Themenabende und Parties lassen den Sechs-Millionen-Dollar-Club in unregelmäßigen Abständen zu einer der beliebtesten Locations der Göttinger Szene – so es sie gibt – werden.

Qube

Nikolaistr./Ecke Mauerstraße
Extrem beliebte Bar als Zwischenstopp vor oder nach dem Discobesuch zum Entspannen – und das tut man am besten in einem der kuscheligen Sofas. Ansonsten sehr hip durch den „Siebziger Jahre Charme". Ausgeprägte Cocktailkarte.

Shisha – Bistro & Café
Nikolaistr. 1b
Nur als Shishabar bekannt. Neben dem
Angebot an Wasserpfeifen mit verschie-
denen Aromen, gibt es allerdings auch
all das, was man eben in einem Bistro/
Café erwartet. Sonntags ist ab 21 Bauch-
tanzabend.

Rodeobar
Jüdenstr. 13 b
Mo Ruhetag
Obwohl im Keller und recht klein - die
Rodeobar ist eine der beliebtesten
Adressen der Göttinger Nachtschwärmer.
Nicht nur DJs legen hier auf, irgendwie
schaffen es die Betreiber auch, Konzer-
te in den engen Räumlichkeiten zu ver-
anstalten. Die Stimmung ist trotz oder
gerade wegen des Platzmangels gran-
dios. Im Sommer kann man auf dem so
genannten Cocktaildeck (Seiteneingang
Barfüsserstraße) auch draußen sitzen.

Sonderbar
Kurze Straße 9,
Tel. 4 31 43
Wenn alle an-
deren Kneipen
schließen, bleibt
immer noch die
S-Bar. Der kleine
schlauchförmige
Raum bietet zwar
wenig Sitzplatz,
doch das stört hier niemanden. Wirklich
bunt ist das Publikum: hartgesottene
Kampftrinker, Punks und alle, die, die sich
nach durchtanzter Nacht noch einen „Ab-
sacker" gönnen wollen. Wen die dröhnen-
de Technomusik nicht (mehr) stört, kann
hier abwarten, bis die erste Bäckerei
aufmacht. Was auch viele alteingesessene Göttinger überrascht: Die „S-Bar" hat
bereits am Mittag geöffnet.

Wölfi's
Güterbahnhofstraße. 2a, Tel. 3 49 00
Für alle, die sich nicht nach Hause trau-
en, ist Wölfi's das, was nach der Sonderbar kommt. Zwischen müden Taxifahrern
und ermatteten Damen von gegenüber
kann man einen rettenden Kaffee trinken, oder sich mit einem Jägerschnitzel
für den Nachhauseweg stärken. Bis 6.00
Uhr morgens warme Küche, die mehr als
Schnitzel bietet (nicht in der Nacht von
Sonntag auf Montag).

▷ Unterkommen in Göttingen – Hotels, Pensionen und Ferienwohnungen

Alle aufgeführten Preise sind Inklusivpreise, schließen also Zimmer, Frühstück, Bedienung und MwSt. ein. Preisänderungen sowie eine Auflistung sämtlicher Ferienwohnungen und Privatunterkünfte können beim Fremdenverkehrsverein e.V. Göttingen, im Alten Rathaus, erfragt werden. Zu Zeiten der großen Messen in Hannover (CeBit, Industriemesse) sollte auf jeden Fall langfristig reserviert werden. Die Preise der Boardinghouses sind Mindestpreise. Es empfiehlt sich also, die Kosten für ein komplett eingerichtetes Boarding-Appartement auf jeden Fall vorher zu erfragen. Die unterschiedlichen Preise für eine Zimmerkategorie innerhalb eines Hotels ergeben sich saisonal bzw. ausstattungsbedingt.

EZ (Einzelzimmer)
DZ (Doppelzimmer)
MBZ (Mehrbettzimmer)
Hinweis: Alle Angaben entsprechen dem Stand bei Drucklegung und sind ohne Gewähr.

Hotels

Adesso-Hotel Schweizer Hof

Kasseler Landstraße 118/120
Tel. 50 96-0, Fax 50 96-1 00
40 EZ oder DZ
EZ   56 – 139 Euro
DZ   69 – 169 Euro
Tagungs-/Konferenzräume:
vier Räume für bis zu 70 Personen (je nach Bestuhlung: Tagungen für 40 und Veranstaltungen/Bankette für bis zu 70 Personen)
Frühstück: Buffet
Zimmerausstattung: Bad oder Dusche/WC, Kabel-TV/Radio, Tel, Minibar, Safe, Hosenbügler, (teilweise) Balkon
Sport-/Freizeitmöglichkeiten: Sauna, Solarium, Whirl-Pool
Der Schweizer Hof bietet zusätzlich zum saisonunabhängigen Programm einige Tarife der besonderen Art: Wochenend-, Familien- und Gruppenangebote.

Hotel Beckmann

Ulriedeshuser Straße 44,
OT Nikolausberg
Tel. 20 90 80, Fax 20 90 81 0
11 EZ   ab 33 Euro
16 DZ   ab 52 Euro
Tagungs-/ Konferenzräume:
2 Räume für bis zu 40 Personen

Frühstück: Buffet
Zimmerausstattung: Dusche oder Bad/WC, Kabel-TV, Tel, Minibar auf dem Flur
Sport-/Freizeitmöglichkeiten:
Sauna, Terrasse
Das familiär geführte Hotel liegt im beschaulichen Ortsteil Nikolausberg. Es bietet ein Café und einen Nachtservice bis 23 Uhr. Hotelgästen wird das nahegelegene Restaurant Thalassa empfohlen.

Berliner Hof

Weender Landstraße 43
Tel. 38 33 20, Fax 38 33 232
5 EZ   34 – 44 Euro
6 DZ   65 Euro
Tagungs-/Konferenzräume: 2 Räume für bis zu 55 Personen (25 und 30)
Frühstück: Buffet
Zimmerausstattung: WC/z.T. Dusche, Kabel-TV, Tel
Sport- und Freizeitmöglichkeiten: –
Die Gaststätte im Haus war früher ein begehrter Studententreff und bietet abends (bis 22.30 Uhr geöffnet) deutsche Küche an.

Best Western Hotel am Papenberg

Hermann-Rein Straße 2
Tel. 3 05 50, Fax 3 05 54 00
11 EZ   ab 80 – 130 Euro
67 DZ   ab 100 – 155 Euro

Tagungs-/Konferenzräume: sieben Konferenzräume für max. 90 Personen
Frühstück: Buffet
Zimmerausstattung: Bad oder Dusche/WC, Wecker/Uhr, Kabel-TV/Radio, Tel/Fax, Minibar, W-Lan
Sport-/Freizeitmöglichkeiten: –
Ein ideales Tagungshotel. Sieben Räume sind mit modernster Technik ausgestattet. Im Hotel gibt es ein reichhaltiges Frühstück, für kulinarische Köstlichkeiten zu anderen Tageszeiten sorgt das italienische Restaurant Mazzoni nebenan. Ein Bereich ist ausschließlich mit Nichtraucherzimmern eingerichtet. Diese sollte man ebenso wie die behindertengerechten Zimmer reservieren.

Hotel Central

Jüdenstraße 12
Tel. 5 71 57, Fax 5 71 05
15 EZ   58 – 90 Euro
15 DZ   95 – 160 Euro
Zimmerausstattung: Bad/WC, Kabel-TV, Tel
Seit dem Umbau herrscht in diesem Innenstadthotel ein mediterranes Flair. Die Hotelleitung hat sich auf die Fahnen geschrieben ihre Gäste besonders persönlich aufzunehmen.

Clarion und Comfort Hotel Göttingen

Kasseler Landstraße 45
Tel. 90 20, Fax 90 21 66
51 EZ   49 – 89 Euro
85 DZ   79 – 129 Euro
3 Familienzimmer ab 145 Euro
9 Suiten/Appartements (4 Sterne) ab 99 – 139 Euro
Tagungs-/Konferenzräume: 13 Räume bis max. 400 Personen
Frühstück: Buffet
Zimmerausstattung: Bad oder Dusche/WC, Kabel-TV/Radio, Tel/ISDN, Minibar, Hosenbügler
Sport- und Freizeitmöglichkeiten: Kegelbahn, Terrasse und Garten
Im ehemaligen Parkhotel Ropeter befindet sich das Clarion und Comfort Hotel,

eine Mischung aus Moderne und Gemütlichkeit. Ein Tipp ist das Restaurant im Hotelkomplex: Es bietet gehobene deutsche und internationale Küche zu angemessenen Preisen. Ferner wird in der rustikalen Bierstube Kutscherkeller „Hausmannskost" angeboten. Etwas Besonderes ist der Sonntagsbrunch ab 11.30 Uhr. Für 22,50 Euro bleibt kein kulinarischer Wunsch mehr offen.

Eden-Hotel

Reinhäuser Landstraße 22a
Tel. 7 60 07, Fax 7 67 61
35 EZ   72 – 150 Euro
65 DZ   96 – 196 Euro
die Preise verstehen sich inkl. Frühstück, Sauna und Schwimmbad. Auch die Parkplätze am Haus sind im Preis inbegriffen.
Tagungs-/Konferenzräume: 8 Räume unterschiedlicher Größe für max. 180 Personen
Frühstück: Buffet
Zimmerausstattung: Bad oder Dusche/WC, Kabel/Pay-TV/Radio, Tel/Fax, Minibar, Hosenbügler, W-Lan und LAN (DSL), Safe an der Rezeption
Sport-/Freizeitmöglichkeiten: Swimmingpool, Solarium, Sauna, Billardzimmer, Fahrradverleih
Fünf Autominuten vom Hauptbahnhof und wenige Minuten von der Innenstadt entfernt, empfängt der Familienbetrieb seine Gäste im moderner, komfortabler Atmosphäre. Die 100 Zimmer verschiedener Kategorie bieten einen angenehmen Standard. Für das leibliche Wohl ist bestens in den anliegenden Restaurants Pampelmuse und La Locanda gesorgt (siehe **Restaurants**). Wer eine bestimmte Zimmerkategorie bevorzugt, sollte in jedem Fall reservieren.

Hotel Freizeit In

Dransfelder Str. 3
Tel. 90 01-0, Fax: 90 01-100
120 EZ   92/102 – 359 Euro
92 DZ   122/142 – 389 Euro
Tagungs-/Konferenzräume: 44 für max. 1200 Personen

Frühstück: Buffet
Zimmerausstattung: WC/Dusche, Kabel- TV/Radio, Tel, Minibar, Hosenbügler
Sport-/Freizeitmöglichkeiten: Swimmingpool, Sauna, Tennis, Squash, Fitness, Massage, Krankengymnastik
Das Freizeit In, größtes Hotel in Göttingen, lässt Fitness-Herzen höher schlagen. Die Saunalandschaft, Workout, Tennis- und Squash-Plätze lassen die Hotelzimmer zur Nebensache werden. Allerdings ist nicht alles in den Übernachtungskosten enthalten. Mit 44 Konferenzräumen für bis zu 1.200 Personen ist das Freizeit In auch ein ausgezeichnetes Tagungszentrum mit Autobahnanschluss, das mehrfach in Folge zum besten Tagungshotel Deutschlands gewählt wurde!

Hotel garni Gräfin Holtzendorff

Ernst-Ruhrstrat-Str. 4
Tel. 6 39 87, Fax 63 29 85
9 EZ   ab 32 Euro
8 DZ   ab 55 Euro

Tagungs-/Konferenzräume: –
Frühstück: Buffet
Zimmerausstattung: teilw. Bad/WC, Kabel-TV,
Sport-/Freizeitmöglichkeiten: –
Familiär geführtes Hotel in ruhiger Lage mit individuell ausgestatteten Räumen. Fast alle Zimmer gehen zum großen Garten hinaus, wo man im Sommer herrlich sitzen kann. Für die Hotelgäste sind kostenlose Parkplätze vorhanden.

InterCityHotel Göttingen

Bahnhofsallee 1a
Tel. 52 11-0, Fax 52 11-500
144 Zimmer (als EZ und DZ buchbar)
EZ   ab 89 Euro
DZ   ab 126 Euro
8 Studios
Tagungs-/Konferenzräume: 11 Tagungsräume mit modernster Technik für max. 400 Personen (größter Raum: 220 Quadratmeter)
Frühstück: Buffet
Zimmerausstattung: Dusche/WC/Fön,

TV, Tel/ISDN, Minibar
Sport-/Freizeitmöglichkeiten: Sauna,
Solarium

Hotel Kasseler Hof

Rosdorfer Weg 26
Tel. 7 20 81, Fax 7 70 34 29
6 EZ	55 – 59 Euro
13 DZ	79 – 89 Euro
1 MBZ	89 – 120 Euro

Tagungs-/Konferenzräume: –
Frühstück: Buffet
Zimmerausstattung: Dusche/WC, TV, Tel
Sport-/Freizeitmöglichkeiten: –
Berühmt für ein besonders ausgiebiges
Frühstücksbuffet ist dieses Hotel mit
Garni System in Innenstadtnähe.
Angegliedert ist das Restaurant „Blaue
Orange" mit gehobener internationaler
Küche.

Leine-Hotel – Boardinghouse

Groner Landstraße 55
Tel. 5 05 10, Fax 50 51 70
| 78 EZ | 55/65 Euro |
| 23 DZ | 75/85 Euro |

Boardinghouse: ab 520 Euro/Monat (ca.
20 qm, Küche, möbliert)
Tagungs-/Konferenzräume: nach Absprache kann der Frühstücksraum benutzt werden
Frühstück: Buffet
Zimmerausstattung: Dusche/WC, Kabel-
TV/Radio, Tel, z.T. Minibar
Sport-/Freizeitmöglichkeiten: –
Übernachtung pur. Geräumige Einzelzimmer, Doppelzimmer gehen hier sogar
über zwei Etagen. Es gibt keine zusätzlichen Einrichtungen.

Hotel Lindenhof

Dransfelder Str. 9
Tel. 9 22 52, Fax 98 00 01
| 6 EZ | 43,50 – 60 Euro |
| 8 DZ | 69 – 80 Euro |

Tagungs-/Konferenzräume:
2 Räume für 10 bzw. 24 Personen
Frühstück: kein Buffet
Zimmerausstattung: Dusche/WC, Kabel-
TV, Tel
Sport-/Freizeitmöglichkeiten: –

Zu einem geringen Aufpreis ist die Unterbringung von Haustieren erlaubt.
Z.B. Zimmer Nr. 7 ist sehr geräumig.

Nh Hotel

Kasseler Landstraße 25c
Tel. 90 05-0, Fax 90 05-400
114 Zimmer (als EZ und DZ zu buchen)
| EZ | ab 79 Euro |
| DZ | ab 79 Euro |

Comfortzimmer: Aufpreis von 25 Euro
Boardingrooms: 11 EZ à 650 Euro
sowie 8 DZ à 850 Euro (jeweils ohne
Frühstück)
Tagungs-/Konferenzräume: 7 Räume
für bis zu jeweils 80 Personen
Frühstück: Buffet
Zimmerausstattung: Dusche/WC,
Kabel- TV/Radio, Tel
Sport-/Freizeitmöglichkeiten: Solarium,
Sauna.
Gute Verkehrsanbindung durch die Au-
tobahnnähe und Busverbindungen. Ru-
higere Lage, da es etwas versetzt in der
„zweiten Reihe" der Kasseler Landstraße
liegt. Neben den EZ und DZ hat das Nh-
Hotel Boardingrooms im Angebot.

novostar
business-class-Hotel

Kasseler Landstraße 25d
Tel. 99 77-0, Fax 9 97 74 00
| 19 EZ | ab 55 Euro |
| 52 DZ | ab 68,50 Euro |

Tagungs-/Konferenzräume: –
Frühstück: Buffet
Zimmerausstattung: Bad oder Dusche/
WC, Kabel-TV/Radio, Tel, Minibar, Ho-
senbügler, teils mit Pantryküche
Sport-/Freizeitmöglichkeiten: –
Ideal für Geschäftsreisende, die einen
kurzen Aufenthalt in Göttingen planen.
Wer länger bleiben möchte, sollte ein
Zimmer mit kleiner Pantryküche neh-
men, da das Hotel außer dem ausgie-
bigen Frühstücksbuffet kein weiteres
Speiseangebot hat. Wie alle Hotels der
„Göttinger Herbergsmeile" liegt auch
das novostar nur wenige Autominuten
von Autobahn und Bahnhof entfernt.

Hotel-Restaurant
Onkel Toms Hütte

Am Gewende 10-11
Tel. 7 20 36, Fax 7 70 00 34
10 EZ   47 Euro
30 DZ   68 Euro
Tagungs-/Konferenzräume: zwei separate Räumlichkeiten für max. 100 Personen
Frühstück: Buffet
Zimmerausstattung: Dusche/WC, Kabel-TV/Radio, Tel, Fön
Sport-/Freizeitmöglichkeiten: Garten mit Grillmöglichkeit
Inmitten einer Wohnsiedlung liegt dieses Hotel-Restaurant. Trotz dieser ruhigen Lage ist das Hotel gut zu erreichen – die B27 liegt nur zwei Straßenecken entfernt. Das Restaurant im Blockhousestil bietet deutsche Küche.

Hotel Rennschuh

Kasseler Landstraße 93
Tel. 90 09-0, Fax 90 09-199
40 EZ   ab 45 Euro
64 DZ   ab 67 Euro
Tagungs-/ Konferenzräume: 4 Seminarräume für bis zu 80 Personen
Frühstück: Buffet
Zimmerausstattung: Bad oder Dusche /WC/Haartrockner, Kabel-TV/Radio, Tel
Sport- und Freizeitmöglichkeiten: Solarium, Swimmingpool, Sauna, Kegelbahn
Das Hotel Rennschuh ist ein familiär geführtes Hotel, das auch Drei- und Vierbettzimmer für die Familie zu bieten hat, die allerdings nicht sehr groß sind. Für aktive Urlauber gibt es neben kleinem Pool und Sauna auch fünf Kegelbahnen.

Romantik Hotel Gebhards

Goetheallee 22-23
Tel. 4 96 80, Fax 4 96 81 10
30 EZ   96 – 140 Euro
20 DZ und Suiten   140 – 260 Euro
Konferenz-/ Tagungsräume: verschiedene Räumlichkeiten bis max. 95 Personen
Frühstück: Buffet
Zimmerausstattung: Bad oder Dusche/ WC, Kabel-TV, Tel, Fön, z.T. W-Lan

Sport-/Freizeitmöglichkeiten: Fitness, Whirlpool, Sauna
Die erste Adresse innerhalb des Walls befindet sich in unmittelbarer Nähe des Bahnhofs. Die Zimmer bieten gediegene Gemütlichkeit Es gibt eine Nachtbar und für kulinarische Wünsche aller Art das Restaurant-Café Georgia Augusta Stuben.

Hotel Stadt Hannover

Goetheallee 21
Tel. 5 47 96-0, Fax 4 54 70
15 EZ   ab 75 Euro
13 DZ   ab 105 Euro
Tagungs-/Konferenzräume: Ein Besprechungsraum für bis zu 10 Personen mit Internet-Terminal
Frühstück: Buffet
Zimmerausstattung: Dusche/WC/Bad, Tel, W-Lan, Fax/Modem, Kabel-TV
Sport-/Freizeitmöglichkeiten: –
Doppelte Türen und hohe Zimmerdecken – ein etwas altertümliches, aber gemütliches Flair. Ein Hotel, in dem vor allem akademische Reisende absteigen, um ihre Ruhe zu haben. Unmittelbare Nähe zum Bahnhof, ein Katzensprung von der Fußgängerzone entfernt. Entlang der Goetheallee finden sich gleich mehrere Restaurants, Kneipen und Cafés, in die der Hotelgast einkehren kann.

STEIGENBERGER ESPRIX Hotel

Hannoversche Straße 51-53
Tel. 3 05 00, Fax 3 05 01 00
26 EZ   ab 69 Euro
125 DZ   ab 78 Euro
4 Suiten: DZ-Preis + 20 Euro Aufpreis
Boardinghouse: Sonderpreise können auf Nachfrage vereinbart werden (2 Sterne Segment)
Tagungs-/Konferenzräume:
12 Tagungsräume für max. 200 Personen (größter Tagungsraum mit 135 Quadratmetern)
Frühstück: Buffet
Zimmerausstattung: Dusche/WC (die Suiten mit Bad), Kabel-TV, Tel/ISDN, Minibar
Sport-/Freizeitmöglichkeiten: Sauna, Solarium

Nur wenige Minuten von der Autobahnabfahrt Göttingen-Nord entfernt. In die Innenstadt kommt man ebenso schnell.

Hotel Weender Hof

Hannoversche Straße 150
Tel. 503750, Fax 5037555
10 EZ   45 Euro
10 DZ   70 Euro
Konferenz-/Tagungsräume: 3 Tagungsräume für 20 bis 90 Personen
Frühstück: Buffet
Zimmerausstattung: Dusche /WC, Kabel-TV/Radio, Tel, Teilw. W-Lan
Sport-/Freizeitmöglichkeiten: –
Sonntags ist das Einchecken nur nach Absprache möglich. Das Restaurant bietet Speisen und Getränke von 16.30-22.30 Uhr. Wer im Sommer schwimmen möchte – das Weender Freibad ist ganz in der Nähe.

Hotel Wölfis Bierstuben

Güterbahnhofstraße 2a
Tel. 34900, Fax 32846
3 EZ   46 Euro
5 DZ   64 Euro
Tagungs-/Konferenzräume: –
Frühstück: Buffet
Zimmerausstattung: Dusche/WC, Kabel-TV, Tel,
Sport-/Freizeitmöglichkeiten: –
Nett sind die Doppelzimmer mit getrenntem Wohnbereich. In der Gaststätte kann bis um 6.00 Uhr morgens gegessen und getrunken werden (außer in der Nacht von Sonntag auf Montag)

Hotel und Restaurant
Zum Stresemann

Stresemannstr. 27
Tel. 505630, Fax 5056360
16 EZ ab   52 Euro
12 DZ ab   75 Euro
Tagungs-/Konferenzräume: 3 Räume
Frühstück: Buffet
Zimmerausstattung: Dusche/WC, Kabel-TV/Premiere/Radio, Tel, Minibar
Sport-/Freizeitmöglichkeiten: Sauna, Fitness
Familienfreundliches Hotel mit kosten-losem Shuttle-Service in die Innenstadt. Auf den Zimmern gibt es auf Wunsch Wickelkommoden und Babyphone. Besonderer Service bei Feierlichkeiten im Haus: Das Babyphon wird zur Rezeption geschaltet, von dort aus werden die Eltern benachrichtigt. Ein Zimmer ist mit einem Extra-Kinderzimmer ausgestattet. Außerdem gibt es eine kleine Suite mit Küche für 80 Euro.

Hotel-Gasthaus Zum weißen Roß

Hannoversche Str. 128
Tel. 31611, Fax 373748
9 EZ   28/37 Euro
11 DZ   67 Euro
Frühstück: Buffet
Zimmerausstattung: Dusche/WC, TV

Pensionen

Eulers Kleine Pension

David-Hilbert-Straße 7
Tel. 45981
1 DZ   40/45 Euro
(EZ   30/35 Euro)
jedes weitere Bett 15 EURO
Preise ohne Frühstück

Ferienwohnungen

Kellner

Stegemühlenweg 71
Tel. 7702424/7703189
1 FeWo   55 Euro
1 EZ   25/30 Euro
2 DZ   40/45 Euro
Preise ohne Frühstück

E. König

Bebelstraße 26
Tel. 62616 oder 61239
1 FeWo

▷ Von A bis Z

A

Ärzte

Über 130 Ärzte für Allgemeinmedizin, rund 100 Zahnärzte und über 200 Fachärzte haben sich in Göttingen niedergelassen. Für stationäre Behandlungen stehen acht Krankenhäuser zur Verfügung. Darunter ist das *Universitätsklinikum* (Tel. 39-0) mit ca. 1.500 Betten das größte und überregional bedeutendste. Pro Jahr werden hier knapp 50.000 Patienten stationär aufgenommen und rund eine halbe Million ambulant behandelt.

Notfälle

Klinikum Göttingen
Zentrale Notaufnahme
Tel.: 39 86 01 oder 39 86 04
Notfallbehandlungen in der
Notambulanz, Weender Krankenhaus,
An der Lutter 24,
Tel.: 51 79 90
8.00 bis 23.30 Uhr.
Kinderärztlicher Notdienst:
Sa 10.00 bis Mo 8.00 Uhr.

Für dringende ärztliche Krankenbesuche oder zur Behandlung in der Praxis, nur wenn der Hausarzt nicht erreichbar ist, über Tel.: 51 79 90
(Notdienstzentrale Göttingen-Stadt),
Beginn: Fr 14.00 Uhr,
Ende: Mo 8.00 Uhr,

Agentur für Arbeit

Bahnhofsallee 5, Tel. 520-0
Über *www.arbeitsagentur.de*
finden sich Infos zur Göttinger
Agentur für Arbeit. Im Berufsinformationszentrum (BIZ) kann sich
jeder vom Schulabgänger bis
zum Langzeitarbeitslosen über
Ausbildungsplätze, Weiterbildung und
offene Stellen informieren.
Öffnungszeiten des BIZ:
tägl. 7.30 – 12.30, Do 7.30 – 18 Uhr
sowie nach tel. Vereinbarung
Email: goettingen@arbeitsagentur.de

> **Hinweis:** Alle Angaben zu Öffnungszeiten, Adressen und Telefonnummern etc. entsprechen dem Stand der Drucklegung und sind ohne Gewähr.

Altenpflege, ambulante

Eine Auflistung ambulanter Pflegedienste ist im *Seniorenwegweiser* der Stadt zu finden. Diese Broschüre ist u. a. im Foyer des Neuen Rathauses ausgelegt. Für detaillierte Beratung stehen die jeweiligen Krankenkassen zur Verfügung.

Altentagesstätten

Infos zu Altentagesstätten in Göttingen gibt es u. a. im *Seniorenzentrum am Ingeborg-Nahnsen-Platz 1* sowie im Seniorenwegweiser der Stadt
(siehe unter *Altenpflege, ambulante*)
Tel.: 70760

Amtsgericht

siehe *Justizbehörden*

Anreise

Der ICE-Bahnhof Göttingen ist gut an den Fernverkehr angebunden. Der nächste internationale Flughafen in Hannover ist mit dem ICE in ca. 30 Minuten zu erreichen. Der Frankfurter Flughafen ist weniger als zwei Zugstunden entfernt.
Auch mit dem Auto ist die Leinestadt gut zu erreichen: Göttingen liegt direkt an der Nord-Süd-Autobahn A 7 und unmittelbar an der A 38 sowie an den Bundesstraßen 3 und 27. Die Deutsche Ferienstraße Alpen-Ostsee führt ebenso wie die Harz-Heide-Straße durch die Stadt.

Antiquariate

Antiquariat No. 2 P. Pretzsch
Groner Str. 5
Tel.: 4882202
Atrium Antiquariat
Judenstr. 10
Tel.: 59387 oder 9995690
Göttinger Antiquariat
Mauerstr. 16
Tel.: 57500
Antiquariat Hölty-Stube
Johannisstr. 28
Tel.: 56368

Antiquitäten

Antiquitäten S. Bohm
Barfüßerstr. 12,

Galerie: Rhons'sches Badehaus
Tel.: 57886

English Antiques
Rote Straße 16
Tel.: 57775

Antiquitäten Rolf P. Lauterbach
Baurat-Gerber-Straße 14
Tel.: 41275

*Antiquitäten Dietfried Schlichting
GmbH, Restauratorschule*
Rudolf-Wissell-Straße 12
Tel.: 631010/20

Antiquitäten Zeughaus, Abbeizzentrale
Maschmühlenweg 109
Tel.: 33321

Apotheken

Im Stadtgebiet gibt es über 40 Apotheken. Die Älteste unter ihnen ist die Ratsapotheke, Ecke Weender Straße/Barfüßerstraße. Früher der Stadt gehörend, ist sie heute in Privatbesitz. Mit der Gründung der Universität (1737) ging die Gründung der zweitältesten Apotheke, der Universitätsapotheke, Am Markt 6/ Ecke Zindelstraße einher.
Auskunft über die Apotheken mit zugeteiltem Nachtservice bieten das Göttinger Tageblatt und die Internet-Seiten der Stadt (www.goettingen.de).

Archive

*Evangelisch-Lutherisches
Kirchen-Kreisarchiv und
Kirchenbuchamt*
Groner-Tor-Straße 30a,
Tel. 48 53 92
Öffnungszeiten:
Di–Fr 9.00–12.00 Uhr
Kreisarchiv
Reinhäuser Landstraße 4,
Tel. 52 55 10, Telefax 52 51 79
Öffnungszeiten: nach Vereinbarung
Stadtarchiv
Hiroshimaplatz 4 (Neues Rathaus),
Tel. 400-31 22, Telefax 400-27 64

Öffnungszeiten:
Mo–Mi 8.00–15.30 Uhr,
Do 8.00–18.00 Uhr,
Fr 8.00–13.00 Uhr,
www.stadtarchiv.goettingen.de
Universitätsarchiv
Papendiek 14
Tel. 39-43 23 oder 39-53 09
Öffnungszeiten:
Mo–Fr 10.00–19.00 Uhr

Ausländer in Göttingen

Ausländerstelle der Stadt
Hiroshimaplatz 1–4
(Neues Rathaus)
Tel. 400-21 68
Öffnungszeiten:
Mo, Di, Do, Fr 8.00–12.00 Uhr, Do auch
14.00–17.00 Uhr, Mi geschlossen
Auch für Aufenthaltsgenehmigungen und Visaangelegenheiten zuständig.
Ausländerbeirat Göttingen
Tel. 400-2599, Beratungszeiten:
Di, Do 10.00 – 12.00 Uhr
Migrationserstberatung
Obere Karspüle 16, Tel.: 57739
Beratungszeiten: Mo, Di, Mi 7.30 – 15.30 Uhr

Ausländische Studierende

Der Bereich *Studium International* ist zuständig für die Betreuung der internationalen Studienbewerber/innen und Studierenden sowie die Beratung Göttinger Studierender, die einen Studienaufenthalt oder ein Praktikum im Ausland planen.
Studium International
Wilhelmsplatz 4
Tel.: 39-113
Email: studium.international@zvw.uni-goettingen.de
Am Goethe-Institut können ausländische Studenten die sprachliche Zugangsberechtigung an deutschen Universitäten erlangen.
Goethe-Institut Göttingen
Fridtjof-Nansen-Haus
Merkelstr. 4
Tel.: 54744-0
Email: goettingen@goethe.de

Ausstellungen

siehe **Museen in Göttingen, Kunstausstellungen, Galerien**

Auto

Ohne eigenes Fahrzeug (auto-)mobil sein: Car-Sharing-Anbieter machen es möglich.
Stadt-teil-auto Car Sharing Göttingen
Groner-Tor-Straße 1
Tel.: 5 77 69
info@stadt-teil-auto-goettingen.de
www.stadt-teil-auto-goettingen.de
Grünes Auto Göttingen
Bahnhofsplatz 1
Tel.: 5 31 11 10
Email: info@gruenes-auto.de
www.gruenes-auto.de
Weitere Infos über Preise und Konditionen sind den jeweiligen Websites zu entnehmen.

B

Badeanstalten

Freibäder (Mai – August/September):
Freibad Brauweg,
Brauweg, Tel. 50 70 91 90
Naturerlebnisbad Grone,
Greitweg, Tel. 6 17 42
Öffnungszeiten:
Mo–Fr 9.00–20.00 Uhr
Sa, So, Feiertage 9.00–19.00 Uhr
Freibad Weende,
Am Weendespring, Tel. 3 14 36
Von den drei Freibädern der Stadt ist das 1927 am Brauweg eröffnete das älteste. 1946 wurde das Nikolausberger eröffnet. In den 50ern kamen schließlich die Groner und Weender zu ihren Badeanstalten.
Öffnungszeiten:
Mo–Fr 6.30–20.00 Uhr,
Sa/So/Feiertage 9.00–19.00 Uhr
(nur Brauweg 8.00–19.00 Uhr)
Hallenbäder:
Das Badeparadies auf der Eiswiese bietet auf 8.400 m² neben sieben Schwimmbecken unter anderem Großwasserrutschen, Geysire und eine Sau-

nalandschaft, die nichts zu wünschen übriglässt.
Badeparadies Eiswiese
Windausweg 6, Tel. 50 70 91 26
Öffnungszeiten:
Mo–Fr 10.00–22.30 Uhr,
Sa/So 9.00–22.30 Uhr;
Sept. – 15. Mai: Mo–Fr ab 6.30 Uhr
Die Eintrittspreise richten sich nach der Nutzungsdauer (vom 1-Stunden-Kurzzeittarif bis zur Tageskarte) und nach dem Nutzungsumfang (Schwimmbad/Solebad/Sauna).
Institut für Sportwissenschaften,
Sprangerweg 2, Tel. 39-56 52

Behinderte

Behindertenkoordination der Stadt
Hiroshimaplatz 1-4
Tel.: 400-2176
www.goettingen.de
Siehe auch *Beratung*

Beratung

Hier ist nur eine Auswahl der wichtigsten Anlaufstellen für Rat- und Hilfesuchende aufgelistet.
Unter *www.rathaus.goettingen.de*
Dienstleistungen und Notdienste sind weitere zu finden.
Göttinger Aids-Hilfe e.V.
Obere Karspüle 14
Tel.: 43735
Email: info@goettingen.aidshilfe.de
www.goettingen.aidshilfe.de
Aids-Beratungsstelle der Stadt
Tel. 400-4802
Arbeiterwohlfahrt, Kreisverband Göttingen
Hospitalstr. 10
Tel.: 500910
www.awo-kv-goettingen.de
Arbeitslosenberatung VEBF
(Verein zur Erschließung neuer Beschäftigungsformen)
Lange Geismarstr.
Tel.: 485622
Email: info@vebf.de
www.vebf.de
Berufsinformationszentrum (BIZ)
Bahnhofsallee 5

Tel.: 520-0
Siehe auch unter *Agentur für Arbeit*
Siehe unter *Frauen*
Selbsthilfe Körperbehinderter
Göttingen e.V.
Neustadt 7
Tel.: 547330
Email: shk-goe@web.de
www.shk-goe.de
Seniorenberatung der Stadt
Alten- und Behindertenangelegen-
heiten
Tel. 400-3364/-2177
Gesprächstermine nach Vereinbarung,
auch für Angehörige
Sucht
siehe *Drogen*
TelefonSeelsorge Göttingen e.V.
Die TelefonSeelsorge ist ein Gesprächs-
und Beratungsangebot bei Tag und bei
Nacht, anonym, vertraulich und daten-
geschützt:
gebührenfreie Rufnummern
0800 / 111 0 111 und 0800 / 111 0 222.
Verbraucherzentrale, Beratungsstelle
Göttingen
Theaterstr. 24
Tel.: 91196-0
www.verbraucherzentrale-niedersach-
sen.de

Bildung

Göttingen ist nicht nur Sitz von drei
Hochschulen, sondern auch Ort vielfältiger anderer Bildungseinrichtungen.
Über 40 allgemein bildende Schulen
(von der Grund- bis zur Integrierten Gesamtschule) sowie Musik-, Förderschu-
len und zahlreiche Institutionen der
Aus- und Weiterbildung haben ihren
Standort in Göttingen.
Eine wichtige Institution des kulturellen
Austauschs ist das Goethe-Institut, an
dem u.a. Deutsche Sprachdiploma erworben werden.

Goethe-Institut Göttingen
Fridtjof-Nansen-Haus
Merkelstr. 4
Tel.: 54744-0
Email: goettingen@goethe.de

An der Volkshochschule Göttingen
kann man nicht nur den berühmten
Töpferkurs belegen – zahlreiche anerkannte zertifizierte Abschlüsse werden
hier angeboten.

Volkshochschule Göttingen e. V.
Bahnhofsallee 7
Tel.: 4952-0
www.vhs-goettingen.de

Blutspende

Blutspendedienst im Klinikum
Robert-Koch-Straße 40, Tel. 39 68 99
Spendezeiten unter:
www.blutspende-goettingen.de

Botanische Gärten

siehe *Sehenswürdigkeiten* (Seite 54)

Buchhandlungen

Buchladen Rote Straße,
Büchergilde Gutenberg
Nikolaikirchhof 7, Tel. 4 21 28
Buchhandlung Calvör
Weender Straße 58, Tel. 5 74 17
Decius
Otto-Brenner-Straße 1, Tel. 9 80 28 93
Deuerlich
Weender Straße 39, Tel. 49 50 00
Weender Landstr. 6 (Uni)
Eulenspiegel
Gotmarstraße 1, Tel. 4 73 87
Frauen- und
Kinderbuchladen Laura
Burgstraße 21, Tel. 4 73 17
Buchhandlung Hertel
Kurze Straße 14, Tel. 5 64 08
Karstadt/Markthalle
Groner Straße 43-47, Tel. 4090
Lehmanns Fachbuchhandlung
Weender Straße 87, Tel. 54 89 50
Otto Schwartz GmbH
Fachbuchhandlung
Barfüßerstraße 13
Tel. 5 08 59 78
Pressehaus Tonollo (Innenstadt)
Weender Straße 44, Tel. 48 75 75
Vaternahm
Weender Straße 68, Tel. 4 20 25
Groner Straße 41, Tel. 5 31 63 60

Bibliotheken

Niedersächsische Staats- und Universitätsbibliothek Göttingen (SUB)
Platz der Göttinger Sieben 1,
Tel. 39-53 74
siehe auch Seite 47
Stadtbibliothek
Gotmarstraße 8, Tel. 400 28 30,
Mo, Di und Fr 10.00–18.00 Uhr,
Do 10.00–19.00 Uhr,
Sa 10.00–13.00 Uhr,
Mi geschlossen
Zweigstellen der Stadtbibliothek in:
Elliehausen, Grone, Nikolausberg,
Roringen, Weende, Geismar

Bus und Bahn

Göttinger Verkehrsbetriebe GmbH
Infos rund um Fahrpreise, Fahrplanauskünfte etc. sind bei den Göttinger Verkehrbetrieben zu erhalten.
www.goevb.de
Kundenzentrum
Weender Str. 80/Eingang Jüdenstraße)
Tel.. 38444-444
info@goevb.de
Verkehrverbund Süd-Niedersachsen
Tel. 998099
www.vsninfo.de
Deutsche Bahn AG
www.bahn.de
Servicerufnummern:
11861 und 0800-1507090

C

Camping

Im Stadtbereich Göttingen gibt es keine Camping-Möglichkeit. In Dransfeld, zehn km westlich der Leinestadt, findet man aber alle Camperwünsche erfüllt! 280 Jahres- und 120 Ferienplätze stehen zur Verfügung, ebenso Schwimmbad, Tennisplätze, Minigolf, Restaurants und vieles mehr.
Hoher Hagen Str. 12
Tel. 05502/2147
Email: camping.lesser@t-online.de
www.campingplatz-dransfeld.de.

Chöre

Eine vollständige Liste der zahlreichen Göttinger Chöre und Singkreise erhält man über das Kulturamt,
Tel. 400-24 86

D

dabakus – Datenbank Kultur Südniedersachsen

Dieses Kulturinformationssystem bietet verschiedene Kultur- und Serviceleistungen an.
www.dabakus.de

DLR (Deutsches Zentrum für Luft- und Raumfahrt)

Bunsenstr. 10
Tel. 7090
Weitere Infos unter:
www.dlr.de
(siehe auch unter **Universität**, S. 46)

Drogen/Sucht

Drobs – Drogenberatungsstelle im Drogenberatungszentrum Göttingen
www.drobz-goe.de,
Mauerstraße 3
Tel. 45033 und 487122
Suchtambulanz Göttingen,
Guttempler Gemeinschaft „Freundschaft"
Obere Karspüle 10, Tel. 3792674
Kontakt- und Beratungsstelle für Jugendliche
Tel. 392690

E

Entsorgung

Stadtreinigung Göttingen
Rudolf-Wissell-Str. 5
Tel. 4005400
www.stadtreinigung.goettingen.de
Neue Arbeit Brockensammlung
Levinstr. 1
Tel. 506730
www.neue-arbeit-brockensammlung.de

F

Fahrrad

Fahrradparkhaus am ZOB
Hier kann man Fahrräder parken und
ausleihen. Weitere Infos unter:
www.mobile-goettingen.de/rad
ADFC-Fahrradwerkstatt
Güterbahnhofstraße 13
www.adfc-goettingen.de

Fahrradkurier

Fahrrad Kurier Dienst,
Turmstr. 4, Tel. 541595
Fahrradkurier Puk-Minibike,
Groner-Tor-Str. 1, Tel. 5484848

Feuerwehr

Breslauerstr. 10
Tel. 70750
www.feuerwehr.goettingen.de

Flohmarkt

Siehe *Märkte*

Frauen

Frauenbeauftragte der Stadt
Hiroshimaplatz 1-4
Tel.: 400-2840
Beratung und Termine nach Vereinbarung.
Bei www.frauenbuero.goettingen.de
der Stadt Göttingen finden sich unter
Frauen Handbuch alle wichtigen
Adressen für Frauen und Mädchen zu
folgenden Themen: Arbeit/ Beruf/Bil-
dung, Beratung/Hilfe, Kultur/Freizeit/
Begegnung sowie Politik/Gesellschaft/
Netzwerke.

Fundsachen

Fundbüro der Stadt
Hiroshimaplatz 1-4, Pavillon
Tel. 400-2186
Unter www.fundbuero.goettingen.de
können Fundsachen sowohl recher-
chiert als auch angemeldet (Onlinefor-
mular) werden.
Universität
Verliert man etwas in Universitätsge-
bäuden, sollte man sich zunächst an

den zuständigen Hausmeister oder
Pförtner des jeweiligen Gebäudes
wenden. Wurde dort nichts abgegeben,
lohnt es sich, am Schalter des Studen-
tenwerkes in der Zentralmensa (unter
dem Treppenaufgang) nachzufragen.
Göttinger Verkehrsbetriebe (GöVB)
www.goevb.de
Fundsachen werden zunächst von der
GöVB im Betriebshof aufbewahrt.
Kontakt unter vertrieb@goevb.de
oder 0551-38444-853.
Zweimal die Woche werden die Fundsachen an das Fundbüro der Stadt
Göttingen im Neuen Rathaus weiterge-
leitet, siehe *Fundbüro der Stadt*

G

Galerien

siehe Ausstellungen

Gaststätten

siehe *GastroTeil* (Seite 200)

Geldwechsel/Geldautomaten

Geldautomaten befinden sich im gesamten Stadtgebiet. In der Innenstadt ist
jede Bank damit ausgestattet. Die meisten sind nach 22 Uhr allerdings nicht
mehr zugänglich. Ausnahmen sind z.B.
die Automaten der Sparkassen-Haupt-
stelle am Markt. Dort kann man rund
um die Uhr an sein Geld kommen.

Geschichtsverein für Göttingen und Umgebung

Traditionelle Geschichtsschreibung der
Stadt und ihres Umlands.
Öffnungszeiten: Do 15.00–17.00 Uhr
Breslauer Straße 1
Tel. 74777

Geschichtswerkstatt Göttingen e.V.

Hier wird „Geschichte von unten" aus
anderer Perspektive erforscht, siehe
auch unter *Initiativen* (Seite 176).
Bürgerstraße 27a
(Bismarckhäuschen)
Tel. 485844

Gesellschaft für bedrohte Völker (GfbV)

Eine Menschenrechtsorganisation, die sich für die Rechte bedrohter oder verfolgter ethnischer oder religiöser Minderheiten einsetzt. 1970 gegründet, hat die GfbV mehr als 7.000 Mitglieder und ist in über 14 Städten mit Regionalgruppen vertreten. Das Organ der GfbV ist *pogrom,* eine Zeitschrift, die über die aktuelle Arbeit und Aktionen der Gesellschaft informiert.
Stumpfebiel 13
Tel. 49 90 6-0
www.gfbv.de

Gesellschaft für wissenschaftliche Datenverarbeitung mbH (GWDG)

Die GWDG ist eine gemeinsame Einrichtung der Georg-August-Universität Göttingen und der Max-Planck-Gesellschaft. Sie erfüllt die Funktion eines Rechen- und Kompetenzzentrums für die Max-Planck-Gesellschaft und des Hochschulrechenzentrums für die Universität Göttingen. Zu den Aufgaben gehören insbesondere der Betrieb von Hochleistungsrechnern (Parallelrechner), die Bereitstellung von Spezialsystemen und die Betreuung des Übertragungsnetzes GÖNET, das die Göttinger Institute verbindet. Als Kompetenzzentrum berät und unterstützt die GWDG die von ihr betreuten Institute bei allen Fragen der wissenschaftlichen Datenverarbeitung.
Am Fassberg
Tel.: 201-1510,
Email: gwdg@gwdg.de
www.gwdg.de

Gesundheitsamt für Stadt und Landkreis

Theaterplatz 4
Tel. 400-4802 oder 4803

Gewerkschaften

DGB Göttingen
Obere Maschstraße 10 , Tel. 44097
www.dgb-goettingen.de

Giftinformationszentrum

Im Uni-Klinikum, Robert-Koch-Str. 40
Tel.: 19240, für medizinisches Fachpersonal: 383180
www.giz-nord.de

Gottesdienste in Göttingen

Innenstadt
EVANGELISCH-LUTHERISCHE KIRCHEN
St. Albani, Albanikirchhof 2,
Tel. 58117, So 10.00 Uhr
St. Jacobi, Jacobikirchhof,
Tel. 57596, So 10.00 Uhr
St. Johannis, Johanniskirchhof,
Tel. 486241, So 10.00 Uhr

EVANGELISCH-REFORMIERTE KIRCHE
Ev.-ref. Gemeinde, Unt. Karspüle 12,
Tel. 547370, So 10.00 Uhr

KATHOLISCHE KIRCHEN
St. Michael, Turmstraße 6,
Tel. 54795-0,
So 8.45, 10.00 und 11.30 Uhr
St. Paulus, Bühlstraße 40,
Tel. 58879,
So 10.00 Uhr

NEUAPOSTOLISCHE KIRCHE
Weender Landstraße 63c,
Tel. 300214,
So 9.30 und 16.00 Uhr

FREIKIRCHEN
*Evang. Freikirchliche Gemeinde –
Baptisten,* Bürgerstraße 14,
Tel. 72929, So 10.00 Uhr

MOSCHEE
DITIB Moschee, Königsstieg 4,
Tel. 300793

H

Heimatpfleger der Ortsteile

Heimatpfleger gibt es in nahezu allen Ortsteilen. Sie erfüllen ehrenamtlich zwei wichtige Aufgaben: die Aufarbeitung, Bewahrung und Überlieferung der Ortsgeschichte an die nachfolgende Generation sowie die Dokumentation der Gegenwart. Die genauen Adressen der Heimatpfleger sind über das Kulturamt der Stadt zu erfragen.
Tel. 400-2489
www.goettingen.de

Hotels

siehe **Unterkommen in Göttingen** (Seite 211)

I

Imbiss

Hier eine Auswahl der zahlreichen Imbisslokale Göttingens:
Anadolu-Pizzeria
Goetheallee 11
Beste Pizza zum Mitnehmen!!!
Artemis
Groner-Tor-Str. 18
Seit vielen Jahren gutes Gyros.
Bratwurstglöckle
Kornmarkt 1
Der deutsche Klassiker des Fast-Foods.
Efendi
Johannisstr. 1
Leckeres vom Dönerspieß!
Europick
Burgstr. 9
Nette Bedienung, günstige Pizzen zum Mitnehmen.
Steak Point
Kurze Straße
Bessere, größere Hamburger im Angebot als jede Fast-Food-Kette.
Döner vom Feinsten (Kornmarkt/Ecke Kurze Straße)gibt es bei *Effes*.
Eine Empfehlung ist das *China-Bistro Namah* in der Groner Straße, dieses „Mini-Restaurant" bietet wirklich köstliche Sachen zu günstigen Preisen. Alle Speisen natürlich auch zum mitnehmen! In der *Futterkrippe* auf der gleichen Straßenseite gibt's auch leckeres aber eher bodenständiges Essen aus deutschen Landen: Schnitzel, Bratwurst und Co.

Impfberatung

Beratung bezüglich der Gesundheitsvorsorge bei Auslandsreisen (Impfungen, Malariavorbeugung, etc.)
Hygieneinstitut der Universität,
Tel. 39 5857

Internetcafés

Computerwerk GmbH
Lange Geismar-Str. 3
Tel 3706428
www.Computerwerk.com
Das Café/Kneipe *Hemingway* im Kreuzbergring/Ecke Weender Land-straße ist zwar kein Internetcafé im engeren Sinn, doch immerhin steht hier ein Internet-Rechner.

IWF – Wissen und Medien GmbH

Die Lehrfilme dieses Instituts werden vielen aus ihrer Schulzeit bekannt sein. Seit 1998 darf das IWF neben Aufträgen der öffentlichen Lehre auch für andere tätig werden. Als Service-Einrichtung des Bundes und der Länder liegt der Schwerpunkt bei Transferaufgaben im Medienbereich. Das Konzept des IWF ist unter www.iwf.de nachzulesen.
Nonnenstieg 72
Tel. 5024-0

J

Jugendamt

Hiroshimaplatz 1 – 4
(Neues Rathaus), Tel. 400-2901
Vormundschafts- und Sorgerechtsangelegenheiten, Misshandlungen von Kindern und Jugendlichen.
Jugendgerichtshife: Einrichtung des Jugendamtes für straffällig gewordene Jugendliche.

Jugendeinrichtungen

Eine Auswahl
(weitere Infos unter Tel. 400-0):
Jugendzentrum Innenstadt
Bürgerstraße 41
*Unabhängiges Jugendzentrum
Weende e.V.*
Klosterweg 8, Tel. 35569
Jugend- und Kinderhaus Grone-Süd
Elmweg 9b, Tel. 400-5646

Jugendherberge

Habichtsweg 2, Tel. 57622, Fax 43887,
Preise: ab 20,00 € inkl. Frühstück

Justizbehörden

Amtsgericht, Arbeitsgericht,
Landgericht, Verwaltungsgericht
Berliner Straße 5/8, Tel. 403-0

K

Kartenvorverkauf

*Extra Tip Kartenservice
im Reisebüro Uhlendorff*
Paulinerstraße 13
Tel. 49660
Tourist-Information im Alten Rathaus
Markt 9
Tel. 49 98 0-31
GTicketservice online-service
www.gt-ticketservice.de

Kinos

Cinema
Weender Straße 5,8
Tel. 58888
CinemaxX
Bahnhofsallee 3
Kartenreservierung:
Tel. 01805-24636299
www.cinemaxx.de
Programminfo: Tel. 52122
Lumière
Geismar Landstraße 19
Tel. 484523
Stern/Sternchen
Sternstraße 7
Tel. 75032
Kinotag: Di

*Universitätskino im Zentralen Hörsaal-
gebäude (ZHG) Raum 011*
Eintrittspreise ab 2 Euro
Campus
donnerstags um 19.30 Uhr
Club
montags um 19.30 Uhr
Memo
mittwochs um 19.30 Uhr
Oscar
dienstags um 19.30 Uhr

Kirchen

siehe *Gottesdienste*

Krankenhäuser

siehe auch *Ärzte*

Universitätsklinikum
Robert-Koch-Straße 40,
Tel. 39-0
*Evangelisches Krankenhaus
Göttingen-Weende e.V.*
An der Lutter 24,
Tel. 50 34-0, Telefax 50 34-346
Hainberg-Klinik
Wagnerstr. 3,
Tel. 49 84-0
Neu-Bethlehem
Humboldtallee 8,
Tel. 4 94-0, Telefax 49 42 73
Neu-Mariahilf, GmbH
Humboldtallee 10-12,
Tel. 49 63-0 Telefax 49 63-2 57

L

Landkreis Göttingen

Reinhäuser Landstraße 4,
Tel. 525-0
www.landkreis-goettingen.de

Landschaftsverband
Südniedersachsen e.V.

Dieser gemeinnützige Verein ist ein
Zusammenschluss von verschiedenen
Kulturinstitutionen, Landkreisen, Städten und Gemeinden im südlichen Niedersachsen. Seit 1989 ist es das Anlie-
gen dieses Verbandes, die Kultur und

Heimatpflege der Region zu fördern. Zu
den Aufgaben gehören: Unterstützung
von Kulturprojekten, eigene Projekte
wie die digitale Kulturdatenbank „daba-
kus" und Publikationen zur Kultur und
Geschichte Südniedersachsens.
Landschaftsverband
Südniedersachsen e.V.
Postfach 1130, 37141 Northeim
Neustadt 53, 37154 Northeim
Tel. 05551/912331
Fax 05551/912332
www.dabakus.de

M

Männerbüro e.V. Göttingen

Groner-Tor-Straße 16, Tel. 46161

Märkte

Wochenmarkt
Platz an der Hospitalstraße
(vor dem KAZ/Jungen Theater)
Di, Do und Sa, 7.00 – 13.00 Uhr
Blumenmarkt
Rathausvorplatz
Di – Sa 8.30 – 13.00 Uhr
Flohmarkt
Nikolaikirchhof
Sa 8.00 – 16.00 Uhr
Kaz-Platz
ab April, jeden Monat
www.flohmarkt-goettingen.de
Weitere Flohmärkte finden in unregel-
mäßigen Abständen in der Lokhalle,
am Kaufpark, am Schützenplatz und
bei Real in Weende statt. Infos darü-
ber im Göttinger Tageblatt oder auf
Straßenplakaten.

Max-Planck-Gesellschaft (MPG)

Die Nachfolgeorganisation der Kaiser-
Wilhelm-Gesellschaft wurde 1948 in
Göttingen gegründet. Die Leinestadt
war bis 1994 der Hauptsitz der Gesell-
schaft. Auch nach ihrem Umzug nach
Berlin, blieben einige Institute der MPG
(MPI) in Göttingen wie z.B.
MPI für biophysikalische Chemie
Tel. 201-0

MPI für experimentelle Medizin
Tel. 3899-0
MPI für Geschichte
Tel. 4956-0
**MPI für Dynamik und
Selbstorganisation**
Tel. 5176-0

Museen

siehe **Museen in Göttingen** (Seite 101)

N

Notdienstambulanz

siehe: Ärzte

O

Obdachlose

Sozialamt der Stadt Göttingen
(Bekleidung, Unterkunft, Unterstützung)
Hiroshimaplatz 1–4, Tel. 400-2398
Beratungszeiten:
täglich von 8.30 – 11.00 Uhr
Do 14.00 – 17.00 Uhr
für Obdachlose mit Sozialhilfeberech-
tigung. Hier können alle wichtigen
Adressen und Angebote, die Göttingen
für Wohnungslose bereithält, erfragt
werden.

P

Parken

Die Parkplätze in der Innenstadt sind
kostenpflichtig und werden über Park-
scheinautomaten abgerechnet. Orts-
fremde, die meinen, umsonst parken
zu können, werden schnell merken, wie
flink Göttinger Ordnungshüter sind.
Parkplätze für Touristenbusse:
Heinrich-von-Stephan-Straße (vor dem
Bahnhof), Zufahrt über Berliner Straße/
Godehardstraße
Größere Parkhäuser befinden sich in
der Groner-Tor-Straße, im Untergeschoss
des Carrés am Stumpfebiel, am Bahnhof
sowie in der Hospitalstraße. Seit Ende

2000 ist ein Parkleitsystem in Betrieb: auf Zufahrtsstraßen zum Zentrum und auf dem Innenstadtring werden die Autofahrer mittels „frei"- und „besetzt"-Anzeigen dorthin geleitet, wo noch freie Plätze sind (eingebunden sind alle großen Parkplätze und Parkhäuser, sowie der Parkplatz am Schützenplatz).

Parteien

Fraktionen in der Stadtverordnetenversammlung unter Tel. 400-0

Parteibüros:
Bündnis 90/ Die Grünen,
Lange-Geismar-Str. 73, Tel. 55594
CDU,
Reinhäuser Landstraße 5, Tel. 517820
FDP,
Wilhelm-Weber Straße 4, Tel. 57743
Die Linke,
Geismar Landstraße 6, Tel. 7708004
SPD,
Nikolaistraße 30, Tel. 5031120

Polizei

Polizei-Inspektion Göttingen
Groner Landstr. 51, Tel. 491-0

Poststellen in der Innenstadt

Heinrich-von-Stephan-Straße 1a
(am Bahnhof)
Groner Straße 15 (Innenstadt)

Pressedienste

siehe auch *Zeitungen*

pid (Presse- und Info Dienst),
Maschmühlenweg 8, Tel. 48005

Psychologische Dienste

Psychosoziale Beratungsstelle der Universität
Goßlerstr. 12b, Öffnungszeiten:
Di, Do 11.00 – 13.00, Tel. 39-5108 und
39-5182
Psychiatrischer Dienst der Universitätsklinik
Von-Siebold-Str., Tel. 39-6610

R

Radio

Hit-Radio Antenne,
Weender Str. 39, Tel. 487956
FFN,
Maschmühlenweg 8-10, Tel. 57382
NDR,
Bahnhofsallee 1b, Tel. 517500
StadtRadio,
Groner Str. 2, Tel. 42520

Restaurants

siehe *Speis und Trank – satt und glücklich werden in Göttingen* (Seite 101)

S

Schützenfest

Seit über 600 Jahren findet einmal im Jahr, meistens am dritten Wochenende im Juli, das Schützen- und Volksfest statt. Am Freitag werden die Schützendame und der Schützenherr vom Rathaus abgeholt und mit einem Umzug zum Festplatz begleitet. Danach wird das Bier angestochen. Am Samstag findet die Königsproklamation der Bürgerschützengesellschaft statt. Der Sonntag steht ganz im Zeichen des großen Umzugs aller Schützenvereine, der durch die Innenstadt zum Festplatz führt. Am Montag ist das Schützenfrühstück, bei dem Redner aus Politik und Wirtschaft ihre Ansprachen halten, und es wird der Volkskönig proklamiert.

Schuldnerberatung

AWO (Arbeiterwohlfahrt),
Hospitalstr. 10, Tel. 500910

Schwul-lesbisch

Im *Waldschlösschen* in Reinhausen (Tel. 05592/92770) finden in unregelmäßigen Abständen Tagungen, Seminare und Konzerte statt. Vom Bahnhof Göttingen fahren Omnibusse direkt zum Waldschlösschen.
An jedem Dienstag ist Frauen – nicht unbedingt Lesbenabend im Café Kabale angesagt (siehe Seite 204).

Senioren

Ein Seniorenwegweiser für die Bereiche Wohnen, ambulante Pflege etc. kann über die Stadtverwaltung bezogen werden.
Infos unter Tel. 400-2177

Sex, öffentlicher

Der Straßenstrich im Maschmühlenweg ist sehr rückläufig; nur im Sommer steht noch hin und wieder ein vereinzelter Wohnwagen am Wegesrand. In der Güterbahnhofstraße befindet sich Göttingens Bordell, das Eros-Center. Sonst gibt es noch zwei Nachtclubs mit Tabledance und mehr, Le Cartier (Hannoversche Straße 86, Tel. 35566) und das Chateau in der Reinhäuser Landstr. 200, Tel. 7703225.

Shopping

In den Haupteinkaufsstraßen Weender Straße, Kornmarkt und Groner Straße finden sich neben den bundesweit bekannten Ketten auch interessante persönliche Läden. Ein Blick in die Seitenstraßen und Hinterhöfe lohnt sich ebenfalls: ein kleiner Erkundungsbummel in der Barfüßer- und Theaterstraße, in der Burgstraße, Papendiek, Jüden- und Prinzenstraße oder in der Johannisstraße lohnt sich immer.
Einkaufszentren mit Fachmärkten sind hauptsächlich in Weende und Grone (Kaufpark) zu finden.

Souvenirs

Wer Göttingen nicht ohne ein handfestes Erinnerungsstück im Gepäck verlassen möchte, kann bei der Tourist-Information im Alten Rathaus diverse Artikel mit dem Gänseliesel-Motiv, von der Krawatte bis zur Kuchengabel, erwerben. Gänseliesel aus Schokolade bekommt man bei Cron & Lanz, Weender Straße 25, einen Gänseliesel-Sekt bietet die Weinhandlung Bremer in der Barfüßerstraße an. Wer seine Briefe an die Daheimgebliebenen mit einem Gänseliesel-Stempel versehen möchte, bekommt diesen ebenfalls in der Bar-

füßerstraße bei Stempel-Bergen. Alte Ansichten und Stiche der Stadt erhält man bei Heinrich Himme in der Weender Straße 68.

Soziale Einrichtungen

siehe unter *Beratung*

Spezialitätenläden

Freunde der internationalen Kochkunst finden in Göttingens Spezialitätenläden (fast) alle Zutaten, um einmal selbst tätig zu werden: Asiatische Lebensmittel gibt es in der *Goetheallee 14* und im *Papendiek 30*, asiatisch-arabische Waren hat der *Aliman-Shop* in der Arndtstraße im Angebot. Italienfans gehen zu *Novello* in die Kasseler Landstr. 25b. Das *Cortés*, feines Café und ebensolche Konditorei, ist in der Kurzen Geismar Straße 27 zu finden. Nicht nur Wein gibt's bei *Cichon* in der Lotzestraße 23. Griechische Spezialitäten bekommt man bei *Ewros* in der Kirchstraße 7 in Grone. Das Tee- und Gewürzhaus *Ewert* in der Weender Straße 84 hat (fast) alles im Angebot: ob mexikanische, vietnamesische oder holländische Zutaten, Ewert hat's.

Spiele

Neben dem Spieleautorentreffen und der Edition Perlhuhn hat Göttingen eine weitere Besonderheit in Sachen Spiele zu vermelden. Die Spieleburg in der Theaterstraße 8 bietet neben einer großen Auswahl an Spielen die Möglichkeit, diese vorher auszuprobieren und sich eingehend beraten zu lassen. Die meisten Spiele wurden von den Mitarbeitern bereits selbst gespielt. Ein Verein zur Förderung von Spiel, Kultur und Animation ist der *Spielwurm e.V.* im Waldweg 26.
siehe auch *Göttinger Spieleautorentreffen* (Seite 177)

Sport

siehe *Freizeit, Sport und Erholung* (Seite 137)

Stadbibliothek

siehe unter *Bibliotheken*

Stadtführungen

Stadtführungen der Tourist-Information,
Altes Rathaus: siehe Seite 84.

Stadtverwaltung

mit allen Dienststellen Tel. 400-0,
Fax 400-7000, Hiroshimaplatz 1 – 4,
37073 Göttingen
E-mail: stadt@goettingen.de
Allgemeine Öffnungszeiten:
Mo–Fr 8.30–12.00 Uhr,
Do 14.00–17.00 Uhr
Das Einwohnermeldeamt, Pass- und
Meldewesen, die Ausländerbehörde
und das Jugendamt haben gesonderte
Öffnungszeiten.

Studentenwerk

Eine hervorragend geführte Institution
rund um das Studentenleben. Das Studentenwerk Göttingen ist u.a. zuständig
für die Mensen und Caféterien, studentisches Wohnen und die finanzielle
Förderung der Studierenden nach dem
Bundesausbildungsförderungsgesetz
(BAföG). Weitere Einrichtungen: vier
Kindertagesstätten, Sozialdienst, Psychosoziale Beratungsstelle, Kulturbüro
und Lesehalle.
Der Wegweiser „Studieren in Göttingen",
der jedes Jahr zum Wintersemester er-
scheint, enthält viele wichtige Hinweise
rund ums Studium in Göttingen.
Studentenwerk Göttingen
Stiftung des öffentlichen Rechts
Platz der Göttinger Sieben 4
Tel. 39-51 02

Studentenwohnheime

Die Studentenstadt Göttingen verfügt
über 63 Studentenwohnheime mit
mehr als 5.000 Plätzen. Infos über die
Wohnheimverwaltung gibt es beim Studentenwerk, Tel. 39-5135

T

Taxi

Es gibt drei führende Taxiunternehmen:
Göttinger *Funk-Taxi-Zentrale* (Tel.69300
und 34034), *Night&Day* (Tel. 65000)
und *puk MiniCar* (Tel. 484848).
Alle Unternehmen bieten das Frauen-
nachttaxi an. Puk MiniCar fährt nicht in
die Fußgängerzone.

Theater

siehe *Theaterstadt Göttingen* (Seite 120)
und *Veranstaltungskalender* (Seite 177)

Tierheim

Im *Tierschutzverein,* der gleichzeitig
das Tierheim Göttingens betreibt, kann
man aufgefundene herrenlose Tiere
abliefern oder selbst auf den Hund oder
die Katze kommen.
Auf der Hufe 4, Tel. 61575
Bund gegen den Missbrauch der Tiere,
An der Lutter 79 (mit Katzenhaus),
Tel. 22832
Vogelstation Waldschmidt,
Romstr. 64, Tel. 68637
Katzenhilfe Göttingen e.V.,
Tel. 7703382

Touristen-Information

Tourist-Information
Auskunft, Zimmervermittlung, Betreuung von Gästegruppen, Informationsbroschüren und Prospekte, Jugendher-
bergsausweise
Altes Rathaus
Markt 9, Tel. 49980-0, Fax 49980-10
Öffnungszeiten:
siehe *Zimmervermittlung*

U

Umweltschutzgruppen

In der Geiststr. 2 sind im GUNZ (Göttinger Umwelt- und Naturschutzzentrum)
mehrere Umweltverbände unter einem
Dach vereint: der ADFC (Allgemeiner
Deutscher Fahrrad Club) Tel. 44893,
der BUND (Bund für Umwelt- und Na-

turschutz Deutschland) Tel. 56156, das Göttinger Umwelt- und Naturschutzzentrum e.V. (Tel. 487103), GREENPEACE e.V. Gruppe Göttingen (Tel. 59407) und der Naturschutzbund Deutschland (NABU) Tel. 486993.

Umzüge

Ebensolche müssen nicht nur die vielen Göttinger Studis von Zeit zu Zeit organisieren. Mietwagen und Umzugsfirmen gibt's natürlich noch und nöcher (ein Blick in die Gelben Seiten/Telefonbuch reicht). Wer tatkräftige Hilfe und Unterstützung beim Hoch- und Hinuntertragen braucht, kann über die Arbeitsamtvermittlung (Tel. 520-0) arbeitswillige Studenten bestellen. Etwas günstiger als die Männer vom Fach ist diese Umzugshilfe allemal.

Universität

Unter der Tel. 39-0 kann man sich zu allen Einrichtungen der Georg-August-Universität durchstellen lassen (siehe *Die Göttinger Universität* Seite 33)

V

Verbraucherberatung

Verbraucher-Zentrale-Niedersachsen: Theaterstr. 24, Tel. 57094
Öffnungszeiten:
Mo und Do 10.00–18.00 Uhr,
Di und Fr 10.00–14.00 Uhr

Vereine

Von der „Brieftauben Einsatzstelle e.V." über den „Trägerverein historische Spinnerei Gartetal", bis zu den „Orchideenfreunden Südniedersachsen e.V.", es gibt sie alle in Göttingen. Sie zu zählen wäre müßig, am besten man schaut in die Informationsbroschüren der Stadt Göttingen, in der sie seitenlang aufgeführt werden.

Veranstaltungsprogramme

siehe *Veranstaltungskalender* (Seite 177)

Volkshochschule

Bahnhofsallee 7,
37081 Göttingen,
Tel. 4952-0, Fax 4952-32
www.vhs-goettingen.de

W

Wandern

In der **Tourist-Information** im Alten Rathaus und in den Buchhandlungen bekommt man eine Wanderkarte für Göttingen und Umgebung.

Weinhandlungen

Bremer
Barfüßerstr. 10, Tel. 54017
Cichon
Lotzestraße 23, Tel. 7703198
Linsel
Kurze Geismar Str. 17, Tel. 57532
Tilling
Kurze Str. 2, Tel. 8 20 75 55
Vinea
Rote Str. 28, Tel. 7896878

Wetter

Göttingen ist nicht Palma, was man spätestens am Wetter bemerkt...
Temperatur (Mittelwert): 9,2° C,
34 Sommertage, 9 heiße Tage,
81 Frosttage, 15 Eistage,
Niederschlagsmenge: 651 mm,
208 Niederschlagstage
Und zwar statistisch pro Jahr!

Wohnmobile

Zwei Stellplätze mit Entsorgungsmöglichkeiten und Sani-Station befinden sich beim Autohaus Süd-Hannover, 3 km von der Autobahnabfahrt Göttingen stadteinwärts. 28 Stellplätze gibt es im Reisemobilhafen beim Badeparadies Eiswiese.

Z

Zeitungen, Zeitschriften

Das *Göttinger Tageblatt* ist die einzige lokale Tageszeitung in Göttingen. Die *HNA (Hessisch-Niedersächsische Allgemeine)* informiert in ihrem Göttinger Lokalteil über die Leinestadt. Einmal wöchentlich erscheinen die Anzeigenblätter *Blick* (am Mi) und *Extra Tip* (am So), welche kostenlos an Haushalte verteilt werden, die sich nicht wehren. Der Blick gehört, wie das Göttinger Tageblatt, zum Madsack-Konzern. Um das Pressemonopol in Göttingen zu durchbrechen, gründete sich im Jahr 2005 eine Genossenschaft, die ab Februar 2006 ein neues Blatt auf den Markt brachte: Die Göttinger Wochenzeitung. Das Projekt wurde im Dezember 2006 aus finanziellen Gründen eingestellt. Alternative Informationen gibt es also weiterhin erstmal nur in kleinen Blättern, die aber nicht am Kiosk zu finden sind, darunter die Göttinger Drucksache. Einmal im Monat kommt *Trends & Fun* (auch kostenlos) heraus, auf Hochglanz wird hier neben lokalen Angelegenheiten auch über die Gastro- und Musikszene berichtet. Ein Veranstaltungskalender informiert über Konzerte, Lesungen usw. Das Trends & Fun liegt in fast allen Kneipen aus. Seit dem Frühjahr 2002 gibt es das Magazin *37°*. Weitere Stadtmagazine mit Veranstaltungskalender, die kostenlos ausliegen: *diggla*, *pony* und *polis*.

GT-Redaktion
Tel. 901-768
www.goettinger-tageblatt.de
HNA
Maschmühlenweg 8,
Tel. 797790,
www.hna.de

Zimmervermittlung

Tourist-Information
Altes Rathaus
Markt 9
Tel. 49980-20, Fax 49980-10
Email: tourismus@goettingen.de
Auch Durchführung von Tagungen und Kongressen, Gestaltung von Rahmenprogrammen.
Öffnungszeiten:
April bis Oktober:
Mo–Fr 9.30–18.00 Uhr,
Sa 10.00–18.00 Uhr
So 10.00-16.00 Uhr
November bis März:
Mo–Fr 9.30–18.00 Uhr,
Sa 10.00–18.00 Uhr

▷ Literatur über Göttingen (Auswahl)

Bildbände

Zeitreise; Gudrun Schwibbe, Michael Schwibbe, Hans Starosta, Andreas Stephainski, Göttingen, 2006
Göttingen; Peter Köhler, Alciro Theodoro da Silva, Hamburg, 1998
Der Landkreis Göttingen; Hrsg. Kommunikation und Wirtschaft GmbH, Oldenburg, 1980
Schönes Göttingen; Hrsg. Günther Ruprecht, Göttingen, 1978
Göttingen; Heinz Motel, Frankfurt/Main, 1976
Baudenkmale in Niedersachsen – Stadt Göttingen; Hrsg. Hans-Herbert Möller, Wiesbaden, 1982
Göttingen; Verlag Erich Goltze, Göttingen, 1987
Universitätsstadt Göttingen; Heinz Reise, Göttingen, 1967
Göttingen – Lebendige Universitätsstadt mit Tradition, Peter Köhler, Hamburg, 1998
Göttingen im 19. und 20. Jahrhundert, Städtische Sparkasse zu Göttingen, Göttingen, 1976
Alt-Göttingen – Historische Photographien 1870-1930; Hans-Georg Schmeling, Gudensberg-Gleichen, 1989
Göttingen – So wie es war; Walter Nissen und Waldemar R. Röhrbein, Düsseldorf, 1975
ZeitReise; Gudrun Schwibbe, Michael Schwibbe, Hans Starosta, Andreas Stephainski, Göttingen, 2004

Geographie/Reisen

Göttingen – Materialien zur historischen Stadtgeographie und zur Stadtplanung; Dietrich Deneken, Göttingen, 1979
Merian Göttingen; Heinrich Leippe, 1953
Atlantis; Martin Hürlimann, Heft 6, 1946

Ortsteile

Geismar – Geschichte, Gedichte, Geschichten; Hrsg. Rudi Engelhardt und Claudia Siemon, Göttingen, 1984
Als Roringen noch ein Dorf war; Johanna-Gerlinde Lenz, Dorsten, 1997
1000 Jahre Groß Ellershausen 989-1989; Peter Meyer und Eckard Kupke, Göttingen, 1989
Aus der Geschichte Holtensens; Horst Henze, Göttingen, 1990
Nikolausberg – Chronik eines Bergdorfes; Ewald Schubert, Göttingen 1986
Aus der Geschichte von Grone; August Karge, Göttingen, 1993

Geschichten, Erzählungen, Anekdoten

Kleine Bettlektüre für hellwache Göttinger; Gert Woerner, Scherz-
Verlag
Göttinger Vademecum; Hrsg. Albrecht Schöne, München-Göttingen,
1985
Göttingen – ein Lesebuch; Hrsg. Diethard H. Klein und Teresa Müller-
Roguski, Husum, 1986
Schorse Szültenbürger; Hrsg. Ernst Honig, Neuauflage, Vandenhoek
& Ruprecht, Göttingen, 1971
Göttinger Jugendjahre; Fridrich Curtius, Göttingen, 1960
Bullerjahn – Alt-Göttinger Studenten-Anekdoten; Günther Meinhardt,
Göttingen, 1974
Unterwegs in Göttingen; Joachim Engel, Seelze-Velba, 1992

Geschichte, Frühgeschichte

*Geschichte des Landkreises Göttingen von 1807 bis zur Gegenwart
im Überblick;* Hrsg. Göttinger Jahrbuch, Göttingen, 1986
Göttingen ohne Gänseliesel; Hrsg. Kornelia Duwe, Carola Gottschalk,
Marianne Koerner, Gudensberg-Gleichen, 1988
*Lohnende Geschäfte – Die „Entjudung" der Wirtschaft am Beispiel
Göttingens;* Alex Bruns-Wüstefeld, Hannover, 1997
Göttingen im Dritten Reich; Hrsg. Helga-Maria Kühn, Göttingen, 1994
*Franz Lubecus – Bericht über die Einführung der Reformation in
Göttingen im Jahre 1529;* Hrsg. Geschichtsverein Göttingen und
Umgebung, Göttingen, 1967
Göttingen und das Göttinger Becken; Hrsg. Römisch-Germanisches
Zentralmuseum in Mainz, Mainz, 1970
Stadt- und Landkreis Göttingen; Hrsg. Nordwestdeutscher, West- und
Süddeutscher Verband für Altertumsforschung, Stuttgart, 1988
Die Anfänge und die Entwicklung Göttingens; Heinrich Troe, Sonder-
druck Göttinger Jahrbuch, Göttingen, 1982
Göttingen; Helga-Maria Kühn und Jens-Uwe Brinkmann, Göttingen, 1985
Göttingen im Wandel der Zeiten; Otto Fahlbusch, Göttingen, 1952
Göttingen gestern und heute; Walter Nissen, Göttingen, 1972
Hundert Häuser – Hundert Tafeln; Hrsg. Fremdenverkehrsverein e.V.
Göttingen, Göttingen, 1998
Göttingen zur Zeit der Universitätsgründung; Waldemar Röhrbein,
Hildesheim, 1968
Göttingen im 18. Jahrhundert; Hrsg. Stadt Göttingen, Göttingen, 1987
Die Göttinger Stadtverfassung von 1852 bis 1994; Hrsg. Stadt Göt-
tingen, Göttingen, 1995
Göttinger Straßennamen – Familien, Bürger, Personen; Hrsg. Stadt
Göttingen, Göttingen, 1986
Die Universität Göttingen; Günther Meinhardt, Frankfurt-Zürich, 1977
Die Universität Göttingen unter dem Nationalsozialismus; Hrsg.
Dahms, Becker, Wegeler, München, 1987
Sturm im Elfenbeinturm; Andrea Gabler, Göttingen, 1993
Facetten des Alters – Ein Göttinger Stadt-Lese-Buch; Hrsg. Göttinger
Geschichtsverein, Göttingen, 2002

Kurzinformationen

Die Stadt Göttingen im Internet; www.goettingen.de
*Wo finde ich was in Göttingen: – Eine Informationsbroschüre für Bür-
gerInnen und Gäste; herausgegeben in Zusammenarbeit mit der
Stadt Göttingen, Göttingen, 1997*
*Altes Rathaus Göttingen; Hrsg. Stadt Göttingen und Fremdenver-
kehrsverein Göttingen, Göttingen*

Rundgänge, Umgebung

*Göttingen kompakt; Manfred Wolter, Andrea Hünniger, Göttingen,
2005*
Göttingen zu Fuß; Hrsg. Carola Gottschalk, Hamburg, 1992
*Der Göttinger Stadtfriedhof – Ein Rundgang; Jens-Uwe Brinkmann,
Göttingen, 1994*
*Göttingen – Universitätsstadt- und Kongressstadt; Hrsg. Stadt Göt-
tingen und Fremdenverkehrsverein e.V.*
*Mit Kindern in Göttingen & Umgebung; Dr. Ulrike Hartig-Köhler,
Gesa Bahm-Beyer, Göttingen, 2006*
Wandern und Radwandern; Georg Lauterbach, Göttingen 1999

Persönlichkeiten

*Berühmte Persönlichkeiten und ihre Verbindung zu Göttingen; Heinz
Motel, Göttingen, 1993.*
*„Des Kennenslernens werth" – Bedeutende Frauen Göttingens; Hrsg.
Traudel Webel-Reich, Göttingen, 1993*
*Göttinger Frauengeschichte im 19. Jahrhundert – ein Stadtrundgang;
Arbeitsgemeinschaft Frauengeschichte in der Geschichtswerkstatt
e. V., Göttingen, 1996*
*Göttinger Vademecum; Hrsg. Albrecht Schöne, München-Göttingen
1985*

Sehenswürdigkeiten

*Göttinger Lesebuch zum Planetenweg, Hrsg. Reinhold Wittig,
Göttingen, 2003*
Der Jakobialtar in Göttingen; Reinhard Kirchner, Göttingen, 1983
Vom Löwenbrunnen zum Gänseliesel; Helga-Maria Kühn, Göttingen
*St. Michael Göttingen 1789 – 1989; Katholische Kirchengemeinde St.
Michael, Katalog zur Ausstellung, Göttingen 1989*
*Der Karzer; Hrsg. Stadt Göttingen und Fremdenverkehrsverein Göt-
tingen e.V, Göttingen*
Der Karzer; Gert Hahne, Göttingen, 2005
*Die Kloster- und Wallfahrtskirche zu Nikolausberg; Helga Jörgens,
Göttingen, 1980*
*Hundert Häuser – Hundert Tafeln; Hrsg. Fremdenverkehrsverein e.V.
Göttingen, Göttingen, 1998*
Theater am Wall; Hrsg. Norbert Baensch, Göttingen, 1992
*Junges Theater Göttingen – 30 Jahre; Hrsg. JT Göttingen GmbH,
Göttingen, 1987*

▷ Danksagung der Autoren

Unser besonderer Dank gilt folgenden Autoren, die einzelne Kapitel zu diesem Buch beigetragen haben:

Kirsten Leuenroth (Museen, Galerien, Kunstausstellungen), Gerlinde Friemel, Harm Stührmann, und Heiko Birkholz (Fahrradtouren), Dr. Heinz Böhme (Stadtarchiv), Frau Arndt (Archäologie) sowie Dr. Elmar Mittler (SUB).

Wir danken aber auch allen, die das Gesamtwerk oder einzelne Kapitel durchgesehen, die bei der aufwendigen Recherche und Überarbeitung für die zweite Auflage geholfen, oder mit Anregungen zum Gelingen des Buches beigetragen haben: Angelika Daamen, Jens-Uwe Brinkmann, Dipl.Ing. Reinhard Mollus, Carola Gottschalk, Gerlinde Friemel, Andreas Ek, Kirsten Tavener und Ariadne Sondermann.

Für die Bereitstellung von Informationen danken wir der Tourist Information, den Stadtwerken Göttingen, Herrn Bela Bergemann, den Heimatpflegern der Ortsteile und Herrn Schwerdtfeger vom Botanischen Garten.

Herrn Heinrich Himme danken wir für die Überlassung der historischen Ansichtskarten. Der Hölty-Stube gehört unser Dank für die freundliche Bedienung beim Kauf von älteren Karten und Büchern.

Die Abbildungen im Kapitel Nationalsozialismus in Göttingen wurden vom Stadtarchiv zur Verfügung gestellt (Nachlass des ehemaligen Oberbürgermeisters Gnade und Zeitungssammlung).

Die Fotografen dieser Ausgabe: Heiko Birkholz, Stephen Eckardt, Harry Haase, Peter Heller, B. P. Keiser, Hans-Jürgen Leffler, Bernhard Marks, Erich Schünemann, Alciro Theodoro da Silva, Ronald Thoden.

Sehr geehrte Leserin, sehr geehrter Leser,
ein Werk dieser Art ist natürlich nie ganz vollständig. Auch können Entwicklungen nach der Drucklegung zu veränderten Situationen geführt haben. Über Anregungen und Hinweise von Ihnen würden wir uns freuen, damit wir sie in der nächsten Ausgabe berücksichtigen können.
Schreiben Sie einfach an den Verlag:
E-Mail: info@werkstatt-verlag.de

▷ Stichwortindex Stadtführer

▷ **Personenregister**